ALMA MIGRANTE

Série Escrita Psicanalítica

Clínica Psicanalítica, de Marcio Giovannetti
Alma migrante, de Plinio Montagna

ALMA MIGRANTE

Plinio Montagna

Série Escrita Psicanalítica

Coordenação: Marina Massi

Alma migrante
Série Escrita Psicanalítica
© 2019 Plinio Montagna
Editora Edgard Blücher Ltda.

Publisher Edgard Blücher
Editor Eduardo Blücher
Coordenação editorial Bonie Santos
Produção editorial Isabel Silva, Luana Negraes, Mariana Correia Santos,
Milena Varallo
Preparação de texto Ana Maria Fiorini
Diagramação Negrito Produção Editorial
Revisão de texto Andréa Stahel
Capa Leandro Cunha
Fotografia da capa Hikke de Almeida
Paleta de cor da capa Helena Lacreta

Blucher

Rua Pedroso Alvarenga, 1245, 4º andar
04531-934 – São Paulo – SP – Brasil
Tel.: 55 11 3078-5366
contato@blucher.com.br
www.blucher.com.br

Segundo o Novo Acordo Ortográfico, conforme
5. ed. do *Vocabulário Ortográfico da Língua
Portuguesa*, Academia Brasileira de Letras,
março de 2009.

É proibida a reprodução total ou parcial por
quaisquer meios sem autorização escrita da
editora.

Todos os direitos reservados
pela Editora Edgard Blücher Ltda.

Dados Internacionais de Catalogação na Publicação (CIP)
Angélica Ilacqua CRB-8/7057

Montagna, Plinio Luiz Kouznetz
   Alma migrante / Plinio Montagna. – São Paulo :
Blucher, 2019.

   398 p. (Série Escrita Psicanalítica / coordenação
de Marina Massi)

   Bibliografia
   ISBN 978-85-212-1481-6 (impresso)
   ISBN 978-85-212-1482-3 (e-book)

   1. Psicanálise I. Título. II. Massi, Marina. III.
Série.

19-0811   CDD 150.195

Índice para catálogo sistemático:
1. Psicanálise

Sobre a Série Escrita Psicanalítica

O projeto de uma série com livros de autores da Sociedade Brasileira de Psicanálise de São Paulo (SBPSP) é fruto da pesquisa de doutorado *Trinta anos de história da Revista Brasileira de Psicanálise: um recorte paulista*. Nessa tese, abordei os artigos publicados na revista, de 1967 a 1996, por psicanalistas da SBPSP.

Entre os vários aspectos que pude observar, destacou-se a necessidade de organizar a produção psicanalítica dessa instituição, de seus primórdios aos dias de hoje, divulgada em revistas especializadas, atividades científicas ou aulas ministradas nos institutos de formação, influenciando várias gerações de profissionais ligados à Associação Psicanalítica Internacional (IPA).

A Série Escrita Psicanalítica tem justamente a ambiciosa proposta de reunir, organizar, registrar, publicar, divulgar e consolidar a produção dos pioneiros e das gerações posteriores da SBPSP. Busca também retratar, para a própria instituição, o que nela foi criado de importante desde a sua fundação. Conta, assim, a história da SBPSP pelo veio da produção e da criação psicanalítica.

Esta série lança um olhar para o passado, pois organiza o que de melhor já foi feito, e um olhar para o futuro, pois transmite a fortuna da SBPSP não só como memória, mas como um importante material de estudo para os diferentes institutos de formação psicanalítica e cursos de pós-graduação no Brasil, além de para o público interessado.

Esta é uma oportunidade de promover uma leitura da história das ideias psicanalíticas – uma leitura crítica, comparada – e, ao mesmo tempo, permitir que os psicanalistas aqui apresentados sejam considerados enquanto autores, produtores de ideias e teorias; é uma oportunidade de sair do campo transferencial institucional e passar ao campo das ideias, da reflexão e do debate para além da pessoa do psicanalista.

A ciência e a arte necessitam de organização (ou curadoria) da contribuição que o ser humano foi e é capaz de realizar. Espero que esta série cumpra o objetivo de ser a história das ideias de muitos colegas brasileiros no âmbito da IPA, alguns infelizmente não estão mais entre nós, outros ainda estão em plena produção.

Marina Massi

Coordenadora da Série Escrita Psicanalítica

*A Vera, Ana Maria, Heloisa, Felipe,
Tammy, Georgia e Sebastian.*

Agradecimentos

Este livro traz uma seleção de artigos que julgo significativos, publicados em diferentes espaços e momentos de meu percurso. Agradeço a todos que me acompanharam ou que acompanhei, com quem aprendi ou que comigo têm aprendido.

A Paulo Vaz de Arruda, mestre de uma vida. A Carlos Lemos, meu tio, pela sabedoria compartilhada. A meus analistas Athol Hughes, Gecel Szterling e Judith Andreucci, que tanto me ajudaram a encarar as agruras e desfrutar as alegrias do caminho. A Antonio Carlos Cesarino e Antonio Sapienza, influências densas na construção de minha vida profissional. A Julian Leff, meu orientador na Universidade de Londres, pelas conversas que descerraram para mim uma nova percepção do universo da pesquisa.

A Gilka Zlochevsky, Roberto Kehdy e Alfredo Colucci, pela leitura dos textos e pelas sugestões valiosas. A Sylvia Dantas, pelo convite à palestra no Instituto de Estudos Avançados da Universidade de São Paulo (USP) cujo título nomeia este livro. A Mireille Bellelis, pela revisão cuidadosa de cada capítulo, trabalho paciente e eficiente. A May Parreira, pela delicada e sensível leitura e pelas sugestões na revisão final do livro. A Marina Massi, por este convite estimulante.

Sumário

Prefácio   13

Parte I. Reflexões   19

Psicanálise e o conceito de resiliência   21

O rapto das metáforas   47

Sintaxe do tempo nos tempos de hoje   65

Sobre a dor de amar   83

Finitude e transitoriedade   99

Parte II. Clínica   119

Tropismos na clínica: tropismo de vida e tropismo de morte   121

Afeto, somatização e simbolização   141

Skype análise   161

Interação psicanalítica com paciente terminal   185

12 SUMÁRIO

Psicossoma na prática analítica 203

Níveis de mutualidade 227

Parte III. Interfaces 249

Alma migrante 251

Subjetivação contemporânea na metrópole 267

(Multi)parentalidade e subjetivação 293

Sobre história e construção da subjetividade 315

Sobre instituições, inclusive as nossas 335

O visível e o invisível nas tramas da cidade 359

Posfácio – *Alma migrante*: um poliedro de inteligibilidade 371

Índice de nomes 377

Índice de conceitos 383

Prefácio

Ao iniciar a leitura deste livro, de imediato observei que se trata de uma obra que veio da alma de seu autor, por isso o título não poderia ser melhor: *Alma migrante*, que revela o caráter dinâmico do ser e estar no mundo. Percebi, logo em seguida, que o autor não havia me pedido para escrever o prefácio de um livro, mas de uma obra de arte. Plinio é um grande escritor, o que torna o texto fluido e agradável. Sua rara cultura no campo da psicanálise, nas artes, na filosofia e nas ciências humanas em geral é algo que impressiona o leitor. Isso poderia tornar-se uma armadilha, fazendo dele um "citador", aquele que ao mencionar tanto outros autores acaba perdendo sua identidade em meio a um árido e enfadonho desfile de erudição. No entanto, não é isso que ocorre, pois as citações são feitas de forma articulada e são alinhavadas com o pensamento do autor, sem apresentar um viés maniqueísta. Plinio transita desde Freud e os autores clássicos da psicanálise até os autores contemporâneos estrangeiros e brasileiros. Sem dogmatismo, dialoga com as diferentes correntes psicanalíticas, buscando o que há de

14 PREFÁCIO

construtivo em cada uma delas, revelando seu perfil de articulador e integrador.

Os temas de cada capítulo, interessantíssimos e contemporâneos, certamente não foram escritos por um mero exercício intelectual e tampouco para cumprir exigências de sua carreira institucional. São reflexos da vida e da experiência do autor. Já no primeiro capítulo, "Psicanálise e o conceito de resiliência", além de realizar uma revisão desse conceito, alerta o leitor para os casos de pseudorresiliência, presente em pessoas com uma aparente adaptação social e profissional, mas com pouca flexibilidade e com uma agressividade dissociada que constitui uma ameaça a seu equilíbrio psíquico. No final do capítulo, apresenta o caso de Noel, um exemplo de incrível resiliência. Plinio mostra aqui toda a sua sensibilidade e não interpreta a racionalização do analisando como mecanismo de defesa para amenizar sua dor: "Suas respostas são respostas resilientes. Importa valorizar a propriedade de eventual racionalização, e não a desqualificar".

Em "O rapto das metáforas", Plinio aponta que as metáforas, na psicanálise, não se referem somente à esfera da representação das ideias, mas, evidentemente, assentam-se sobre um fundo afetivo-emocional. "De certa forma, basta estarmos no campo das experiências emocionais para estarmos no campo da metáfora."

Em "Sintaxe do tempo nos tempos de hoje", a estética é belíssima. Plinio cita um curto poema do livro dos haicais e, a partir daí, é a sua escrita que se torna um poema, sem que tenha tal intenção! No final do texto, cita a ideia de Freud de que preservar o espaço da fantasia e do sonhar representa a possibilidade de respirarmos a subjetividade. A plasticidade, que permite o livre trânsito entre a razão e a emoção, traz resiliência e a possibilidade de lidar com realidade e fantasia. "Aliada a isso estará a capacidade de preservarmos nosso limite e de sermos genuinamente nós mesmos, ainda que diante de pressões e invasões externas."

O capítulo seguinte, "Sobre a dor de amar", tem início com dois belos poemas de Neruda e Drummond, passeia por Mário de Andrade, Ortega y Gasset, Hegel, Rosenfeld, Kant, Sócrates, Alonso Fernandez, Meltzer, Williams, Vinicius de Moraes e Tom Jobim. Faz a distinção entre o amor maduro e o imaturo e relembra a frase de Freud de que "nunca estamos tão indefesos em relação ao sofrimento do que quando amamos". Constrói a tese de que não há amor sem dor, pois amar implica discriminação da individualidade: "a passagem de uma condição narcísica para uma de individuação não se faz sem dor".

"Finitude e transitoriedade" nos faz compreender como Plinio foi capaz de conversar com seu querido amigo Paulo, poucos dias de sua morte, de forma tão serena e acolhedora. Recorda-se da frase de Winnicott: "Deus, que eu esteja vivo quando eu morrer", interpretada por outros autores como sinônimo de onipotência. A seu ver, porém, não se trata de onipotência, mas do anseio por vitalidade até o último instante. Aponta ao leitor que "a consciência de nossa finitude, de nossa pequenez diante da vida, do mundo, das coisas, nos permite olhar, boquiabertos, para a beleza do mundo em sua infinitude". Plinio termina o capítulo sugerindo que dos 60 anos em diante "alguns se abatem, mas outros descobrem novas energias e florescem, começando novas venturas, como se a vida oferecesse oportunidades que nunca antes se poderia ousar tentar". Aparece, aqui, sua fé (não religiosa) na vida e na vitalidade, mesmo em um momento em que muitos fenecem. Finalmente, citando Freud, lembra que a perda e a ausência, quando percebidas pelo indivíduo, são essenciais para a construção do mundo simbólico, pois o mundo mental, suas representações e a construção do simbolismo dependem do que não está, e, por isso, se pode dizer que a

16   PREFÁCIO

morte dá sentido à vida: "fundamentalmente, é o mistério da vida, muito além de nossa compreensão, que deve ser sustentado por cada um de nós, desde o zero até a passagem ao nosso silêncio".

Na segunda parte, em "Tropismos na clínica", Plinio aborda as vicissitudes do atendimento de um paciente de difícil acesso e mostra que há momentos em que o analista precisa dar um basta à "ação esvaziante" (pulsão de morte) para que o tropismo de vida predomine na relação analítica.

Em "Afeto, somatização e simbolização", emociona o leitor ao descrever uma experiência clínica na qual mostra sua coragem de estar aberto para o novo, o que possibilitou o aparecimento de uma sintonia fina com seu analisando, com um desenrolar favorável do processo analítico.

Em "Skype análise", Plinio aborda um tema polêmico e atual. Contrapondo-se aos puristas, afirma que "nunca vi ou soube de alguém que buscasse uma análise apenas para se conhecer, ainda que possa ser esse um marcador de maior compatibilidade com o método analítico. Espera-se que o percurso analítico, ao progredir por trilhas inusitadas, enseje ao paciente melhor uso de seus recursos pessoais". Ainda no mesmo capítulo, critica as brigas teóricas e técnicas dogmáticas e responde à indagação: Skype análise é análise?

Mais uma vez lidando com a questão da finitude, Plinio demonstra, no capítulo "Interação psicanalítica com paciente terminal", a sua sensibilidade ao analisar uma freira que estava prestes a morrer, mantendo sempre o vértice psicanalítico, independentemente do contexto.

A questão mente-corpo volta a estar presente no capítulo "Psicossoma na prática analítica", quando Plinio lembra a surpreendente frase dita em 1872, antes do nascimento da psicanálise, pelo psiquiatra inglês Henry Maudsley: "a tristeza que não se desafogou nas lágrimas faz os outros órgãos chorarem". Cita a conhecida dificuldade de simbolização do paciente psicossomático, mas, aprofundando essa questão, chama a atenção para o fato de que essa capacidade, mesmo que esteja presente na maior parte do tempo de uma pessoa, "poderá sofrer uma ruptura, seja por fatores internos ou, eventualmente, externos – fatores como feridas narcísicas, perdas objetais significativas etc.".

Em "Níveis de mutualidade", aparece um analista flexível, aberto para mudanças do *setting*, que caminha com seu paciente pelas calçadas próximas ao seu consultório, visando sempre ao que considera melhor para o analisando e lembrando que "o *setting* é, principalmente, interno".

Na terceira parte, no capítulo que dá nome ao livro, "Alma migrante", volta a mergulhar em um tema atualíssimo e de extrema importância: "pelo vértice mais amplo da migração, em movimento contínuo de mudanças, internas e externas, destacamos nosso incessante movimento de nos ajustar a cada momento, a cada novo presente, único tempo em que efetivamente vivemos. Se consideramos que a cada minuto somos outros, somos sujeitos cambiantes que ao passado não podemos voltar, temos de considerar que nos constituímos todos, em quaisquer circunstâncias, como almas migrantes, sendo este um inexorável elemento da condição humana". Em "Subjetivação contemporânea na metrópole", discute o simbolismo da cidade em cada um de nós: "tomo as metrópoles como sítio por excelência em que se materializa a contemporaneidade em suas expressões mais concretas".

Abordando um tema muito atual, em "(Multi)parentalidade e subjetivação" Plinio mostra que no mundo pós-moderno a parentalidade, "do ponto de vista psíquico, é sempre construída, e os laços familiares com os filhos são pautados por organização afetiva", de modo que, portanto, não é necessariamente biológica.

Com um título instigante, "Sobre instituições, inclusive as nossas" destaca que é preciso à instituição psicanalítica estimular a liberdade e a criatividade e atuar como auxiliar do ego e não como uma estrutura superegoica. É necessário eclipsá-la para que o analista mantenha sua identidade psicanalítica. Plinio aponta, com propriedade, que "um dos fatores mais frequentes e desgastantes nas relações intrapessoais dentro de uma instituição se refere à ideia de que aquilo que é dito não é exatamente aquilo que a pessoa está pensando. . . . A presunção de ocultamento e de mentira, de engodo, de que o não dito é mais real do que o dito, torna-se causa de paranoias institucionais bastante deletérias". Finaliza lembrando que a instituição psicanalítica deve ter "gosto pelo novo, sem, contudo, abandonar o melhor de nossas tradições".

Finalmente, em "O visível e o invisível nas tramas da cidade", o autor nos delicia com um capítulo que teve como ponto de partida apenas uma curta frase de seu analisando: "Fiquei parado na Atlântica". Particularmente, me surpreendeu porque era nessa rua que meus pais moravam quando nasci!

Ao final da leitura, é possível perceber que *Alma migrante* não é um livro para ser lido uma única vez... Sua riqueza é tamanha que, a cada nova leitura, surgirá a oportunidade de descobrir novas ideias, nuances e emoções!

Luiz Roberto Millan

Médico psiquiatra e doutor pela Faculdade de
Medicina da Universidade de São Paulo (FMUSP)

Psicanalista pela Sociedade Brasileira de Psicanálise de São Paulo (SBPSP)

PARTE I
Reflexões

Psicanálise e o conceito de resiliência

The forces of fate that bear down on man and threaten
to break him also have the capacity to ennoble him.

Frankl, 1984/1963

I

O termo resiliência originou-se na física, campo ao qual esteve confinado até sua apropriação pelas ciências sociais, que o metaforizou e o estendeu a outras áreas do saber. Hoje ocupa um lugar em campos como ecologia, biologia, agronomia, organizações etc. Para a física, resiliência é a capacidade de um material de voltar a seu estado normal após ter sofrido tensão. A borracha é um material resiliente por excelência. O cientista inglês Thomas Young foi pioneiro em seu estudo, ao pesquisar, em 1807, a relação entre tensão e deformação de barras metálicas (Timosheibo, 1983).

Aplicada à engenharia, resiliência refere-se à energia de deformação máxima que um material é capaz de sofrer, numa determinada solicitação, voltando ao estado anterior sem deformidades permanentes (Silva Jr., 1972). Por outro lado, já em 1893 o *Oxford Dictionnaire* de inglês trazia o termo também em sentido figurado (*the resilience and elasticity of spirit that I had even ten years ago...*).

Freud apontou *plasticidade mental* e elasticidade como elementos relacionados à higidez do funcionamento mental. Ainda que o termo resiliência não estivesse contido em seu universo, o universo da resiliência esteve no horizonte da psicanálise desde o início.

Ele utilizou outros termos oriundos da física (como impulso, resistência e o modelo hidráulico de funcionamento mental) e de outros campos. Por exemplo, seu vocabulário sobre o superego traz a marca do direito (Montagna, 2015). Mas o termo resiliência não está em sua obra.

Em "Análise terminável e interminável", ele se refere aos casos em que nos deparamos com uma certa *inércia psíquica*, um *esgotamento da plasticidade, da capacidade de modificação e de desenvolvimento ulterior*, incluindo aí as pessoas muito idosas. Para essas, acrescenta, "os processos mentais e distribuição de forças são imutáveis, fixos e rígidos" (Freud, 1937/1975b, p. 258).

A área da saúde apropriou-se do termo, de início relacionando-o à não vulnerabilidade e ao enfrentamento de situações traumáticas e experiências de risco, como abandono, violência sexual, morte ou doença mental dos pais, guerras etc. O impacto de um trauma psicológico pode seguir diversas vias psicopatológicas: *retirada fóbica das situações da vida diária, ruminações masoquistas e vitimização, raiva crônica, desejo de vingança,* flashbacks, *pesadelos e outros sinais de estresse* pós-traumático. *Mas quando a resposta é resiliente, resulta em crescimento mental* (Aktar, 2013). Está em jogo intensidade e natureza do impacto *versus* força do ego e mecanismos defensivos utilizados.

Posteriormente, privilegiou-se, em vez da vulnerabilidade, a pesquisa de fatores de proteção que auxiliam na recuperação da higidez e na existência de crescimento após a experiência, ainda que o indivíduo tenha sido efetivamente afetado pelas situações traumatizantes. Trata-se de recuperar um estado de higidez, mas também de crescer com base na situação.

Mais adiante, o uso do termo ampliou-se, e além das situações traumáticas abarca de modo geral as adversidades da vida.[1] Com sentido mais amplo, então, *resiliência* passou a denotar a capacidade do organismo de lidar satisfatoriamente com os desafios que encontra em função de adversidades ou ataques. Implica enfrentamento e superação, está a favor da preservação da vida ou mesmo da espécie.

Quando as pesquisas se deslocaram da invulnerabilidade para o estudo de fatores individuais ou psicossociais favorecedores de resposta resiliente, autores como Cyrulnik (2002), considerado o pai da resiliência, compreenderam-na como um *processo*, de construção dinâmica e permanente. Ele propôs que para sua vigência é necessária a existência do que ele denomina de *tutor de resiliência*.

Cyrulnik observa "resiliência como um processo, um conjunto de fenômenos harmonizados dentro de um contexto afetivo, social e cultural". E: "a resiliência é a arte de navegar nas torrentes..." (Cyrulnik, 2002). O processo psicanalítico propicia a resiliência, conforme propusemos em trabalho de nosso grupo de estudos apresentado ao Congresso da International Psychoanalytical

---

1 O *Dicionário Houaiss* nos traz: "Resiliência, s.f. – 1. Fis. – propriedade que alguns corpos apresentam de retornar à forma original após serem submetidos a uma deformação elástica. 2. Fig. – capacidade de se recobrar facilmente ou se adaptar à má sorte ou às mudanças. ETIM. Resilience – elasticidade, capacidade rápida de recuperação".

24   PSICANÁLISE E O CONCEITO DE RESILIÊNCIA

Association de 2005 (Montagna, 2005). O caráter processual da resiliência e da psicanálise se entrecruzam.

Yates, Egeland e Sroufe (2003) também veem a resiliência como um processo contínuo de acumulação de recursos que permitem ao indivíduo negociar problemas atuais de modo adaptativo e que oferece uma base para ele se recuperar.

Numa pesquisa de 1982, no Havaí, Werner e Smith acompanharam 505 indivíduos por 32 anos, desde seu período pré-natal, tentando identificar no grupo, cujos membros viviam em condições adversas (pobreza etc.), aqueles que se adaptavam positivamente e quais fatores influenciariam essa resposta. As autoras observaram que nos casos exitosos *sempre houve o apoio incondicional de alguma figura significativa com influência importante em suas vidas.*

A resiliência trouxe à literatura médica o *foco na saúde,* alterando o modelo tradicional centrado na patologia. A perspectiva passou a ser a da superação de traumas e da observação dos recursos, potenciais ou atuais, que favorecem tal superação.

Assim, passaram-se a identificar os recursos, inatos ou desenvolvidos na relação com o ambiente, favorecedores da saúde como bem-estar biopsicossocial, nos moldes da Organização Mundial da Saúde. Não basta a ausência de doença e se refere a um estado dinâmico.

Isso se coaduna com a psicanálise, cujos processos teóricos e técnicos têm como alvo, desde sempre, o crescimento e o desenvolvimento humano, não se limitando ao trabalho com o patológico. Capacidade sublimatória, utilização de mecanismos de defesa saudáveis, fortalecimento do ego, capacidade de mentalização, de simbolização, ampliação da capacidade de pensar, são perspectivas teleológicas do ato analítico. A maturação de potenciais do indivíduo num processo psicanalítico está sempre no horizonte. Ou seja, a resiliência se acha presente, sob outra ótica, no núcleo do pensamento psicanalítico, cujo modelo se refere ao mundo intrapsíquico.

Alguns psicanalistas criticavam os trabalhos iniciais de resiliência por privilegiarem o *comportamento* e elementos exteriores ao psiquismo, não os intrapsíquicos (Cyrulnik, 2006). Outra crítica era a ideologia adaptativa de alguns trabalhos.

Em 1993, um psicanalista de Boston, George Vaillant, correlacionou a maturidade dos *mecanismos de defesa* utilizados por um indivíduo ao sucesso do desenvolvimento de um adulto. Entra em cena a perspectiva intrapsíquica. Vaillant aborda como o intrapsíquico pode influenciar a possibilidade de utilizar o meio externo e descreve quatro processos: a habilidade de internalizar o apoio social recebido anteriormente; a maturidade social representada pela capacidade de considerar a relatividade das situações; a adoção de um ponto de vista histórico e a tolerância ao paradoxo; e a esperança de que se encontrará amor no futuro.

Em sua tese de doutoramento na Califórnia, Jennifer Guittard (1996) explorou a resiliência e a pseudorresiliência, demonstrando que "comportamentos resilientes têm suas contrapartidas intrapsíquicas" diferentes dos falsamente resilientes. Os dois conceitos (resiliência e pseudorresiliência) se aplicam a pessoas que "se comportam de maneira competente" apesar de terem vivenciado situações traumáticas, mas na verdadeira resiliência o funcionamento psíquico revela flexibilidade, integração e maturidade, enquanto a falsa se associa à organização rígida da personalidade.

A autora destaca como características dos resilientes:

- habilidade de entreter relações íntimas sexuais e sociais; utilização flexível de defesas e acesso a defesas maduras (altruísmo, humor, repressão, antecipação e sublimação);

- •gestão do conflito interno em um nível simbólico verbal;

- capacidade de tolerar e integrar uma larga gama de afetos;

- nível elevado de tolerância à frustração e de estar à vontade com as necessidades de dependência.

E dos pseudorresilientes:

- processo psíquico dominante é a dissociação;

- sintomas somáticos e queixas físicas ocupam um lugar importante, sendo o corpo utilizado como um substituto dos processos psíquicos superiores;

- a existência de uma relação paradoxal à agressividade: os pseudorresilientes devem utilizar de maneira construtiva a agressividade dentro de situações socioprofissionais, enquanto a agressividade constitui uma ameaça importante para seu equilíbrio psíquico.

Os parâmetros de Guittard são evidentemente vinculados ao universo psicanalítico. Entrando em pauta os cenários intra e interpsíquico (o campo da psicanálise), a questão de mera adaptação ao ambiente foi superada. Ou seja, parâmetros são referidos ao mundo intrapsíquico, indo além, portanto, do nível comportamental adaptativo.

Outras três características são observadas na resiliência: a aceitação não passiva da realidade, a crença no valor e no significado da vida e a habilidade para improvisar. Esta última aproxima-se do que o antropólogo francês Claude Lévi-Strauss denomina habilidade de *bricolage*, que é uma inventividade, uma capacidade de improvisar uma solução para um problema sem ter as ferramentas apropriadas. Os *bricoleurs* estão sempre manipulando as coisas de forma lúdica.

Inventividade e criatividade são marcas de um processo que transcende a adaptação. Nelas, há uma reconfiguração de si mesmo, uma mudança de atitude diante da adversidade. A criatividade introduz um elemento lúdico que permite um distanciamento do real. Além disso, patenteia um eu ativo sobrepondo-se à eventual passividade na vigência do trauma. É exemplar o *insight* de Freud (1937/1975b) face ao curioso jogo realizado por seu neto de 1 ano e meio que atirava longe um carretel, mas o mantinha preso por um cordão, trazendo-o, em seguida, de volta, e acompanhando os movimentos esboçando as palavras *fort* (fora) e *da* (aqui). O jogo, fruto de sua experiência emocional com a ausência da mãe, ficou conhecido como o jogo do carretel e mostra um comportamento ativo do menino para lidar com as angústias provocadas pelo ambiente. Transformar o signo em símbolo não se refere a simples adaptação, mas sim a transformação. É uma atitude de superação.[2]

II

Cyrulnik (2004) aponta que a resposta resiliente contém:

- vínculo;
- sentido;
- ponto de inflexão (momento axial).

---

2 Compare-se esse uso do cordão com o exemplo de Winnicott de um menino obcecado por cordões, que vivia amarrando a mesa à cadeira, a almofada à lareira, mesas, cadeiras, ou o que encontrasse, chegando a amarrar o pescoço da irmã menor, o que será compreendido pelo autor como resultado de uma experiência traumática de separação da mãe (Winnicott, 1971).

Para haver resiliência, deve haver um *vínculo* significativo prévio, um objeto bom internalizado com base na existência do objeto bom real. Após o trauma ou adversidade, existe a necessidade de um tutor de resiliência. Depende-se não somente do fato externo, mas da interpretação que se dá ao fato. O *sentido* que se dá a um fato importa tanto quanto o fato propriamente dito. Já o *ponto de inflexão*, ou momento axial, é um imponderável momento de virada, em que o indivíduo reverte seu estado passivo diante de um evento e ativamente passa a apropriar-se de seu destino. É o movimento no qual o eu passa a assumir o comando de seu destino no contexto da adversidade, nos moldes descritos no jogo do carretel há pouco mencionado.

Ludwig van Beethoven, ao sentir o agravamento de sua surdez, escreveu uma carta testamento na qual falava em morrer, que nada mais tinha sentido, pois não podia ouvir nem o trinar dos pássaros, nem o ruído do vento nas folhas, nem a música, preciosidades maiores para ele – e sem isso não valeria a pena viver. Retirou-se à solidão e, após um tempo, retornava com sua *Sinfonia n. 3*, a *Heroica*, composta. Um ponto misterioso houve, da virada, que mudou completa e eternamente seu destino (Pearsall, 2003). Assim, o momento axial representa um momento crítico, no qual se dá algum tipo de mudança psíquica, com a consciência de poder e de haver escolha pessoal diante de algo. O sujeito reconfigura-se internamente; desesperança, depressão e paralisia dão lugar ao novo, à luta. Trata-se de uma mudança resiliente.

Compreendendo a resiliência *sensu latu*, Grotberg (2002, p. 20) a descreve como "a capacidade humana de enfrentar, sobrepor-se ou ser fortalecido ou transformado por experiências de adversidade". Já para Rozenfeld (2012), a resiliência traz manifesto um processo psíquico que nos revela uma modalidade singular de enfrentar a adversidade, produto de um posicionamento subjetivo do indivíduo diante do traumático do traumatismo sofrido (p. 23). A resiliência situa-se em um nível processual entre o interno e o externo, para Gutton (2006), em sintonia com a psicanálise.

O indivíduo foi de fato afetado, modificado, por um trauma ou adversidade, uma condição estressante; ele se verga, mas não sofre propriamente um *breakdown*, reverte a situação e a supera. Em nossa experiência clínica, pode até haver um *breakdown*, mas a reversão se dá com *restitutio ad integrum* e a experiência rende aprendizado e modificação com amadurecimento e crescimento emocional.

É esta forma antinômica, a condição de oximoro,[3] que leva Cyrulnik a falar em *un merveilleux malheur* (uma maravilhosa desventura) (Cyrulnik, 2002). Para ele, os termos antinômicos se associam, opondo-se como duas vigas de telhado, que se sustentam por estarem erigidas umas contra as outras.

Aqui também se inscreve a frase de Viktor Frankl (1984/1963), apresentada em nossa epígrafe: "as forças do destino que ameaçam quebrar um indivíduo também têm a capacidade de habilitá-lo".[4] Vem exatamente nesse sentido a conhecida questão de Bion sobre *como tornar proveitoso um mau negócio*, a qual, para Grotstein (2007, pp. 128-129), se origina em experiências traumáticas da vida do próprio Bion. Grotstein acrescenta que ele, Bion, deve ter sofrido de estresse pós-traumático, e o vê "tentando experienciar espe-

---

3 Oximoro é uma figura de linguagem que reúne dois contrários, como "silêncio eloquente", "maravilhosa dor" etc. Faz alusão ao conceito de recusa, ou de cisão de Freud. Contém a lógica do inconsciente, em que contrários coexistem. Zukerfeld e Zuckerfeld (2006, p. 25) apontam: "a riqueza desta figura retórica reside em ser um recurso habitual da poesia, aludindo a uma condição humana estrutural, que é como consideramos a cisão; não só como um mecanismo, mas também como uma condição do ser humano. Quer dizer que somos todos fetichistas e poetas".

4 Tradução livre do autor.

30   PSICANÁLISE E O CONCEITO DE RESILIÊNCIA

rança sob sombra de terror intimidante e tentando tirar proveito de nossa agonia sublimada como instrumento analítico" (p. 129).

Isso nos remete a seu conceito de *mudança catastrófica* (Bion, 1967), que põe em evidência uma turbulência emocional relacionada com um processo de mudança que é sentida como catastrófica. Trata-se de uma mudança que ameaça o psiquismo, a avaliação que a pessoa faz de si mesma, que "ultraja seu sistema moral" (Armstrong, 1992). O conceito tem relação, na prática, com o momento axial dos estudos sobre resiliência, compreendendo a questão dentro de uma ótica profunda do funcionamento intrapsíquico.

Crises são, muitas vezes, o único acesso para a compreensão da realidade psíquica, e esse conceito de Bion "formaliza um conhecimento já antigo" (Ahumada, 1989). A palavra catástrofe, em Bion, aparece com seu significado primitivo de mudança evolutiva, bem como de elemento do desastre. Para ocorrer a mudança catastrófica, é necessária a utilização de capacidade negativa, que é a força necessária para se tolerar a turbulência emocional do não saber, das incertezas.[5]

Lembremos que em sua utilização inicial, no teatro grego, a catástrofe ocorria após a *peripateia*, que é o momento de reversão no drama trágico clássico, *e se refere essencialmente a uma mudança total de visão, como quando os habitantes da caverna de Platão eram arrastados para fora, para a luz do sol. A luz é tão forte que cega e desorienta.* O indivíduo sente como *"morte" de um estado de mente existente, mas, de fato, é a verdade que alimenta a mente e promove seu crescimento* (Williams, 2010, p. 44).

A experiência mostra que o enfrentamento das situações cria no indivíduo um incremento de sua empatia, altruísmo, compaixão

---

5   Para Meltzer, mudança catastrófica e transformação em O são a mesma coisa, trata-se somente de uma terminologia diferente (1978, vol. III, p. 87).

pelos outros, e mesmo interesse em conhecer mais de si mesmo, dos outros e do mundo (Grotberg, 2002). Ou, com Bion, cria um direcionamento do indivíduo do narcisismo em relação ao socialismo (Bion, 1971). Há amadurecimento do ego, uma reestruturação da personalidade.

Nesse sentido, na resiliência dá-se a criação de um círculo virtuoso, já que para ela existir há que se mobilizar recursos que, uma vez postos em ação no comportamento resiliente, estimulam elementos favorecedores de resiliência. O processo é dinâmico. As situações modificam e demandam a cada vez respostas novas. Há uma conjugação entre os fatores de risco e os de superação da adversidade.

III

Numa perspectiva psicanalítica, a resiliência pode ser correlacionada à capacidade egoica, no caso, *capacidade de metabolizar o trauma psicológico.*

O analista será por excelência o tutor de resiliência cuja função primeira é dar *continência* às angústias do paciente por meio de sua *rêverie,* que ilustra a capacidade materna de sonhar, transformar, metabolizar as produções psíquicas do bebê, tornando-as utilizáveis para ele (Bion, 1970). Seu aparelho de pensar os pensamentos é emprestado ao paciente, para que transforme seus elementos beta em alfa, rumo a uma autocontinência. De certo modo, por vezes, empresta seu ego ao paciente.

A continência do analista, de seu repertório onírico, desintoxica, propiciando a ressignificação de uma narrativa viciada, via de regra linear. Essa ressignificação cria um sentido (ou um novo sentido) diante do caos, sendo um importante vetor da resiliência.

32 PSICANÁLISE E O CONCEITO DE RESILIÊNCIA

A força egoica e a criatividade advêm da possibilidade de estabelecer elos entre os elementos internos, relações entre os objetos internos por meio de novos elementos introjetados e da capacidade amorosa desses objetos combinados.

Como a função metabolizadora da mente da mãe, contendo e devolvendo as ansiedades de aniquilação do bebê, de modo a ser possível a estruturação do espaço psíquico interno, o analista se depara com as descargas de elementos beta eventualmente relacionados a situações traumáticas, e oferece espaço de nidação para as identificações projetivas do paciente.

Meltzer e Williams (1994) apontam que "o desenvolvimento que ocorre durante um ciclo de vida tenta restaurar aquilo que havia sido despedaçado por não ter sido sustentado pelo frágil ego infantil" (p. 25). Esse papel restaurativo é fundamental em qualquer análise, tendo como função precípua o desenvolvimento da resiliência. Ogden (1995), com quem concordamos, enfatiza que a medida mais importante do processo analítico é a vitalidade do vínculo analítico, que possibilitará o trabalho das introjeções e projeções, explosões eventualmente psicóticas etc.

Symington (1983) destaca a importância da "realidade" do analista, sua espontaneidade e liberdade, e a necessidade de não se deixar estrangular por "caricaturas afetadas de neutralidade analítica". A evolução da intimidade não intrusiva com o analista favorece a ampliação da intimidade do sujeito consigo mesmo, ensejando o contato com recursos pessoais a serem utilizados na vida. O interjogo de emoções no conjunto transferência-contratransferência necessita da presença viva, real, do analista, inclusive com suas próprias vulnerabilidades internas.

Característica do elemento traumático é a sensação de solidão, angustiante sensação de não poder se sentir acompanhado nem por si próprio. Se há o "sentir-se com", na relação da dupla analítica, e o paciente sentir-se "interiorizado" pelo analista, reverberado no mundo interno dele, isso ajuda na mudança dessa condição. Existir no mundo interno do outro, ser reconhecido, é elemento central na função de tutoria de resiliência.

Para alguns pacientes de funcionamento mental menos integrado, às vezes mais importante do que o conteúdo da compreensão que o analista oferece é o fato de ele ser compreendido, é o sentir-se compreendido, propriamente dito (Steiner, 1992). Também ressaltemos a proposição de Meltzer de que é mais importante nutrir os brotos do pensamento do que arrancar ervas daninhas do pensamento (em Nemas, 2008).

O desenvolvimento mental é gerado pela incorporação de um objeto bom, mas não exclui a presença de frustrações e ausência, como já propunham Freud em "Formulações sobre os dois princípios do funcionamento mental" (1911/1975c), Bion (1970) com a capacidade negativa, Dolto (1984/2001) com a castração simbolígena.

IV

Winnicott via como básico para o trabalho analítico a capacidade de crer (consciente ou inconscientemente) na possibilidade de obter ajuda e confiar naquele que a oferecia (1968/1989, p. 299), inclusive para as pessoas que haviam sofrido privações e doenças psicossomáticas (Adams, 2007, p. 331). Isso é fundamental na análise e no desenvolvimento das condições resilientes.

Num lindo estudo, Gutton (2006, p. 237) lembra trabalhos apontando que "entre o pensamento de uma coisa que existe e a existência dessa coisa há um mundo que não é o mundo da representação, mas um *link* que se chama *crença*", que vem a ser um ato de pensar sobre o qual se edifica o sentimento de existir. A função analítica é facilitada se o analista for investido de crença, se for objeto de fé por parte do paciente, o que é diferente de idealização. Um xamã indígena, descreve-nos Lévi-Strauss (1949/1973), para exercer efetivamente sua função, necessita ser objeto de crença por parte da comunidade a que pertence.

A crença implica ligação entre o eu e um outro. É um movimento na direção inversa à solidão que se instalou na condição traumática. O primeiro produto de uma relação significativa e de intimidade, como a situação analítica, é se dispor contrariamente à solidão do trauma. A percepção que o paciente tem do analista é moldada pela situação transferencial, mas esta não esgota suas percepções, ou seja, a pessoa real do analista estará inevitavelmente presente na relação (Montagna, 2001).

Aspecto relevante de uma análise é a estabilidade do *setting*, a qual confere uma experiência positiva, caso tenha havido uma base insegura. Cyrulnik (2004), em *Os patinhos feios*, insiste que os indivíduos menos resilientes tiveram uma base de *attachment* mais insegura, dentro da concepção de Bowlby, do que os indivíduos mais resilientes.

Um real engajamento no processo analítico, como algo significativo para si, também é um fator relevante. Além disso, o engajamento em atividades grupais, numa inserção solidária, é outro fator positivo e encontrado frequentemente nos indivíduos resilientes. Outro importante fator resiliente, que usualmente se explicita logo na primeira entrevista, é a capacidade do indivíduo de atrair para si a vontade de ajudá-lo.[6] É uma capacidade marcante, acompanhada pela capacidade de usufruir de uma interpretação. Outro fator que se repete na análise, nos indivíduos resilientes, é

---

6 Ver a primeira ilustração clínica.

o senso de humor. De modo geral, a questão é encontrar algum sentido nas situações de caos, ou, mais do que isso, libertar-se de determinadas narrativas e construir alternativas.

Gostaria de considerar imbricações de *luto* com resiliência que implicam questões relevantes à prática analítica. Freud, em "Luto e melancolia", ensina que ambos são respostas à perda e envolvem "grave afastamento da atitude normal em relação à vida" (1914/1975d, p. 243). Em sua engenhosa releitura do artigo, Ogden sublinha a ideia de Freud da existência de uma ambivalência, embate entre o desejo de seguir vivendo e o de se encontrar com o morto. "Ódio e amor competem entre si (na melancolia), o primeiro busca separar a libido do objeto (permitindo assim que o objeto morra), o outro busca manter a posição de sua libido (que está ligada à versão interna imortal do objeto)" (2012, p. 256). Argumenta que isso traz a noção de que as relações internas inconscientes de objeto podem "ter tanto um atributo de vida e vivificador quanto de morte e mortífero" (2012, p. 58), *ou a combinação delas.* Aponta o pioneirismo de Winnicott (1971) e Green (1988) em lidar com a vitalidade e desvitalização do mundo interno do analista, e novamente refere nesse trabalho a importância ímpar do senso de vitalidade na relação analítica para avaliar o processo, a cada momento. Comenta, ainda:

> *Este mundo solipsista de um psicanalista teórico, que não está firmemente assentado na realidade de sua experiência viva com seus pacientes, é muito semelhante ao do melancólico, autoaprisionado, que sobrevive num mundo objetal interno atemporal e imortal, ainda que amortecido e moribundo. (Green, 1988, p. 59)*

Resiliência e luto têm relações estreitas. O próprio trabalho de luto que nos leva a ultrapassar o traumatismo de uma perda pode ser visto como uma forma de resiliência. Ambos são processos dinâmicos, influenciados pelas relações anteriores e pelo significado conferido à perda ou ao trauma. O indivíduo pode suportar comportamentos agressivos ou mesmo cruéis se ele pensa (ou sabe) que a pessoa é doente e se tem suporte de alguma figura amiga.

V

Apresento duas ilustrações. A primeira mostra uma pessoa resiliente logo que buscou minha ajuda. Elementos de sua personalidade resiliente são expostos. Não discuto o trabalho que realizamos.

A segunda é uma pequena vinheta que exemplifica o fazer analítico como favorecedor da resiliência.

Noel

Um amigo com atividades filantrópicas telefonou-me indagando se eu atenderia uma situação emergencial de alguém a quem ele tentava amparar. Informou-me que, dada a situação, arcaria com as despesas de meu atendimento.

O paciente, Noel, havia nascido e crescido numa favela de uma cidade brasileira, epicentro de violência, tráfico de drogas e descaso dos moradores por si mesmos e por seu entorno. Desleixo, sujeira jogada em qualquer lugar, ratos, violência faziam parte do cenário cotidiano do ambiente.

Graças a seus méritos pessoais e a uma boa estrutura familiar, Noel conseguira estudar e tornara-se um musicista competente. Trabalhara na área artística, mas sua absorção comunitária transcendia às aspirações individuais. Por meio de suas ações numa organização não governamental, conseguiu mudanças significativas no entorno e o engajamento dos moradores com o *habitat* de todos. Foi presidente, querido, da associação de bairro criada. Fino ajardinamento, ações educativas, trabalhos comunitários conferiram ao local dignidade e estética inusitadas, entusiasmando o grupo.

Tudo corria bem, até que traficantes de drogas, que tinham se afastado por necessidade, recuperaram o espaço e se reinstalaram no local. Passaram a pressionar Noel, exigindo que ele lhes confeccionasse carteiras de trabalho falsas da associação para eventuais encontros com a polícia. Negando-se, apesar das ameaças, Noel não cedeu. Intimidações e tensão aumentaram até que ele foi sequestrado, levado a um local conhecido como "abatedouro", agredido, e, com revólver na cabeça, foi comunicado que tinha prazo de três dias para entregar as carteiras de trabalho ao grupo ou seria executado.

Não se tratava de sonho, mas de uma realidade atroz e cruenta. Resolveu não trair a si mesmo e a seus ideais. Evadiu-se. Passou a apresentar intensas angústias paranoides, ansiedade severa, insônia, pesadelos e, de início, alguns *flashbacks* e ideação paranoide. Duas semanas depois, chegou ao meu consultório.

Uma história como essa é raríssima num consultório psicanalítico, embora nem tanto em trabalhos sociais ou institucionais. Um homem ágil, no final de sua quinta década de vida, aparentemente pacato, me relata essa história altamente impactante. Minhas reações emocionais são diversas. Predomina a vontade de ajudá-lo, nem tanto pela história, mas pela pessoa que se apresenta diante de mim (isso é frequente no contato com um paciente resiliente).

Chama a atenção o fato de que, logo após "despejar" sua história, com intensidade, Noel estabelece no consultório algum grau de distanciamento com relação ao ocorrido. Observei que mantinha sua lucidez e capacidade de raciocinar. Meu trabalho inicial centrou-se em oferecer a ele um continente competente, e um espaço que viabilizasse a possibilidade de pensar sua vida.

Em nenhum momento procurou se vitimizar. No segundo encontro, nossa conversa o levou a perguntar-se de que serviria, em sua vida, a experiência que tivera, declarando que por vias tortas um novo horizonte lhe era aberto, ainda que sua vida até então fosse satisfatória. Vislumbrava a possibilidade de conhecer coisas novas na vida. Suas respostas são respostas resilientes. Importa valorizar a propriedade da eventual racionalização, e não a desqualificar.

Que fatores favoreceram sua resistência tão digna à situação? Ficou claro que, em sua integridade, parecia-lhe fundamental manter a coerência que sempre prezara na vida, manter-se fiel a seus princípios, sua história, a seus valores e, de certo modo, preservá-los para sua família.

Phillips (2008) propõe a existência de núcleos dentro de cada pessoa que contêm *as coisas que não são passíveis de serem trocadas, em torno das quais não devemos negociar*. São produtos de nossas crenças, fundamentos dos quais não abdicamos. Em função destes, Noel abandona uma vida passada, defendendo sua dignidade, integridade, propondo a si um caminho de liberdade. Sua disposição de continuar atuando em prol de comunidades não arrefeceu. Ao contrário, indagava-se como utilizar sua experiência para isso.

Ao longo do trabalho que tivemos ficava clara a existência de um mundo interno povoado consistentemente de objetos bons, destacando-se a confiança – não idealização, mas confiança – que pôde depositar em mim no estabelecimento de uma aliança de trabalho. A experiência com esse paciente reafirmou algo que na experiência de vida e de consultório, em condições menos extremas, se configurava a cada dia: as situações traumáticas, ou traumatizantes (e, nesse caso, de altíssimo potencial traumatizante), são bifrontes. Conforme o ângulo de visão, permitem o fechamento do passado e a abertura de portas para o futuro, ou vice-versa.

Jonas

Jonas tem histórico de importantes privações durante uma vida de contrastes, agressões diversas e relação altamente conflitiva com a mãe, cujos maus-tratos lhe conferiram marcas profundas. Na análise, menções a ela eram esparsas, usualmente ligadas a privação ou solicitações exorbitantes.

Inicia uma sessão relatando o refluxo gastroesofágico de que sofre há bastante tempo, ultimamente exacerbado. De minha parte, nunca tinha ouvido nada a respeito. Conta que tem um gosto amargo na boca e afirma que a pesquisa endoscópica realizada na semana anterior não constatou nenhuma alteração morfoanatômica, e que isso trouxe a ele, sem dúvida, um conforto emocional. Sem questionar o fato de que nenhuma menção a esse transtorno, quem sabe psicossomático, tivesse sido feita anteriormente na análise, aguardo.

Na sequência, uma série de relatos inusitados ligados a situações potencialmente muito traumatizantes, de comportamentos da mãe, vieram à cena, num *jorro* de palavras que pareciam precisar serem ditas há muito tempo, mas que só agora podiam encontrar escoadouro.

A associação entre as duas falas foi para mim espontânea e imediata – uma sequência de jorros se apresentava, um deles relatado, somático, e outro percebido por mim auditivamente, as palavras

40   PSICANÁLISE E O CONCEITO DE RESILIÊNCIA

jorrrando. Tomei como um avanço, um progresso, a possibilidade que ele teve de "regurgitar" verbalmente as situações "entaladas" e traumatizantes relatadas, relacionadas à mãe. Tratava-se de uma efetiva regurgitação mental de elementos psiquicamente indigestos, há muito tempo estancados (dentro de si).

Uniam-se elementos psicofísicos, ou psicossomáticos, esta regurgitação verbal e o relato, no início da sessão, de efetiva regurgitação orgânica. Nada disso havia sido verbalizado anteriormente. Essa comparação entre as duas "regurgitações" possibilitou conversas de diferentes matizes a respeito do destino interno de suas vivências traumatizantes. O trabalho sobre o regurgitado permitiu uma recomposição, levando a uma reintrojeção de nutrientes não tóxicos. Um dos elementos resilientes do paciente foi o albergar (dentro de si) essa massa tóxica sem se desintegrar. Esse trabalho, que continuou nas sessões seguintes, propiciou a reorganização de suas vivências, permitindo um desenvolvimento inegável de sua relação consigo mesmo.

O vértice psicanalítico é tal que permite que a aparente contradição entre conhecimento e terapêutica se desfaça, à medida que a terapêutica psicanalítica se perfaz pelo mesmo instrumento que amplia o campo de conhecimento, que é o *insight*.

Referências

Adams, J. (2007). *The language of Winnicott*. London: Karnac.

Ahumada, J. (1989). On the limitations and the infiniteness of analysis. *International Review of Psychoanalysis, 16*, 297-304.

Aktar, S. (2013). Resilience. In S. Aktar, *GoodStuff* (pp. 31-52). New York: Jason Aronson.

Armstrong, D. (1992). Names, thoughts and lies: the relevance of Bion's later writings for understanding experiences in groups. *Free Associations, 3*(2) 261-282.

Barach, L. (2005). *O que é resiliência humana? Uma contribuição ao estudo do conceito* (Dissertação de mestrado). Universidade de São Paulo, São Paulo.

Bion, W. R. (1967). *Transformations.* London: Heinemann.

Bion, W. R. (1970). *Attention and interpretation* (Cap. 12). London: Karnac.

Bion, W. R. (1971). *Cogitations.* London: Karnac.

Bion, W. R. (1991). *A memoir of the future.* London: Karnac.

Coutu, D. (2002). How resilience works. *Harvard Business Review,* May.

Cyrulnik, B. (2002). *Un merveilleux malheur.* Paris: Odile Jacob.

Cyrulnik, B. (2004). *Os patinhos feios.* São Paulo: Martins Fontes.

Cyrulnik, B. (2006). Introduction. In B. Cyrulnik & P. Duval (Eds.), *Psychanalyse et résilience.* Paris: Odile Jacob.

Dolto, F. (2001). *A imagem inconsciente do corpo.* São Paulo: Perspectiva. (Trabalho original publicado em 1984)

Eigen, M. (1999). *Toxic nourishment* (pp. 1-12). London: Karnac.

Frankl, V. E. (1984/1963). Man's search for meaning. An Introduction to logotherapy. In S. M. Southwick & D. Charney (Eds.), *Resilience.* Cambridge: Cambridge University Press.

Freud, S. (1975a). Beyond the pleasure principle. In S. Freud, *The standard edition of the complete psychological works of Sigmund Freud* (Vol. 18, pp. 3-66). London: The Hogarth Press. (Trabalho original publicado em 1920)

Freud, S. (1975b). Analysis, terminable and interminable. In S. Freud, *The standard edition of the complete psychological works of Sigmund Freud* (Vol. 23, pp. 209-254). London: Hogarth Press. (Trabalho original publicado em 1937)

Freud, S. (1975c). Formulations on the two principles of mental functioning. In S. Freud, *The standard edition of the complete psychological works of Sigmund Freud* (Vol. 12, pp. 213-226). London: Hogarth Press. (Trabalho original publicado em 1911)

Freud, S. (1975d). Mourning and melancholia. In S. Freud, *The standard edition of the complete psychological works of Sigmund Freud* (Vol. 14, pp. 239-260). London: Hogarth Press. (Trabalho original publicado em 1914)

Green, A. (1972). Notas sobre procesos terciarios. In A. Green, *La metapsicologia revisitada*. Buenos Aires: Eudeba.

Green, A. (1988). A mãe morta. In A. Green, *Narcisismo de vida, narcisismo de morte*. São Paulo: Escuta.

Grotberg, E. (2002). Nuevas tendências em resiliencia. In A. Melillo & E. N. S. Ojeda (Orgs.), *Resiliencia*. Buenos Aires: Paidós.

Grotstein, J. (2007). *Um facho de intensa escuridão*. Porto Alegre: Artmed.

Guittard, J. (1996). *True versus pseudoresilience: a theoretical explanation* (Tese de doutoramento). California School of Professional Psychology.

Gutton, P. (2006). Croyons quand même. In B. Cyrulnik & P. Duval (Eds.), *Psychanalyse et résilience* (pp. 235-245). Paris: Odile Jacob.

Hanus, M. (2006). Freud et Prométhée, un abord psychanalytique de la résilience. In B. Cyrulnik & P. Duval (Eds.), *Psychanalyse et résilience* (pp. 187-203). Paris: Odile Jacob.

Hartman, D. & Zimberof, D. (2005). Trauma, transitions and thriving. *Journal of Heart-Centered Therapies*, *8*(1), 3-86.

Infante, F. (2002). La resiliencia como proceso: una revisión de la literatura reciente. In A. Melillo & E. N. S. Ojeda (Orgs.), *Resiliencia*. Buenos Aires: Paidós.

Kogan, I. (2007). *The struggle against mourning*. Plymouth, UK: Jason Aronson.

Ionescu, S. (2006). Pour un approche integrative de la résilience. In B. Cyrulnik & P. Duval (Eds.), *Psychanalyse et résilience*. Paris: Odile Jacob.

Lévi-Strauss, C. (1973). O feiticeiro e sua magia. In C. Lévi-Strauss, *Antropologia estrutural*. Rio de Janeiro: Tempo Brasileiro. (Trabalho original publicado em 1949)

Melillo, A., Estamatti, M., & Cuestas, A. (2002). Algunos fundamentos psicológicos del concepto de resiliencia. In A. Melillo & E. N. S. Ojeda (Orgs.), *Resiliencia*. Buenos Aires: Paidós.

Meltzer, D. (1978). *The Kleinian development* (3 Vols.). StethTay, Perthshire: Clunie Press.

Meltzer, D., & Williams, M. H. (1994). *A apreensão do belo: o papel do conflito estético no desenvolvimento, na violência e na arte*. Rio de Janeiro: Imago.

Montagna, P. (2001). O encontro, além da transferência e da contratransferência. *Revista Brasileira de Psicanálise*, *35*(3), 531-542.

Montagna, P. (2005). O processo analítico como propiciador de resiliência e a resiliência como balizadora do processo psicanalítico. In P. Andreucci, M. C. Gomes, I. Gerber, J. Czerny, M. Della Nina, R. Kehdy, . . . T. Haudenschild (Orgs), *Trauma e re-*

siliência no processo analítico. Painel apresentado no Congresso da Associação Psicanalítica Internacional, Rio de Janeiro.

Montagna, P. (2012). Níveis de mutualidade. In I. Sucar (Org.), *Winnicott – Ressonâncias* (pp. 153-166). São Paulo: Primavera.

Montagna, P. (2015). Psychoanalysis and law. Trabalho apresentado no Congresso da International Psychoanalytical Association, Boston.

Nemas, C. (2008). A respeito de um ditado de Donald Meltzer: nutrir os brotos do pensamento mais do que arrancar ervas daninhas. Trabalho apresentado no Encontro Internacional sobre o Pensamento Vivo de Donald Meltzer. São Paulo: SBPSP.

Ogden, T. (1995). Analisando formas de vitalidade e desvitalização da transferência-contratransferência. *Livro Anual de Psicanálise, XI,* 175-188.

Ogden, T. (2012). "Luto e melancolia" de Freud e a origem da teoria de relações de objeto. In T. Ogden, *Leituras criativas.* São Paulo: Escuta.

Parens, H. (2009). Resilience. In Aktar, S. (Ed.), *Good feelings* (pp. 329-369). London: Karnac.

Parens, H., Blum, H. P., & Aktar, D. (2008). *The unbroken soul. Tragedy, trauma and human resilience.* Plymouth, UK: Jason Aronson.

Pearsall, P. (2003). *The Beethoven factor.* Charlottesville, VA: Hamptom Road Publishing.

Phillips, A. (2008). Sobre o fundamental. *Ide, 47,* 16-23.

Rozenfeld, A. (2012). La resiliencia: esa posición subjetiva ante la adversidad. Buenos Aires: Letra Viva.

Silva Jr., J. F. (1972). *Resistência dos materiais*. São Paulo: Ao Livro Técnico.

Steiner, J. (1992). Interpretações centradas no ambiente e centradas no analista. Algumas implicações de continência e de contratransferência. Trabalho apresentado à Sociedade Brasileira de Psicanálise de São Paulo.

Symington, N. (1983). The analyst's act of freedom as agent of therapeutic change. *International Review of Psychoanalysis, 10,* 283-29

Timosheibo, S. P. (1983). *History of strength of materials*. Stanford: Stanford University Press.

Vaillant, G. (1993). The wisdom of the ego. Cambridge (MA): Harvard University Press.

Werner, E., & Smith, R. (1982). *Vulnerable but invincible. A longitudinal study of resilient children and youth.* New York: McGraw-Hill.

Williams, M. H. (2010). *The aesthetic development: the poetic spirit of psychoanalysis.* London: Karnac.

Winnicott, D. W. (1971). *O brincar e a realidade.* Rio de Janeiro: Imago.

Winnicott, D. W. (1989). Squiggle game. In C. Winnicott, R. Shepherd & M. Davis (Eds.), *Psychoanalytical explorations.* Cambridge, MA: Harvard University Press. (Trabalho original publicado em 1968)

Yates, T. M., Egeland, B., & Sroufe, L. A. (2003). Rethinking resilience. In S. S. Luthar (Ed.), *Resilience and vulnerability; adaptation to the context of childhood adversities.* New York: Cambridge University Press.

Yunes, M. A. M., & Szymanski, H. (2001). Resiliência: noção, conceitos afins e considerações críticas. In J. Tavares (Org.), *Resiliência e educação* (pp. 13-42). São Paulo: Cortez.

Zukerfeld, R., & Zukerfeld, R. Z. (2005). *Procesos terciarios.* Buenos Aires: Lugar.

O rapto das metáforas[1]

O desafio representado pela intangível continuidade entre mente e corpo aos estudos dos fenômenos psicossomáticos sempre me encantou. Sua indissociável unidade requer aproximação pelas vias complementares e leva a psicanálise a tatear suas próprias bordas. Aliás, os fenômenos que vão além da neurose clássica, implicando necessidade de ampliação de campo e novos limites do fazer psicanalítico, me cativaram desde o início, pelas perspectivas desafiadoras que proporcionam na esfera além da representabilidade.

Por que vias a angústia deriva para o fenômeno psicótico ou para o psicossomático? É palpável a alternância psicossomática, vislumbrada por Freud? Se alguns aspectos fenomenológicos, com implicações metapsicológicas, são similares entre os fenômenos psicossomáticos e os *borderline* (a própria não representabilidade, por exemplo), como traduzir, por outro lado, as semiologias tão escancaradamente diversas entre eles? Essas são indagações que

---

1 Uma versão anterior deste capítulo foi publicada em 2006 na revista *Ide*, *29*(43), 57-62.

48   O RAPTO DAS METÁFORAS

surgem ao cuidarmos de pessoas propensas a somatizações e, também, daquelas com características limítrofes.

A perspectiva de integração entre esses mundos, metodologicamente apartados, corpo e mente, mas que no mundo real só se apartam mesmo na doença, como dizia Winnicott, soa como um maravilhoso desafio que representa na terapêutica o ponto de chegada de múltiplas possibilidades psicanalíticas. Parece que, quando a psicanálise toca um ponto sensível na esfera do somático, ou da mente localizada no soma, é como se ela se superasse, se suplantasse a si mesma, num momento de êxito. O mesmo vale para qualquer esfera além da representação, na medida em que, a partir daí, há que se postar além da chamada análise clássica, do mundo neurótico. Nesse além se encontra a área do irrepresentável, do inconsciente vivido não pensado, da representação da coisa etc. É esse o campo de discussão, por excelência, da psicanálise contemporânea, seu escopo e seu maior desafio. É nesse sentido que o campo dos fenômenos da interface psique-soma e seu estudo podem adquirir hoje aspectos paradigmáticos dentro da discussão mais ampla de nossa disciplina.

Pertenço ao grupo de psicanalistas que pensa a psicanálise como indissociável de seu compromisso terapêutico – sem desconsiderar, de maneira alguma, a complexidade da experiência psicanalítica em sua tarefa de engendrar autoconhecimento, além de ampliar o mundo do sujeito. Ambos estão inextricavelmente vinculados entre si, como assinalo em trabalho anterior (Montagna, 1996).

A *experiência emocional* no tempo presente da sessão me parece, concordando com muitos, seu elemento *princeps*. Prefiro chamá-la de *vivência emocional* – elemento transformador por excelência das relações no mundo interior e deste com o exterior.[2]

---

2   O termo experiência deriva do latim *experire, ex – fora, per* – denotando *tentar*, encontrado em *repertório, empírico*. O significado passou a ser observação dos

Os fenômenos psicossomáticos são quase demonstrativos por si sós da necessidade fundamental do vértice terapêutico na psicanálise. Lidar com pacientes com questões dessa natureza, na prática, não permite hesitação a esse respeito, ao menos do ângulo da teleologia. Por quê? Porque não resta dúvida de que esses fenômenos, assim como as doenças de modo geral, se referem a alterações regulatórias do organismo, palpáveis e sensíveis, como já bem havia descrito Cannon (1939, citado por Lipp, 1996). Esse monumental fisiologista dedicou sua vida a compreender os fenômenos de autorregulação do organismo, seu equilíbrio e desequilíbrio. Sua influência na medicina foi enorme. Por outro lado, uma das coisas que se aprende com os pacientes é que nos convém, e sobretudo convém ao desenvolvimento da ajuda ao paciente, nos atermos estritamente ao vértice psicanalítico e àquilo que a ele diz respeito.

---

fenômenos para ganhar conhecimento sobre eles, que levou a uma conotação mais subjetiva de uma condição de ter se submetido a ou sido afetado por um evento particular (Ayko, 2008, p. 203). *Vivência*, por seu turno, deriva do latim *viventia*, manifestação de vida, de *vivens*, vivente (Nascente, 1966, p. 780).

Note-se que em inglês o termo vivência não encontra correspondência, ao contrário de experiência. Esta é bem definida em alemão, língua em que *Erlebnis* corresponde a vivência e também a experiência. Viesenteiner (2013) trabalha o uso do termo vivência em Nietzsche, apontando como aspectos principais: a) o caráter de ligação imediata com a vida, o que supõe a vivência por um "Si", e a não ligação com nenhuma "construção"; b) intensidade significativa, transformadora do contexto geral da existência; c) dada a impossibilidade de se determinar racionalmente o conteúdo da vivência, esta deve ser pensada do ponto de vista estético.

A *experiência* (em alemão *Erfahrung*) é uma forma especial de conhecimento que não procede do pensamento discursivo, mas da apreensão imediata de algo dado. *Vivência* (*Erlebnis*) é uma experiência viva, ou vivida, designando toda atitude ou expressão da consciência (Abbagnano, 1971/1998). É um processo espontâneo da consciência, que afeta os seres humanos e tem algo em seu conteúdo de sentido e de valor em seu sentido existencial. Distingue-se pelo imediatismo e pela carga emocional, ainda que não exclua uma penetração e elaboração emocional mais profunda.

Quando leio, de Grotstein, que "toda a psicopatologia tem fundamento em perturbações do vínculo e se manifesta por alterações de auto e heterorregulação" (em Mota Cardoso, 2001, p. 40), reforço minha convicção da unidade mente-corpo e da importância de não subestimarmos, jamais, em nossa prática, questões relacionadas à homeostase do organismo, seja no âmbito psíquico, seja no físico. Configurada desde a intersubjetividade, a fronteira identitária básica está no corpo. Além dele, situa-se a dissolução dela.

Frequentemente nós, psicanalistas, ficamos entusiasmados em buscar, na clínica, um código que permita aproximação entre situações aparentemente sem conexão. Esse nosso fazer básico se refere também às situações, diametralmente opostas, ainda que do mesmo modo instigantes, que são os estados corporais comunicados por uma expressão mental, metafórica, ou, ao contrário, estados mentais trazidos com base em suas manifestações sígnicas corporais. Podemos chamá-las de somatizações, sendo a definição de Lipowski (1988) inclusiva e concisa: trata-se de uma tendência transitória ou persistente de comunicar *distress* psicológico sob a forma de sintomas somáticos.

As somatizações, por serem manifestações sígnicas, requerem um trabalho de geração de sentidos para que se crie a possibilidade de transformação em símbolo. A libertação do aprisionamento do nível do signo se dá por meio de sentidos, necessariamente metafóricos. Por seu turno, a ampliação do nível somático, em vez da mentalização, reflete a subtração da metáfora, o apagamento da representação e a consequente instalação do corpo como biológico e não erógeno, de tal maneira que a metáfora não se encontra mais. Foi tornada concreta, ou, então, subtraída, raptada. O resgate da capacidade para a formação consciente de símbolos pode se dar, por exemplo, com os sonhos, ou seja, a capacidade onírica do sujeito (Meltzer, 1997).

Para ilustrar o que quero dizer, tomo o exemplo direto e esclarecedor de Zusman (1994) no seguinte fragmento: numa sessão em que predominava conversa ao redor de situações mortíferas, o analista nota que o dedo polegar da paciente vai se tornando totalmente cianótico, fato que se torna central para a sua atenção. A conversa, de início em âmbito metafórico, vai se transformando em *acting* por meio do signo. O analista, percebendo o movimento, diz que ela mesma, concretamente, já iniciara um processo de morte, a julgar pelo que ele podia observar. A intervenção do analista permite resgatar a conversação ao símbolo.

Embora saibamos que expressar verbalmente emoções negativas relacionadas a experiências traumatizantes, diante de alguém significativo, é altamente favorável na direção da saúde – e cada tradução de um evento em linguagem verbal afeta o modo pelo qual a experiência é organizada e disposta na mente (Berry & Penebaker, 1998), fato que tem também a ver com a célebre "limpeza de chaminé" (Freud, 1895/1975), existe um "pulo do gato" nessa transição, dentro de um contexto transferencial, que muitas vezes nos foge à compreensão.

Ainda que a verbalização, ou mais, uma interpretação, ou todo o processo psicanalítico, ajude muito um paciente, isso não desvenda, em inúmeras ocasiões, alguns mistérios propostos pela situação transferencial. Por mais que tenhamos boas teorias sobre mudança psíquica e fatores que a favorecem, existe algo mais, além, que é relativo ao corpo. Um pequeno exemplo: uma paciente, há dois anos em análise, pôde, desde o quarto mês, se ver livre de uma dor crônica que a atormentou por anos, obrigando-a a tomar analgésicos potentes de diversas naturezas, com dependência física de consequências desastrosas, até inutilizada para o trabalho. Não tenho clareza sobre o que terá se passado, detalhadamente, na situação. Mesmo porque qualquer tentativa de saber a respeito de um processo mutativo circunscreve-se a uma conjectura teórica, uma hipótese que pode ser mais ou menos bem formulada, mas que necessariamente se refere mais a conexões de sentido do que efetivamente causais. Mas posso dizer, sem medo de errar, que ela pôde sentir seu mundo reverberando dentro de mim, e ver-se reconhecida dessa forma facilitou um processo de verbalização eficaz. A função continência, assim, talvez tenha sido primordial. Propus-me a conversar com ela, várias vezes, sobre sua versão sobre sua melhora. Como é de uso comum ocorrer em casos assim, embora desconheça o que se passou, ela atribui também à análise uma ação restauradora. Aponta-me que se sente mais centrada. De certa maneira, a dor do viver tem sido paulatinamente mitigada pelo nosso caminho psicanalítico. Quando isso acontece, costumamos dizer que nos sentimos "dentro de nossa própria pele". Essa é uma das expressões felizes, aliás, para exprimir uma ocupação apropriada de nossa unidade mente-corpo e que supõe não tanto o aprisionamento aristotélico da mente no corpo, mas a ocupação, a conquista de um espaço corpo-mente que verdadeiramente nos pertence.

Vários de nós temos insistido na compreensão da psicanálise como essencialmente encarnada, ao contrário do que alguns parecem adotar, não como ficção da cibercultura, mas como fruto de uma dualidade real. Corporificação, *embodiment*, são termos que embasam, consubstanciam, essa perspectiva. É interessante contrapormos, por outro lado, essas analogias pós-modernas que se agregam à proposição do "fim da história". Hoje em dia – e é indiscutível a propriedade de também podermos entrar num clima ficcional –, alguns falam de "o fim do corpo". E não é que alguns creem nisso como uma viabilidade plausível?

> *Se você for capaz de fazer uma máquina que contenha o seu espírito, então a máquina será você mesmo. Que o diabo carregue o corpo físico, não interessa. Uma*

máquina pode durar eternamente. Mesmo que ela pare, você ainda pode transferir-se para um disquete e ser transportado para outra máquina. Todos gostaríamos de ser imortais. Temo, infelizmente, que seremos a última geração a morrer. (Le Breton, 2001, p. 125)

Sua lógica é de que o acoplamento a um computador nos tornaria imortais, ou seja, se conseguirmos transmitir para outro cérebro humano, por meio de um *chip*, todo o nosso repertório de experiências vividas, seremos imortais. Poderemos prescindir do corpo?

Uma das belezas do ofício analítico é que podemos também brincar com fantasias, nós e nossos pacientes, nossas e deles próprios, na esperança de uma ampliação do simbólico. Ocupamo-nos com a realidade psíquica, essa concepção essencial que Freud nos legou. Se o indivíduo se comporta como se ela fosse inexistente, é disso que precisamos tratar. É exatamente isso que, amiúde, verificamos diante de elementos psicossomáticos de um paciente. Nessa circunstância, repetimos, a metáfora ou ainda não está criada, ou se encontra sequestrada. Raptada. E, se isso ocorre, seja pelo esgarçamento do tecido conectivo do afeto, que dá sustentação à representação, seja pela inexistência mesmo de conexões, a experiência subjetiva encontra-se prejudicada. A subjetivação se mostra obliterada, empobrecida. É o que também ocorre no trauma, quando faltam a representação e a capacidade de associar, de conectar ideias a emoções, e ideias a outras ideias.

É útil diferenciar, de toda forma, como faz Ohki (2002), somatização de doença psicossomática. Ambas compreendem fenômenos psicossomáticos, ou seja, referem-se a um sintoma físico ligado a um estado emocional do paciente. Característica desses fenômenos é sua inserção num universo pré-simbólico. Na *somatização*, aquilo que se fez simbólico, à guisa de evasão do conflito, ou de sobrecarga do afeto, regride ao não simbólico, por vezes levando elementos fragmentados do que se explicitou um dia como representação mental. É isso que denominamos *rapto da metáfora*, enquistada (encapsulada) como componente virtual numa corporeidade que engloba o ego primitivo. Resulta na coartação da subjetividade, no aprisionamento daquilo que se mantém potencial, sem comunicação, sem transporte (metáfora, em grego, significa "transporte"), do corpo para a mente. Se não for o caso da regressão para o corpo, pode-se dar também a não criação, o não desenvolvimento da protomente. Aqui ocorre, como no exemplo anterior, a opção *sígnica*. Acrescente-se que, no caso de o componente psicossomático referir-se fundamentalmente a uma descarga nos moldes de uma neurose traumática, a metáfora nem ainda terá se formado.

Em trabalho anterior (Montagna, 2001), mostro como um paciente que será submetido a um transplante de córnea vive, dramaticamente, em seu corpo, as ansiedades persecutórias diversas que a situação lhe enseja: rejeita o analista como rejeitou a córnea, o que depois vai se relacionar com seus sentimentos de culpa, com sua impossibilidade de aceitar o transplante vindo de um morto. A ressignificação, digo, a verbalização do sentido da experiência, num nível simbólico, modifica a relação mente-corpo, facilitando a perspectiva de integração do tecido transplantado a seu eu psicossomático.

Simplifico, para fins explanatórios: o paciente, que aqui descrevo, vivia no corpo, organizado na concretude, algo que não podia dizer, como: "Tenho medo de morrer se tiver o pedaço de um morto dentro de mim; isso me lembra de minha mãe morta, fui culpado pela morte dela, esse pedaço estará lá me perseguindo". E dramatiza tudo isso na relação transferencial.

Assim como o psicótico vive concretamente uma perseguição, Dom Quixote dá corpo e vida aos moinhos de vento e luta contra eles – eles *são* os inimigos. Esse tipo de fenômeno psicossomático equivale a uma psicose, vivida no corpo. É preciso decodificar a lógica que rege o ato de Dom Quixote tanto como o fenômeno psicossomático. Numa situação ainda mais primitiva, é a própria célula corporal que irá "enlouquecer".

Já as doenças psicossomáticas pertenceriam ao estado de não integração de Winnicott, do ego corporal, em um nível em que não há representação desses estados corporais.

As *metáforas* – etimologicamente, *meta*, "mudança", "alteração", e *phora*, "transporte" – parecem surgir da inefabilidade da experiência, de outro modo intraduzível. O uso figurado de uma palavra implica a eventual não existência de uma possibilidade outra, capaz de ser utilizada com vantagens. Ela nos permite acesso ao vislumbre de experiências intangíveis. Além do sentido poético, existe a presença da informação que não pode ser direta. Dito de outra maneira, nos apropriamos da metáfora na medida em que não podemos chegar à coisa em si, na experiência. O linguajar cotidiano está repleto delas.

Ainda sobre a corporificação: Rizzuto (2001) observa que a linguagem consiste em uma função da mente totalmente corporificada, ou seja, depende, para sua existência, do corpo físico. Por outro lado, a acumulação ontogênica de experiências sensoriais e de processos afetivos percebidos pelo sujeito excede em muito aquilo que pode ser posto em palavras. A autora demonstra que a pesquisa em psicologia cognitiva "funciona de tal modo que as percepções posteriores são organizadas por meio das anteriores", o mundo e o *self*, como os conhecemos, são construídos com a mediação de nosso corpo, e o que percebemos e sentimos, inclusive as palavras, depende de nossas experiências prévias, que passaram por uma avaliação afetiva, que se referem à ativação imediata do sistema límbico em todo processamento de experiência. Uma analogia que costumo apresentar, como exemplo, sobre o *insight* nos oferece uma clara exposição disso. Sabemos que a vivência de *insight* modifica o campo existencial assim como a experiência com um novo odor modifica todo o circuito olfatório do indivíduo. A organização dos circuitos olfativos, com o novo estímulo, reorganiza de tal maneira o sistema que uma nova experiência olfativa incluirá esse fato, e a aproximação a um novo odor se dará levando em conta a incorporação do anteriormente novo.

Tomemos o vértice neurobiológico para ampliar nossa base. Os chilenos Maturana e Varela (1987/2002), utilizando dados neurobiológicos para o estudo da cognição, descreveram que a *linguagem* "gera condutas consensuais em seres estruturalmente acoplados". Dito de outra forma, a conduta de uma pessoa incita uma resposta do outro, o que resulta numa tentativa de manter a interação estável. Assim entendida, a linguagem pode ser compreendida como qualquer conduta provida de comunicação. Essa perspectiva ultrapassa a dicotomia mente-corpo, pois entende a linguagem e a comunicação enquanto relacionadas ao organismo como um todo. Dessa ótica, "a *metáfora* pode ser vista como uma unidade linguística de estados corporais coordenados entre membros de um grupo social: um só passo de dança, em linguagem, que compromete os participantes a interagir" (Griffith & Griffith, 1996, p. 63). Nesse sentido, continuam os autores, metáfora e histórias existem dentro das interações corporais entre pessoas, e não como entidades contidas na mente da pessoa ou palavras escritas num papel.

Na perspectiva das relações entre as pessoas, tomemos a sessão psicanalítica e a posição de Meltzer (1986). Ele indaga: "Como podemos diferenciar aqueles itens do comportamento que são manifestações significativas da personalidade pensante daqueles que são manobras adaptativas socialmente aprendidas ou instintivas?" (p. 21). Ou, de outra forma:

Como podemos distinguir os fenômenos, em nossos pacientes e em nós mesmos, que são consequências de experiências emocionais que estiveram sujeitas à formação de símbolos, pensamento, julgamento, decisão e, possivelmente, transformação em linguagem, de outros que são hábito, automáticos, não intencionais? (p. 21)

Ele separa esses comportamentos em duas famílias: a) pensamento, personalidade, experiência emocional, formação de símbolo, julgamento, decisão, transformação, linguagem; b) comportamento, instinto, resposta social aprendida, hábito, resposta automática, comportamento não intencional.

Uma questão subsequente a essa articulação pode ser: onde se inicia a linguagem, e onde estamos diante de automatismos não relevantes do ponto de vista discursivo – o que vale dizer: onde se inicia a comunicação interpessoal significativa? Faz parte de nosso dia a dia psicanalítico tentar estabelecer essa diferenciação, em cada momento, na prática.

Em nossa cultura, a descrição da realidade física tem como agente fundamental a ciência. Desta espera-se uma linguagem precisa e sem ambiguidades, literal (Ortony, 1993). Mas, sabemos, a percepção do mundo externo se faz por meio de uma construção mental ativa, e o conhecimento da realidade é matizado pela subjetividade humana e surge da interação de uma informação, num dado contexto, com todo o ser anterior do sujeito. A percepção-representação, aí surgida, serve de polo condensado para inúmeras experiências emocionais que nela podem se assentar. E essas experiências emocionais estão possibilitadas num dado esquema corporal, do mesmo modo como a experiência do sonhar se assenta num estado neurofisiopsicológico determinado, do estado de sono.

Quando insistimos na corporificação da linguagem, pensamos também que a identificação de emoções básicas humanas pela observação da mímica facial tem origem biológica e independe de fatores culturais (alegria, tristeza, ira, medo, surpresa, desprezo, nojo) (Ekman, 2005); outro elemento são os gestos, que na comunicação não só acompanham como precedem as palavras, e têm origem cerebral, assim como a comunicação verbal. Demonstra--se isso porque, na afasia, a comunicação gestual é também prejudicada. Percebe-se aqui a própria comunicação gestual humana podendo corresponder à metáfora – por exemplo, "colocar de lado um tema", gestualmente colocando algo de lado como se fora concreto, mas se trata de uma abstração. A linguagem passa por uma etapa conceitual, outra pré-verbal (gestual), e aí se articula o aparelho fonador. Nenhuma palavra pronunciada por uma pessoa pode "atravessar", por mais abstrata que seja, a fonte somática de seu referente, ou a história somática e da aquisição afetiva de seu som, como aponta Rizzuto. A referência das expressões linguísticas não é o mundo real, e sim o mundo como construído por aquele que fala. É claro que essas observações são fundamentais para a psicanálise, e o trabalho mais conhecido relacionado ao envelope sonoro do eu é aquele desenvolvido por Didier Anzieu (1985/2000).

Lakoff e Johnson (1980, citados por Rizzuto, 2001) relacionam fundamentalmente a linguagem metafórica à experiência, que se dá em termos corporais, mentais e intersubjetivos. Do ponto de vista da teoria clássica da metáfora, sua essência está em experimentar um tipo de coisa no lugar de outra. A sua essência. Além disso, a metáfora é mais ampla do que uma questão específica da linguagem: trata de pensamento. Por isso, conceitos cotidianos, como tempo, estados, mudança, causa, propósito, também se tornam metafóricos. Contudo, se tomamos um ponto de vista correspondente à teoria contemporânea da metáfora, como o faz Lakoff em trabalho posterior (1993), essa asserção é de difícil sustentação.

A distinção entre o literal e o figurativo se opacifica ao nos afastarmos da concretude. Quando lidamos com quaisquer abstrações ou emoções, a expressão já se dá metafórica. Se tomamos o conhecimento psicanalítico, a questão tem um novo complicador, uma mostra de sua complexidade. Por exemplo, os termos que costumam qualificar uma discussão são estruturados, compreendidos, falados, com termos de guerra – ataque, defesa, posição, trincheira, míssil, disparo etc. Por outro lado, sabemos, psicanaliticamente, que aquela agressão pode concretamente *ser*, e não apenas representar, a guerra para o indivíduo. A existência de uma instância de "como se", intermediária, é que dará a medida. A diferença entre uma teoria contemporânea e uma anterior de metáfora dificilmente sustentará uma distinção tão nítida entre literal e figurativo. No campo psíquico, a meu ver, tudo aquilo que for transformação, no sentido de Bion, será metafórico. No entanto, essa metáfora pode ser vivida em nível concreto. Qualquer experiência será, portanto, metafórica, já que é transformação do original, mas paradoxalmente pode voltar a se vestir da literalidade. Clinicamente, o que não é metafórico é a não experiência emocional, e aqui se enquistará (encapsulará) a metáfora raptada.

De todo modo, se é um sistema de metáforas que constrói e estrutura nosso sistema conceitual cotidiano, isso destrói a ideia da distinção clássica literal-figurativo, já que o termo "literal" assumiria falsas assunções. O que se pode dizer é o que não é metafórico: "os conceitos que não são apreendidos, via metáfora conceitual, são literais". "O balão subiu" é literal; porém, assim que falamos da experiência emocional, estamos no campo das metáforas. Igualmente, o não metafórico, aqui, é mais fácil de determinar.

Assim, as metáforas, na psicanálise, não se referem somente à esfera da representação, das ideias, mas evidentemente se assentam sobre um fundo afetivo-emocional. De certa forma, basta estarmos no campo das experiências emocionais para estarmos no campo da metáfora. A subtração desse campo, bem como do campo das fantasias, em manifestações que chamamos de somatização, presta-se exatamente à questão do rapto da metáfora. Talvez possamos localizá-las bem próximo do centro das experiências emocionais, já que, pelo que descrevemos acima, posso entender que toda experiência emocional é metafórica. E, se isso é verdade, elas se configuram como um continente à experiência emocional. A metáfora contida se faz continente para uma experiência emocional que a transforma em contido, e assim por diante. Também é útil notarmos que a metáfora implica a primeira abertura à polissemia da comunicação humana.

Como aponta Rizzuto (2001), a palavra-chave aqui é *experiência* – a compreensão se dá no domínio da experiência, e não somente no plano conceitual. O todo estruturado da experiência se conceitualiza como a *Gestalt* experiencial. No caso, é evidente que a transformação da vivência das nuances demarca o limite entre psicose e não psicose. Segundo Cassola, "de um vértice bioniano, a metáfora tem relevância como pensamento pictórico e imaginativo, que agrega elementos heterogêneos e aparentemente inconciliáveis numa cicatrização conceitual e emotiva produtora de sentido que pode ser comunicado e apreendido" (Cassola, 2001, p. 17).

Enfim, se a metáfora é uma expressão de todo o organismo, se pode ser parte fundamental da comunicação não verbal, se está inscrita na corporalidade e em suas expressões, se ela é uma experiência emocional, uma expressão que se instala após a experiência emocional e que é central a esta, seu sequestro na condição da somatização é o elemento fundamental que irá ditar a constrição do espaço vivencial do indivíduo nessa condição, pela "eclipsação" da representação e pela coartação do afeto. O pensamento operatório, protótipo da condição psicossomática para tantos, refere-se exatamente ao pensamento não metafórico, pela pobreza da vida de fantasia.

Nesse sentido não se trata, ao lidarmos na clínica com essas questões, somente de interpretar aquilo que não foi interpretado, mas também de emprestar ao paciente nossa capacidade de sonhar, para criarmos uma liberdade onde ela não existe. Para liberarmos a metáfora. Esta, um fenômeno situado nos limites do dizível para a esfera semântica (Marcuschi, 2014, p. 40), que, além de transpor significados, cria universos, instaurando novas dimensões da experiência individual.

Referências

Abbagnano, N. (1998). *Dicionário de filosofia* (pp. 406-414, 1006). São Paulo: Martins Fontes. (Trabalho original publicado em 1971)

Anzieu, D. (2000). *O eu pele*. São Paulo: Casa do Psicólogo. (Trabalho original publicado em 1985)

Ayko, J. (2008). *Word origins* (p. 203). London: A & C Black.

Berry, D., & Penebaker, J. (1998). Nonverbal and verbal emotional expression and health. In G. Fava & H. Freyberger, *Handbook of psychosomatic medicine* (pp. 69-83). Connecticut: IUP.

Cassola, S. (2001). La metafora in Bion: pensiero pittorico e sogno della realtà emotiva. *Vertici, 1* (Suppl. 72), 17-23.

Ekman, P. (2005). *What the face reveals*. New York: Oxford University Press.

Freud, S. (1975). *Studies on hysteria*. In S. Freud, *The standard edition of the complete psychological works of Sigmund Freud* (Vol.

2, pp. 1-306). London: The Hogarth Press (Trabalho original publicado em 1895)

Griffith, J., & Griffith, M. E. (1996). *El cuerpo habla*. Buenos Aires: Amorrortu.

Lakoff, G. (1993). The contemporary theory of metaphor. In A. Ortony (Ed.), *Metaphor and thought* (pp. 202-251). Cambridge: Cambridge University Press.

Le Breton, D. (2001). Adeus ao corpo. In A. Novaes, *O homem máquina* (pp. 123-137). São Paulo: Companhia das Letras.

Lipowski, Z. J. (1988). Somatization, the concept and clinical application. *American Journal of Psychiatry, 145*, 1358-1368.

Lipp, M. (1996). *Pesquisas sobre stress no Brasil*. Campinas: Papirus.

Marcuschi, L. A. (2014). A propósito da metáfora. In A. Lima (Org.), *A propósito da metáfora* (pp. 39-61). Recife: Editora UFPE.

Maturana, H., & Varela, F. (2002). *A árvore do conhecimento: as raízes biológicas da compreensão humana*. São Paulo: Palas Athena. (Trabalho original publicado em 1987)

McDougall, J. (1983). Cuerpo y metáfora. *Revista de Psicoanalisis, 40*(5/6), 915-943.

Meltzer, D. (1986). What is emotional experience. In D. Meltzer, *Studies in extended metapsychology: clinical applications of Bion's ideas* (pp. 21-33). Pertshire: Clunie Press.

Meltzer, D. (1997). Concerning signs and symbols. *British Journal of Psychotherapy, 14*, pp. 175-181. Também em M. H. Williams, *A Meltzer reader: selections from the writings of Donald Meltzer*. London: Karnac.

Montagna, P. (1996). Nuances do ouvir e do intervir. In N. M. C. Pellanda & L. E. Pellanda (Orgs.), *Psicanálise hoje: uma revolução do olhar* (pp. 125-134). Petrópolis: Vozes.

Montagna, P. (2001). Afeto, somatização, simbolização e a situação analítica. *Revista Brasileira de Psicanálise, 35*(1), 77-88.

Mota Cardoso, R. (2001). Auto-regulação dos sistemas naturais. *Revista Portuguesa de Psicossomática, 3*(2), 39-96.

Nascente, A. (1966). *Dicionário etimológico resumido*. Rio de Janeiro: MEC.

Ohki, Y. (2002). *Somatização e doença psicossomática*. Trabalho apresentado à Sociedade Brasileira de Psicanálise de São Paulo.

Ortony, A. (1993). Metaphor, language and thought. In A. Ortony (Ed.), *Metaphor and thought*. Cambridge: Cambridge University Press.

Rizzuto, A. M. (2001). Metaphors of a bodily mind. *Journal of American Psychoanalytical Association, 49*(2), 535-568.

Viesenteiner, J. R. (2013). O conceito de vivência (*Erlebnis*) em Nietzsche: gênese, significado e recepção. *Kriterion, 54*(127). Recuperado de http://dx.doi.org/10.1590/S0100-512X2013000 100008.

Zusman, W. (1994). A opção sígnica e o processo simbólico. *Revista Brasileira de Psicanálise, 28*(1), 153-164.

Sintaxe do tempo nos tempos de hoje[1]

> *Não pises este lugar*
> *ontem de tarde havia, por aqui,*
> *vagalumes.*
>
> O livro dos Hai-Kais

I

A sublime leveza desse haicai firma o humano respeito ao nosso entorno e a nós mesmos, embalado em espaço e tempo emoldurados pelo sagrado da existência. O poema prescreve consideração ao que foi presente nesse lugar, hoje vazio, onde quase ainda se sente o acende-apaga, o luzir e o sumir de vaga-lumes. Claro e sombra, presença e ausência fugidias e, no entanto, marcantes nos confundem, mas nos fazem lembrar. Devem permanecer em nossa memória ou supõe-se, ao ler o poema, que algo está em jogo no

---

1 Uma versão anterior deste capítulo foi publicada em 2008 na revista *Ide*, *31*(47), 120-124.

futuro, nossa sorte lançada no fio íntegro, não rompido, do tempo, naquele espaço. Trata-se, afinal de contas, de uma recomendação. A leveza é maior se pudermos sentir o peso do tempo. O poema não trata da continuidade, tampouco da percepção da matéria no espaço. Configura harmonicamente experiência, memória e prospecção: ontem e hoje na direção do amanhã.

Para usufruirmos a experiência estética que a estrofe nos propicia, é necessário que os vaga-lumes, pirilampos e o lugar onde estiveram adquiram uma impressão sensorial de presença dentro de nós, alternando-se com ausência. E, do mesmo modo, a imagem do pisar. A sutileza para absorver a descrição dá-se, em nós, no campo imaterial, em que as coisas estão e não estão, são e não são, evanescem dispondo-se no limite entre o ser e não ser. Situamo-nos no plano simbólico, marco que inaugura o humano e se explicita no exercício da linguagem. Ao mesmo tempo, sabemos que, para que esses vaga-lumes e contornos existam e se instalem em nós, é preciso que os criemos em nosso mundo interior. No contato com suas existências no mundo fora de nós, deixamos de lado o fato de eles existirem lá, e os inventamos para nosso uso particular, só nosso – mais ou menos como criamos, com movimentos de braços e pernas, a luminescência dos plânctons no mar das noites escuras. Assim se dá o mundo lúdico, ensinou-nos Winnicott, arte e poesia se situam no espaço do ser e não ser a um só tempo. É onde também se situa o campo da transferência na psicanálise.

Manejamos presença e ausência de modo a aceitar que as coisas estão e podem não estar; elas são, mas também existe o nada, e para que elas continuem a ser dentro de nós, temos que suportar a existência do vazio do não ser e do nada. Assim nasce em nós um espaço virtual, no qual se instala o tempo do não ser. O símbolo só se inscreve com a ausência e com a capacidade de vivê-la, caso tenha havido a presença intensa, em que tenhamos nos deixado estar. Não há símbolo se o pisar for automático. É necessário atenção.

Podemos tomar outro exemplo paradigmático dessa inefável permanência/impermanência na descrição que Fabio Herrmann nos oferece sobre o rosto e a face em sua obra "A rani de Chittor", que versa sobre a lenda oriental da linda Padmini, rainha de uma cidade do longínquo Hindustão chamada Chittor, hoje em ruínas. O semblante de Padmini só poderia ser contemplado – por ordem de seu marido ciumento e ameaçador – a distância, em um espelho, portanto indiretamente. Faz-se, diz Herrmann, "um ver sem ver que elevava a tensão do desejo, para se sonhar por toda a vida com o reflexo arredio" (1992/2001, pp. 77-79). É do rosto de Padmini que o autor segue a viagem reflexiva:

> *Parte de nossa história passar-se-á nesses palácios, ou melhor, estará relacionada com sua geometria virtual. Mas um rosto não será também uma questão de óptica geométrica, quem sabe a mais importante de quantas haja; ou mesmo, mais ousadamente, a origem verdadeira da estrutura de permanência abstrata dos seres materiais notáveis, cuja idealidade é condição para a invenção da geometria? Um rosto é idealidade, é imagem; muda a cara, fica o rosto. Ou, com mais rigor, só há um rosto quando a cara material se vai transformando, pois um rosto é o que resta de idêntico. Idêntico a quê? Idêntico à alma, àquilo que não existe mais, ao inconsciente, se preferem. (Herrmann, 1992/2001, p. 77)*

Aqui, mais uma vez, a natural virtualidade do tempo se impõe como uma presença que nos movimenta, nesse caso por meio da entrevisão propiciadora do imaginar, do sonhar. Move-nos a perscrutar o presente que de novo se esvai, deixando registros na memória. Tais registros revelam o rosto, que permanece, mantém--se único ainda que mudem sorriso, cada esgar, mímica facial e as infinitas expressões que a face pode transmitir.

Saltam das entrelinhas do que se expôs: então, o que é o presente, o agora? É o período em que nos cabe viver a vida? É uma fração de segundo? Um milionésimo de segundo? É o mínimo que possibilita a apreensão visual na rolagem das imagens na sucessão de quadros fotográficos que compõem um filme? É o tempo de nossa percepção? Nosso *insight* em uma sessão psicanalítica? Mas não é ela formada de muitos momentos, cada um deles um presente em si mesmo? Podemos equacionar atenção-percepção--unidade de tempo? O que dizer do instante? Se poético, ele quebra a continuidade horizontal do tempo unitário, como quer Bachelard (1970)? O que, ao contrário, possibilita sentirmos o tempo como contínuo? Ele é mesmo contínuo? O aumento da aceleração do tempo nos caracteriza. Condensou-se o presente?

Dessas questões saltam implicações no tempo de cada sessão, de cada aqui e agora, interpretações e construções, e do processo psicanalítico. Sabemos que as experiências vivas de ampliação de consciência, em "momentos-agora" no encontro psicanalítico compõem a base e os pontos nodais na psicanálise e na vida.

II

Uma pessoa entra em minha sala de atendimento com passos curtos, cadenciados, decididos, sem pressa ou afobação, apenas deixando no ar a impressão de alguma ansiedade.

Olha para as duas poltronas lá existentes, vai até elas, tira dos bolsos telefone celular, chaveiro, óculos, deixa-os cair numa delas e, ato contínuo, se dirige para o divã, disposto ao longo da parede oposta. Ainda que seu telefone não soe, desligado que está, ele está lá para nós dois, se quisermos vê-lo, e, se for o caso, para não deixá--lo de fora da conversa. O aparelho está lá também demarcando a contemporaneidade, o século XXI, seja qual for o tempo em que internamente essa pessoa viva aquele momento. Deixa-se cair no divã, larga-se quase a se estatelar, parecendo que não via a hora de se jogar displicentemente naquele móvel pleno de significado, em que, a princípio, podia relaxar, respirar fundo, suspirar, abandonar seu desconforto e ali viver uma experiência única, com conforto e muitas vezes outro tanto de desconforto, em outro nível.

Observo os impactos em mim de sua presença. Percebo-a ajeitando-se, alinhando-se no divã, até ter encontrado uma posição de alívio, de distensão, antes mesmo que qualquer palavra ou som intencional seja pronunciado. Enquanto tudo isso ocorre, há um presente, diverso daquele em que me observo pensando no que acabo de experimentar. É o momento em que a experiência subjetiva está ocorrendo. A presentidade (Bachelard, 1970) da experiência é fundamental à sua consistência e à configuração daquilo que os fenomenologistas chamam de consciência do eu.

Hoje, Valter decidiu trazer o livro que lia na sala de espera – de fato, segura-o, com um braço, sobre seu tórax, no divã. É claro que isso não tem uma importância intrínseca, não é uma linguagem em si, mas, para se constituir como tal, depende de nossa interação dialógica. "Quando um ato começa a ser comunicação?", indaga Meltzer (1986). Há nessa sessão uma expressão facial (que permanece), comunicação a ser decodificada. Um aspecto dessa face é o tempo em que vive Valter ali, diante do rosto temporal de seu eu. A face irá se esgarçar quando se esfumaçar a temporalidade, ao sabor dos assim ditos processos primários. Ou então pode se petrificar, como se o tempo se instalasse como um presente contínuo, permanente. Noutro momento ele vive o passado presentificado. Pode agir também como se o futuro já tivesse chegado, como se tivéssemos saltado o tempo presente. É impressionante como nesse pequeno período de tempo um vasto mundo de significados psíquicos, que condensam por vezes longos e repetitivos momentos vividos, tem sua história transformada numa dada configuração comunicacional.

Balizada pela história vivencial, a aventura da restituição (ou da criação) de sentido(s) emerge no tempo combinando sincronia e diacronia, também anacronismo, relativos a regressões, transferências, reações retardadas, chegando a encontros com o presente nos "momentos-agora".

Tudo isso pode se passar na esfera da apreensão não verbal, ou não verbalizável. Esse campo de conhecimento oriundo da memória implícita se refere tanto à apreensão subliminar (*priming*) como a experiências sensório-motoras, à aquisição de certas habilidades (memória procedural) e, ainda, à memória afetiva e emocional ligada às experiências emocionais e às fantasias e defesas primeiras com relação às experiências primitivas do bebê em seu entorno. Tais registros permanecerão em nosso presente com os conhecimentos advindos da memória explícita, que se refere a eventos específicos da vida, conscientemente localizáveis, verbalizáveis. Oferece sentido às lembranças de experiências, ou à reconstrução da história pessoal. O fundamental é que de algum modo o ocorrido se inclua como parte de nossa experiência subjetiva. Conseguir essa inclusão, das experiências nos níveis a que me refiro, é, como sabemos, o desafio da psicanálise hoje, além do que se tem como análise clássica. Esta, a rigor, realiza-se no registro do representável, do representado, e pode ser vista como a análise da transferência no âmbito da transferência neurótica.

III

Presente, passado e futuro ditam ritmos. E são eles, os ritmos, os responsáveis pelas primeiras sensações em nossas vidas, as primeiras impressões cinestésicas. Será nas sensações dos ritmos na vida intrauterina que encontraremos os registros iniciais daquilo que um dia norteará a realização da presença do mundo exterior. Os ritmos primeiros e o pulsar da vida são inaugurados pelas batidas cardíacas da mãe, que carregam fluxos temporais de diferentes intensidades por meio das artérias umbilicais, portadores da informação de um universo dinâmico, em movimento. Compassado, esse ritmo muda com as solicitações do meio. Frequência respiratória, necessidades e realização delas, tensão e relaxamento, sono e vigília, compõem o amálgama rítmico a que mais adiante se agregarão a presença e a ausência do objeto externo, com graus variáveis de estabilidade. Essas vivências se dão numa espacialidade que deriva da existência e da consciência do corpo. Freud (1923/1975b) mostra que o conceito de tempo e sua gênese são inerentes à organização e ao funcionamento do ego, que é inicialmente corporal.

Os ritmos pressupõem presença e ausência, permanência e mudança. Isso faz parte de nossa odisseia vida afora. A consciência das mudanças que atravessamos é "a condição de que depende nossa percepção do fluir do tempo" (James, 1890/1952). A mudança fundante é a que registra nossa vinda ao mundo. "Há muito mais unidade entre a vida intrauterina e a primeira infância do que a impressionante cesura do nascimento poderia levar a supor", apontou Freud (1926/1975c, p. 162). Essa passagem pode ser pensada como aquilo que inaugura, para além dos ritmos intrauterinos, a organização do tempo na vida humana. A área intermédia, a zona "trans", de impermanência, é uma mudança que "gera a fratura, a brecha, o abismo, e que por outro lado da memória, o pensamento, liga, articula, interpreta" (Piaget, 1937/1979). Curiosamente, é a memória, irmã do tempo – na mitologia grega, Mnemosine, deusa titã irmã de Cronos –, que preside a função poética.

IV

Uma unidade de tempo é o dia, cujo ritmo – noite/dia – sempre foi natural para o homem. Nossa ideia de ano surgiu muito depois. Havia que se considerar a sazonalidade de plantações e colheitas, mas fundamentalmente a das estações, infalivelmente cíclicas. No viver cotidiano, o que importava para a sobrevivência era cada dia sucedido pela noite, ritmo condicionante de tudo que quer continuar a ser. Desse modo, o ciclo noite e dia foi sempre o norteador natural das condutas humanas. Noite e sono são companheiros inseparáveis de nossa história. A claridade do dia para viver, a escuridão da noite vinculada ao escondido, ao obscuro ou ao não possível de ser trazido à luz. Assim, esse ritmo em geral condicionou as ações humanas. Nos últimos cem ou duzentos anos isso se modificou enormemente na história da vida pública e privada. As primeiras tentativas de um novo grau de independência – a independência da luz –, conseguido pelo fazer cultural humano, foram efetuadas durante a Pré-História. Conquistar o fogo foi fundamental na evolução da humanidade. E, desde a Pré-História até não muito mais do que cem anos atrás, era ele a única fonte de luz dominada pelo ser humano.

Se buscamos as religiões fundantes, e não só, do Ocidente, o primeiro ato de Deus triunfou sobre as trevas: "E a terra não tinha forma, era vazia; e as trevas pairavam sobre a face das profundezas.

E o espírito de Deus moveu-se sobre a superfície das águas... E Deus disse: faça-se a luz: e a luz se fez; e Deus viu que a luz era boa; e Deus separou a luz das trevas" (Gênesis 1:2-4). Antes da criação, "havia o caos original, informe, vazio e escuro". Lembremo-nos de que se descreve a divindade como "a Luz suprema", reservando-se a luz do homem aos "luminares" da humanidade. Assim como a luz extraiu ordem do caos, a apropriação da luz pelo homem o fez compor sua história de um modo que não voltaria jamais a repetir--se. A conquista da noite foi parte dos princípios fundamentais de nosso tempo atual, com todas as implicações que esse acontecimento tem em nossas vidas.

Alvarez é um estudioso do tema, com contribuição muito interessante. Diz ele:

> *para que a noite pudesse ser colonizada e tornada segura para os cidadãos respeitáveis, duas coisas eram necessárias: iluminação e força policial. Sem elas, a noite era como o caos original a partir do qual Deus criou o mundo: informe e vazio. (Alvarez, 1996, p. 28)*

Fechavam-se os portões das cidades, trancavam-se as casas, os cidadãos que saíam à noite tinham que carregar tochas para evidenciar a todos que os vissem que não queriam se esconder, que eram pessoas de boa-fé. As primeiras tentativas de iluminar as ruas datam do século XV, quando tocheiros eram colocados na frente das casas dos ricos. Nas encruzilhadas de Atenas e Roma havia fogueiras; no entanto, as primeiras tentativas organizadas de iluminar as ruas ocorreram em Paris em 1662: mediante pagamento, velas eram postas em lanternas e acompanhavam o viajante de um posto a outro. Foi depois da iluminação a gás, no século XIX, que as cidades começaram a ser iluminadas regularmente, em maior escala. Em Londres foram implantadas lâmpadas de gás nas ruas em 1807. A iluminação a gás em São Paulo, lembremos, com os célebres lampiões a gás que hoje fazem parte inalienável da memória da cidade e do cancioneiro popular, data do início do século XX. Se ocupo um tempo nessa descrição, faço-o por tê-la como um dos marcos iniciais e como pano de fundo concreto do contemporâneo, de temporalidade presentista, em que o centro de gravidade temporal se deslocou do futuro para o presente (Lipovetsky & Charles, 2004). O ritmo do tempo novo põe demandas e exige aptidões antes insuspeitas. Uma nova questão homeostática, um novo desafio para nós, humanos, dos pontos de vista físico e psíquico.

V

Nossa interação com o mundo na atualidade, nesses tempos pós-modernos, é expressa, com precisão, em metáfora com a qualidade líquida (Bauman, 2000). Em vez de manter uma forma constante, os líquidos emprestam-na daquilo que os contém, sempre prontos a mudar. O que conta para eles, diz o autor, é o tempo, mais que o espaço que lhes toca ocupar. Por sua mobilidade, são leves. Moldam-se a qualquer lugar, não importa qual forma se lhes ofereça. Importa o tempo presente de sua configuração, que logo se alterará, uma vez alterado o continente. E assim são as referências dos tempos de hoje, que derreteram e derretem padrões e configurações de conduta, os quais não são mais "autoevidentes". Longe disso, constroem-se e modificam-se, são maleáveis, não se mantêm por muito tempo; o espaço foi vencido pelas telecomunicações.

Se as questões humanas fundamentais jamais se alteram, as variáveis históricas condicionam sua explicitação. Assim como na medicina varia a patoplastia com as mudanças do meio, variações das condições de vida alteram nosso estar no mundo.

A pós-modernidade, em sua liquidez, traz aquilo que Virilio (1984/1993) chama de "poluição dromosférica" ao se referir aos efeitos da velocidade das coisas, que contamina os elementos, as substâncias naturais, a água, a flora e a fauna, e, mais ainda, o espaço-tempo de nosso planeta. A dimensão oculta da revolução das comunicações afeta o tempo vivido nas sociedades. O mundo está cada vez menos exótico, diz ele, torna-se "endótico", o que implica o "fim" tanto da exterioridade espacial como da temporal. Beneficia-se o único do instante presente, desse instante real das telecomunicações espontâneas.

A presentificação de nosso estar no mundo conduz a um sedentarismo talvez definitivo, em que o movimento de nossos corpos se dá somente a título de lazer ou de prescrição higiênica. É a distância que, por meio da tecnologia, passamos a controlar o meio ambiente. O movimento do trajeto concreto se rendeu às telecomunicações, ainda que, diga-se a bem da verdade, jamais se tenha viajado tanto pelo mundo. Essa configuração paradoxal se insere numa sociedade do presente intenso, da perda da narrativa e, para alguns (Bauman, 2000), da perda da memória; para os quais a figura, banalizada, dissimula a realidade das coisas em seu volume natural.

Com o império do presente vem associar-se a imperiosa ausência de qualquer obstrução à satisfação do desejo. A busca da satisfação imediata, sem tergiversação, é característica da nossa era. O espaço de tempo entre a irrupção do desejo e sua satisfação deve chegar ao zero. O presente eterno e o primado do prazer engendram uma fantasia do ser descontextualizado de tempo e espaço, como se fosse a-histórico. Eles geram uma fantasia de autocriação, que tem sua expressão plena no *self-made man*, o qual supõe uma autofabricação. Ou, como diz Salecl (2005), trata-se da fetichização do ser autônomo, que, no limite, é a ideologia da autocriação, é corolário da ideologia da sociedade sem limites. Sociedade que, continua a autora, encoraja o moto do "seja você mesmo", sem uma reflexão sobre o que se está falando; que, por exemplo, conta com a propaganda da Nike, *Just do it*. Nesse contexto de reinvenção de si próprio, da criação de cada um, Walter Benjamin vê, justo aí, um substrato de uniformidade – as pessoas lembradas a fazer o que querem estão na verdade seguindo os ideais de padronização.

Quais as qualidades favoráveis à resiliência na contemporaneidade, além da plasticidade mental? O que favorece o enfrentamento das condições atuais, das adversidades específicas que elas impõem (cada época impõe as suas próprias)? Quais os caminhos não só para a sobrevivência como para o desenvolvimento emocional com base no que nos sucede no mundo contemporâneo?

Tomemos para reflexão os modos de funcionamento mental em que ocorrem modificações características da dimensão do tempo, com o propósito de buscar os corolários, no mundo interno, da emersão das acelerações dromológicas a que nos referimos, permitindo-nos um pleonasmo, inverso, do mundo parado. Para exemplificá-lo, utilizemos, contraposta à pós-modernidade, a vivência de um personagem do livro *O deserto dos tártaros*, de Dino Buzzatti (1940/1984). Deslocado até um quartel de fronteira para fazer a guarda, onde vivia sozinho, vigilante para o caso de vir uma guerra ou o ataque de supostos inimigos, ele via cada dia passar, monótono, sem que nada ocorresse. Pobreza de estímulos, lentificação da vivência.

Nossas vivências interiores, ancoradas nos afetos, são nuançadas pela variação da dimensão temporal. Refiro-me, por um lado, à depressão, com sua característica alteração do tempo interno, e, por outro, à mania. Naquela, a vivência interior de tempo é de lentidão, o pensamento é vagaroso, a dificuldade de acesso ao mundo externo e às próprias associações de ideias pode ser grande, há restrição da vida psíquica, diminuição da velocidade, dificuldade no decidir, no fazer, apatia, cansaço corporal, empobrecimento da subjetividade. Os deprimidos, no extremo, parecem congelados na imobilidade.

O ser no estado maníaco, por seu turno, parece se escoar na velocidade, aceleradas que são a vivência e as associações de ideias. Ideias fluem, jorram, a ponto de surgir grande angústia por não poder o indivíduo contê-las dentro de si.

Tanto a depressão como a mania podem ter desencadeantes de ordem exterior e interior. Em ambos os casos, falham os instrumentos de manutenção de nossa homeostase.

Tomemos a analogia com nossa temperatura corporal. Fôssemos poiquilotermos (animais de sangue frio), não poderíamos preservar a temperatura corporal constante. Também do ponto de vista psíquico, há a possibilidade de regulação e preservação homeostática de nosso mundo interno. Fazemos isso por meio de barreiras impostas entre nós e o exterior, às vezes até mesmo entre nós e nós mesmos, as quais nos põem, se não a salvo, ao menos protegidos da pobreza de estímulos que nos bombardeiam impiedosamente. Mas, assim como a regulação da temperatura corporal, nossa homeostase psíquica suporta uma gama de temperaturas externas. Aquém ou além delas a temperatura interior é perturbada, ocorre febre ou hipotermia. Podem ser muito graves, levar até à morte.

As dificuldades aparecerão à medida que for ultrapassada a capacidade homeostática de cada indivíduo. Dá-se exatamente o mesmo com a estimulação emocional e, de modo mais amplo, psíquica. Com a diferença de que, aqui, até certo ponto, podemos solipsística ou autisticamente nos isolar do entorno. No mundo da hiperestimulação, a invasão do mundo interno a todo momento pelas solicitações, com a consequente dificuldade de configuração do mundo interno em contato com barreiras definidas, passa a ser questão fundamental na relação eu-mundo. Como resultado, tem-se a pobreza de fantasias e repertório onírico, com o incremento das patologias psicossomáticas, das patologias da quebra de limites tipo *borderline*, daquelas ligadas a impulsos e suas satisfações, como os distúrbios alimentares, as adições (drogas, sexo, jogo etc.).

Poderíamos então nos perguntar: quais as adaptações necessárias para o ser humano que deve viver em baixas ou em altas temperaturas? Com altas ou baixas intensidades de estímulo? Talvez aí tenhamos uma pista de como entender a resposta ao mundo em que vivemos. Não se trata, entretanto, de teorizar ou supor, e sim de observar como reage o ser humano, também do ponto de vista da patologia, à alta velocidade e à quantidade dos estímulos externos, para promovermos uma reflexão a respeito.

Quais as restrições, ou características, que o mundo exterior nos impõe? No calor excessivo, tendemos naturalmente a nos movimentar menos, ao passo que, no frio, nosso movimento é maior. Lembremos da expressão "tempo quente", que denota barulho, confusão, discussões acaloradas.

Mais uma vez: o que nos ajuda na adaptação, ou melhor, na possibilidade de uma sobrevivência humanizada nos tempos de hoje? Quais os fatores de resiliência particularmente relevantes no momento atual?

Bem, a princípio devemos considerar a preservação de nosso mundo interno, com certa autonomia em relação à estimulação intensa e permanente do meio exterior. Nossa reserva ecológica interna (Freud, 1911/1975a), por assim dizer, é nosso mundo da fantasia – em última instância, "de nossos sonhos". As fantasias, sabemos, não são cópias passivas da realidade exterior, ao contrário, são transformações ativas dela, de nosso mundo interno. Os próprios registros das experiências exteriores contêm nossa marca pessoal, e, com base neles, a vida mental é uma criação ativa.

Assim, preservar esse espaço da fantasia e do sonhar representa a possibilidade de respirarmos a subjetividade, de tão fundamental manutenção na atualidade. Para que haja uma interação efetiva com aquilo que nos cerca, pode ser de bom alvitre a existência, nessa subjetividade, de espaços reflexivos e criativos capazes de abarcar a ambiguidade, a incerteza, a ambivalência e a contingência (Elliott, 1997). O espaço reflexivo é essencial para a identidade em tempos pós-modernos, de tanto estímulo externo, de tanto controle por sistemas técnicos, os quais se contrapõem à extraordinária liberdade do mundo privado. Os espaços lúdicos, então, no mundo interno, apresentam-se na interseção que integra os processos da relação da realidade com aqueles oriundos do mundo da fantasia. A integração profunda entre a matéria da razão e as de emoção e de afeto reflete uma organização que possibilitará – e esta é a questão – articulações entre um estado subjetivo e o seguinte, conferindo ao ser humano seu senso de existência, de continuidade e de individuação. Em suma, o livre trânsito entre razão e emoção lhe dá a perspectiva de lidar com a realidade e a fantasia. E esse é um fator de resiliência da maior importância. Ele se relaciona também a uma qualidade mental já valorizada por Freud desde o início, que segue como característica de algo que se pode ter como favorável à vida humana – a saber, a plasticidade.

Aliada a isso estará a capacidade de preservarmos nosso limite e de sermos genuinamente nós mesmos, ainda que diante de pressões e invasões externas, a possibilidade de estruturarmos um *self* verdadeiro, contraposto àquilo que se conhece como falso *self*, cuja tendência é tentar uma resposta adaptativa ao mundo externo, mas rígida e em detrimento de necessidades internas.

Viver hoje, no contexto que expusemos, pressupõe outras duas variáveis valiosas: vínculo e sentido. Se pudermos encontrar um sentido em nossas vivências, se pudermos vivê-las sob a primazia de vínculos significativos, então não só estaremos mais preparados para enfrentar o mundo como também para usufruí-lo.

Referências

Alvarez, A. (1996). *Noite*. São Paulo: Companhia das Letras.

Bachelard, G. (1970). *El derecho de soñar*. México: Fondo de Cultura Económica.

Bauman, S. (2000). *Modernidade líquida*. Rio de Janeiro: Zahar.

Buzzatti, D. (1984). *O deserto dos tártaros*. São Paulo: Nova Fronteira. (Trabalho original publicado em 1940)

Cyrulnik, B., & Duval, D. (2006). *Psychanalyse et résilience*. Paris: Odile Jacob.

Elliot, A. (1997). *Sujetos a nuestro próprio y multiple ser*. Buenos Aires: Amorrortu.

Freud, S. (1975a). Formulations on the two principles of mental functioning. In S. Freud, *The standard edition of the complete psychological works of Sigmund Freud* (Vol. 12, pp. 218-226). London: Hogarth Press. (Trabalho original publicado em 1911)

Freud, S. (1975b). The Ego and the Id. In S. Freud, *The standard edition of the complete psychological works of Sigmund Freud* (Vol. 19, pp. 13-66). London: Hogarth Press. (Trabalho original publicado em 1923)

Freud, S. (1975c). Inibição, sintoma e angústia. In S. Freud, *Edição standard brasileira das obras psicológicas completas de Sigmund*

Freud (Vol. 20, pp. 107-200). Rio de Janeiro: Imago. (Trabalho original publicado em 1926)

Herrmann, F. (2001). A rani de Chittor. In F. Herrmann, *O divã a passeio*. São Paulo: Casa do Psicólogo. (Trabalho original publicado em 1992)

James, W. (1952). *The principles of psychology*. London: Encyclopaedia Britannica. (Trabalho original publicado em 1890)

Lipovetsky, G., & Charles, S. (2004). *Os tempos hipermodernos*. São Paulo: Barcarolla.

Meltzer, D. (1986). What is an emotional experience? In D. Meltzer, *Studies in extended metapsychology: clinical applications of Bion's ideas* (pp. 21-33). Pertshire: Clunie Press.

Piaget, J. (1979). *A construção do real na criança*. Rio de Janeiro: Zahar. (Trabalho original publicado em 1937).

Salecl, R. (2005). *Sobre a felicidade: ansiedade e consumo na era do hipercapitalismo*. São Paulo: Alameda.

Virilio, P. (1993). *O espaço crítico*. São Paulo: Editora 34. (Trabalho original publicado em 1984)

Sobre a dor de amar[1]

Saberás que não te amo e que te amo
posto que de dois modos é a vida,
a palavra é uma asa do silêncio,
o fogo tem uma metade de frio.

. . .

Te amo e não te amo como se tivesse
em minhas mãos as chaves da fortuna
e um incerto destino desafortunado.

Pablo Neruda

Amar se aprende amando.
Sem omitir o real cotidiano,
também matéria de poesia

Carlos Drummond de Andrade

---

1 Uma versão anterior deste capítulo foi publicada em 2009 em *Jornal de Psica-*
nálise, 42(77), 233-242.

Amar habita o centro da condição humana, o núcleo essencial de nosso ser. Encerra as dimensões mais prazerosas da existência, e também aquelas em que o desespero mais profundo vai nos assolar. Não há maior enlevo do que o que nos proporciona o estado do amor, nem miséria mais profunda do que sua perda, por separação ou desilusão.

O amor alicerça nossa existência, constitui o sangue da vida. É força unificadora, harmonizadora, que move as coisas e as mantém unidas; em Platão, dirige-se à beleza e é o desejo do bem. Implica a força geratriz por meio da qual tentamos preservar a vida, enquanto espécie, buscando transcender a morte.

Amar realmente o outro, um ser humano, é uma das mais complexas de nossas possibilidades. Talvez seja uma missão, à qual se chega após preparo e conjunção do inato com a educação, "talvez seja o trabalho para o qual todos os outros trabalhos não sejam mais do que a preparação", diz Laing (1954, citado por Gans, 2000, p. 528). Nosso destino seria, então, "realizar um potencial mais fundamental, articulado no idioma sumério como ensinamento bíblico", velho e novo, *amar nosso próximo como a nós mesmos.* Essa não é, de fato, tarefa simples. O amor é um sentimento que não comandamos, invade-nos sem nossa anuência ou controle, nos comanda; sabemos disso de nossa vida, encontrando na própria psicanálise alicerces para essa reflexão.

Desse modo, sobre a récita "Ame o próximo como você se ama" incide um paradoxo não passível de demoção. Mais apropriado seria "aja como se amasse o próximo como você se ama" como pano de fundo ético para o viver. Trata-se de pôr em prática preceitos e deveres em relação ao próximo. Amar não é da ordem do dever, da coerção, mas sim constitui um ato de liberdade.

Capacidade inata, adquirida, ou ambos, amar tangencia o sublime. E, entretanto, pode, se frustrado por não mutualidade, acirrar o maligno, o destrutivo, a loucura mais recôndita no ser humano, colocando em xeque a própria condição de humanidade. Assim é quando circulamos no reino das paixões, em que todo amor comporta um grau de loucura. Porém, como comenta Nietzsche, em toda loucura há alguma razão; ou, como ecoa Shakespeare em *Hamlet*, "E no entanto há método nessa loucura". Amor e dor – e este é nosso tema – são vivências humanas fundamentais e inseparáveis.

No Renascimento, o Amor era tido como um dos três princípios constitutivos do mundo, as três "primalidades" do ser, junto com o Saber e o Poder (Campanella, citado por Abbagnano, 1998). É uma emoção da alma, diz Descartes, que a incita a unir-se aos objetos que julga convenientes; distingue-se do desejo, que se dirige ao futuro. Permite que nos consideremos unidos com o que amamos de tal modo que imaginamos um todo do qual somos só uma parte e do qual a coisa amada é outra parte (Descartes, citado por Abbagnano, 1998, p. 42). Há que se pensar diferente no amor maduro – este é benevolente, considera o objeto como se considera. É indefinível.

Uma expressão feliz é a de Leibniz em *Opera Philosofica* (citado por Abbagnano, 1998, p. 43): "quando se ama sinceramente uma pessoa, não se procura o próprio proveito nem um prazer desligado da pessoa amada, mas procura-se o prazer na satisfação e na felicidade dessa pessoa...". É preciso que se sinta prazer nessa felicidade e dor na infelicidade da pessoa amada. Essa proposição elimina a oposição entre buscar o nosso próprio bem e o bem do objeto amado.

I

Neste trabalho vou me referir predominantemente ao que se pode chamar de amar num sentido de *amor maduro*, diferenciando-o dos *estados de apaixonamento* ou do *amor de posse*, condições mais ligadas a configurações narcísicas. O amor maduro se insere no apego objetal anaclítico, que Freud (1914/1975c) descreve em "Introdução ao narcisismo". O amor possessivo não é generoso, é egoísta, só se regozija com a felicidade do outro na medida em que este diz respeito a si próprio – os amantes amam os amados, diz Platão em *Fedro*, como os lobos os cordeiros, como um prato do qual se quer fartar. Amar com maturidade implica consideração pelo objeto, respeito por sua individualidade e por sua integridade, compromisso.

Amar vivencia o objeto como objeto total, situando-se no polo depressivo da permanente oscilação PS ↔ D da vida mental humana. Sabemos, entretanto, que mesmo os indivíduos mais regredidos contêm a perspectiva de momentos depressivos, portanto não há de se restringir essa condição, necessariamente, como inacessível aquém do desenvolvimento genital, embora é claro que seja uma questão de prevalência, ou de predominância em cada configuração. Além disso, não podemos excluir a perspectiva de o amar manifestar-se em condições de menor maturidade emocional como um subproduto de determinados *splittings*, geralmente benignos, da personalidade.

O amor não é cego, mas com frequência carrega um grau de idealização do parceiro. Aqui, aponta Kernberg (2009, pp. 177-202), a idealização não se revela necessariamente o contraponto a ataques do sujeito ao objeto, conforme a postulação kleiniana, mas um dispositivo de atenuação, aos olhos do sujeito, de aspectos não queridos ou admirados do objeto amado. Estão presentes a ternura e uma forma especial de identificação de interesse, sentimentos, que Balint (1948) chama de identificação genital. Nesta, se dá aos desejos, sentimentos, sensibilidade e defeitos do parceiro quase a mesma importância que se dá aos próprios. Cuidado e preocupação são importantes.

O amor, enquanto sentimento, situa-se em especial posição na dimensão da *corporalidade* humana. Sabemos que os fenomenologistas estratificam nossos sentimentos, de acordo com a proximidade-afastamento do corpóreo, em *sentimentos corporais, vitais, anímicos, espirituais* (Alonso Fernandez,1968). Trata-se de uma estratificação segundo a *origem* dos sentimentos, ou, numa mirada psicanalítica, levando em conta camadas arqueológicas diversas numa escalada de mentalização crescente. *Corporais* são sentimentos localizados no corpo, ligados às sensações, mas distintos delas, aderidos a determinadas topografias orgânicas; seu protótipo é a dor. *Vitais* são sentimentos mais móveis do que os corporais, menos inertes, permitem sentir a vida, viver o entorno, o frescor do arvoredo, a opressão da neblina, têm um caráter de autonomia que implica a agregação da interioridade – prazer/desprazer, por exemplo. *Anímicos* são chamados sentimentos do eu, se ligam não tanto à percepção propriamente, mas ao significado subjetivo daquilo que é percebido; por exemplo, alegria e tristeza. Têm um grau maior de independência em relação aos acontecimentos externos, ou seja, não são necessariamente expressão linear do contato com o mundo exterior; situam-se num plano vivencial mais amplo e pleno da subjetividade. Por sua vez, os *sentimentos espirituais* se inserem numa dimensão mais complexa das vivências humanas, já não são estados do eu, mas mais impalpáveis, são estados tidos como absolutos, menos dependentes do exterior, fundem-se com o próprio ser, são estados de ser, e não de estar, são sentimentos religiosos ou metafísicos – quando existem. É o caso de fé, esperança, generosidade.

Se olharmos por essa perspectiva o *amor*, veremos que pode perpassar todos esses estratos, dependendo de sua característica, ou figurar-se mais em um ou em outro deles. Vislumbra-se o amor erótico, desde a perspectiva dos sentimentos corpóreos até o mais sublime e impalpável sentimento espiritual. Pode cruzar os estratos, tendo assento em todos eles. Diga-se ainda que, como outros sentimentos, pode também ser anobjetal, sem conteúdo dirigido a objeto. Assim cabe o amar, como verbo intransitivo, de Mario de Andrade, ou, melhor ainda, o de Drummond.

Importa-nos, mais do que qualquer outra, para nossa tese, a *dimensão espacial* do sujeito-objeto. Talvez seja amando que podemos mais profundamente penetrar o outro (ou nossa construção do outro, mas supõe-se que essa construção pode se aproximar do outro), bem como incorporá-lo dentro de nós. O amor une o que está separado, mas essa união implica, no amor maduro, preservação de individualidades. As fronteiras e a identidade do eu devem permanecer consistentes, delimitadas, como condição *sine qua non* para o amar maduramente. Pergunta-se, se assim for, se um indivíduo numa condição *borderline* pode amar maduramente. A resposta é, como enfatizei, que todos podem ter momentos de posição depressiva, nessa constante oscilação PS ↔ D da vida mental humana, e que vai trazer a dor inerente e inseparável da própria condição de amar. *E, na verdade, está nessa fronteira, eu-objeto, a origem da dor de ama*r. Esta é minha ótica. Incorporamos o estrangeiro, unimo-nos a alguém, porém mantendo a separação, o que nos escancara a alteridade, desmonta a onipotência, expõe a impotência em relação ao outro, que queremos, mas não podemos enfeixar dentro de um casulo de proteção total. Digo proteção e não controle porque o que está em jogo é nosso desejo, mas nossa impossibilidade, de evitar a dor do parceiro. Essa postulação é bem diferente daquela de Nasio (2007), que mistura a dor de amar com a dor da perda do amor, em seu livro *El dolor de amar*. São fenômenos distintos, a dor da perda e a dor da separação, embora a perspectiva da separação, da perda do objeto, possa rondar uma relação e ser sofrida, e mais ainda sua concretização, e este seja um tema em si pleno de perspectivas de abordagem, e se constitua numa segunda fonte de dor, no amar. Minha perspectiva vem a ser mais aquela de uma cesura e de uma área do vazio, do hiato, entre o eu e o não eu. A dor está na presença, pois a presença do outro implica estar diante do mistério do outro, do inapreensível da alteridade. Não é à toa que Ortega y Gasset escreve: "El autentico *amor* no es sino el intento de canjear dos *soledades*", de seu livro *El hombre y las cosas* (1965, p. 57).

Ou, com Hegel (1996):

> *O amor exprime a consciência de minha unidade com um outro, de tal modo que eu, para mim, não estou isolado, mas a minha autoconsciência só se afirma como renúncia a meu ser por si e através do saber-se como unidade de mim com o outro e do outro comigo. (p. 45)*

Ou, ainda com Hegel, "A verdadeira essência do amor consiste em abandonar a consciência de si, esquecer-se em outro si mesmo e todavia reencontrar-se e possuir-se verdadeiramente nesse esquecimento" (p. 45). Essa renúncia a si mesmo para paradoxalmente encontrar sua plenitude constitui o caráter infinito do amor.

Isso é romântico, mas, modernamente, amor é relação que não anula a realidade individual e a autonomia dos seres entre os quais se estabelece, mas tende a reforçá-las por meio de um intercâmbio, no qual cada um procura o bem do outro como seu próprio. Tende à reciprocidade. União – de interesses, de propósitos, necessidades, emoções. Relação finita entre entes finitos. Nunca é tudo e nem constitui a solução de todos os problemas humanos.

Em "O mal-estar na cultura", Freud afirma que "nunca estamos tão indefesos em relação ao sofrimento do que quando amamos, nunca tão inapelavelmente infelizes do que quando perdemos nosso objeto de amor ou o amor dele por nós" (1929/1975f, p. 82). Nesse trabalho, Freud aponta que o sofrimento nos ameaça em três direções: do nosso corpo, condenado à decadência e dissolução, que nem mesmo pode dispensar o sofrimento e a ansiedade como sinais de advertência; do mundo externo, que pode voltar-se contra nós com forças esmagadoras e impiedosas; e, finalmente, de nossos relacionamentos com outros seres humanos, sendo o sofrimento proveniente dessa fonte talvez o mais penoso.

Já em "Reflexões para os tempos de guerra e morte", Freud, asseverando "dor insuportável e desmoronamento frente à morte das pessoas amadas", sugere também:

> *o que libertou o espírito de indagação do homem não foi o enigma intelectual e nem qualquer morte, mas o conflito de sentimentos quando da morte de pessoas amadas, e, contudo, estranhas e odiadas. A psicologia foi o primeiro rebento desse conflito de sentimento. O homem já não podia manter a morte à distância, pois havia provado de sua dor pelos mortos. (1915/1975e, p. 294)*

A tese é que não há amor sem dor, na medida em que a dor de amar é inerente à própria condição de amar, não se restringindo à eventualidade da separação; na medida em que amar, na acepção madura do termo, implica discriminação da individualidade. Amar dói na medida em que revela a alteridade e, portanto, a individuação e a solidão pessoais. Encarar a presença da alteridade refreia a onipotência e resulta na necessidade de abandonar o estado narcísico e seus eventuais benefícios. A passagem de uma condição narcísica para uma de individuação não se faz sem dor.

Rosenfeld discute a dor, o ódio e a intensidade de reações terapêuticas negativas que são gerados numa análise em momentos em que a autonomia e a individualidade do analista põem em xeque as fantasias de se autobastar, por parte do paciente, dificultando o uso de identificações projetivas (Rosenfeld, 1987/1988). O contato com a alteridade abre um novo olhar, o indivíduo se apropria de sua existência como sujeito, de sua subjetividade e de sua história. Abrem-se as portas do simbolismo pleno.

Não raro, na clínica, nos defrontamos com a dificuldade, em nossos pacientes, de enfrentar a dor de amar, o que compõe fator inibidor do amar ou então freio do exercício da capacidade de amar, resultando em cisões, estas empobrecedoras (há *splittings* benignos, como dissemos) da possibilidade de amar e, portanto, da vida psíquica. Frequentemente está em jogo aí o medo ou a capacidade para *suportar mudança catastrófica*. Num certo sentido, a alma se coloca isolada de si mesma.

II

Outra proposição deste trabalho é que amar se aproxima de uma experiência estética em diversas qualidades.

Para Freud (1905/1975b, pp. 10-11), "a atitude estética em relação a um objeto se caracteriza pela condição de que não pedimos nada ao objeto, principalmente nenhuma satisfação de nossas necessidades sérias". Ora, nada mais próximo do que a condição de amor ao objeto, um amor desinteressado e, portanto, que se pode verdadeiramente chamar de amor, que nada pede mas que se enaltece na doação.

Como o amar, a experiência estética descortina a alteridade e a impossibilidade de alcançá-la. Também não pode ser vicária de debilidades, como num amor imaturo que busca no outro uma cura fantasiada para nossas deficiências (Freud, 1914/1975c), mas sim abrange a inexorabilidade do contemplar solitário. O amor maduro também não comporta compensação vicária.

Se nos aproximamos das características da experiência estética, isso vai nos aproximar da experiência de amar. A experiência estética pode ser compreendida de modo amplo como a apreciação do belo. Kant (1781, citado por Likierman, 1994, p. 18) descreve o belo como o aspecto da forma que nada tem a ver com a funcionalidade ou o propósito, é a forma da intencionalidade de um objeto na medida em que é percebida separadamente da apresentação de um propósito. Explica Likierman (1994, p. 282), observando, digamos, um gracioso cavalo galopando: podemos admirar o harmonioso interjogo de suas partes, servindo a um propósito tal como autopreservação do animal... Podemos, entretanto, admirar o todo harmonioso à parte de quaisquer propósitos que ele possa ter... Nossa admiração seria, então, puramente "estética". E, adiante: "colocado em termos psicanalíticos, qualquer valor que o indivíduo atribui a uma qualidade não funcional, não satisfatória das qualidades do objeto, é obrigatoriamente estética" (Likierman, 1994, p. 283).

O que mais me interessa do estético, para os propósitos desta discussão, é que na experiência estética a beleza é uma qualidade do objeto, parte de sua identidade, que não se transmite ao sujeito. Assim é, no amar, com as qualidades do objeto amado. A apreensão da identidade única, da alteridade, independente, compõe ingredientes fundamentais à dor que acompanha, em si, o amar, bem como, no caso da beleza, importa no impacto ímpar que a experiência estética carrega consigo.

Tom Jobim e Vinicius de Moraes magistralmente mostram a alteridade e a conjunção entre amor e beleza em "Garota de Ipanema", uma das canções mais executadas no mundo:

Ah, por que estou tão sozinho?/ Ah, por que tudo é tão triste?/ Ah, a beleza que existe

A beleza que não é só minha/ Que também passa sozinha/ Ah, se ela soubesse/ Que quando ela passa/ O mundo inteirinho se enche de graça/ E fica mais lindo/ Por causa do amor. (Jobim & Moraes, 1962)

Na psicanálise, uma interpretação amorosa tem uma vertente estética, conforme discuti em um trabalho (Montagna, 1994). Na poesia do amor, essa vertente é plenamente contemplada nos versos de Vinicius, que ensina à poesia brasileira, como aponta Antonio Candido, a mistura de um vocabulário familiar com uma espécie de casto impudor, inventando um léxico de amor físico que abole qualquer diferença entre ele e o que é considerado não físico (Candido, 2004, pp. 120-121).

Amar contém as polaridades permanência/efemeridade, plenitude/solidão. Dói, também podemos dizer, porque a realização do desejo, ensina-nos Freud, é impossível. Contemplar uma flor, diz ele, desperta em nós, também, a *Gestalt* da transitoriedade (Freud, 1915/1975d), podemos dela usufruir ou não, depende de como suportamos a impermanência. A apreensão do belo contém, em sua própria natureza, a apreensão de sua própria possibilidade de destruição, nos confirmam Meltzer e Williams (1994, p. 125). O objeto presente é visto como contendo a sombra do objeto ausente, presente como um perseguidor...

O desenvolvimento que ocorre durante um ciclo de vida tenta restaurar aquilo que havia sido despedaçado por não ter sido sustentado pelo frágil ego infantil, de tal modo que a beleza do objeto possa ser olhada de frente, sem que ocorra, como temia Sócrates, dano à alma (Meltzer & Williams, 1994, p. 25).

Na experiência estética, bem como no amor e em outros sentimentos, somos tomados pela vivência, somos habitantes passivos dessas vivências, nada podemos fazer senão nos deixar levar por elas, a não ser que não as suportemos e acionemos mecanismos que impossibilitam e ao mesmo tempo empobrecem nossa vida mental.

São vivências articuladas com o particular significado que atribuímos, ou nos percebemos atribuindo, ao objeto. Como disse o Pequeno Príncipe:

> *Vós não sois absolutamente iguais a minha rosa, vós não sois nada ainda. Ninguém ainda vos cativou, e nem cativaste ninguém. Sois como era a minha raposa. Era uma raposa igual a cem mil outras. Mas eu a tornei minha amiga. Agora ela é única no mundo. (Saint-Exupéry, 1943/2013)*

No âmago do humano, o amor preserva sempre seu mistério.

Um elemento que quero agregar a esta apresentação é algo mais sobre a práxis e a técnica psicanalítica. Às vezes escuto, por parte de alguns pacientes, que tenho privilegiado em suas análises aspectos "positivos" em suas falas. Curiosamente essas afirmações são feitas quando percebo desenvolvimentos significativos neles, que poderíamos chamar de "melhora" – crescimento, maior possibilidade de suportar dor etc. Um paciente em estado maior de regressão não diz isso: ele atua, repete, e aí precisa ser compreendido frequentemente também nessa dimensão. Ronald Laing (1975, comunicação pessoal) insistia que só interpretava a transferência quando isso estava atrapalhando a relação. De minha parte, penso o mesmo em relação aos aspectos negativos, "maus", do paciente. Quando eles atrapalham – a relação ou o próprio paciente –, devem ser interpretados. Mas para isso há que existir um substrato. Nemas (2008) lembra o comentário que Donald Meltzer às vezes trazia em seus contatos pessoais. Dizia que estava mais preocupado em alimentar e ajudar os brotos capazes de pensar, em sua mente, do que arrancar as ervas daninhas. Penso que esse é um bom modelo.

Referências

Abbagnano, N. (1998). *Dicionário de filosofia*. São Paulo: Martins Fontes. (Trabalho original publicado em 1971)

Alonso Fernandez, F. (1968). *Fundamentos de la psiquiatria actual* (Vol. 1, pp. 335-344). Madrid: Paz Montalvo.

Andrade, C. D. de (1987). *Amar se aprende amando*. São Paulo: Círculo do Livro.

Balint, M. (1948). On genital love. *International Journal of Psychoanalysis, 29*, 34-40.

Candido, A. (2004). Vinicius de Moraes. In V. de Moraes, *Poesia completa e prosa* (pp. 120-121). Rio de Janeiro, Nova Aguilar.

Freud, S. (1975a). Beyond the pleasure principle. In S. Freud, *The standard edition of the complete psychological works of Sigmund Freud* (Vol. 18, pp. 7-68). London: Hogarth Press. (Trabalho original publicado em 1921)

Freud, S. (1975b). Jokes and their relation to the unconscious. In S. Freud, *The standard edition of the complete psychological works of Sigmund Freud* (Vol. 8, pp. 237-244). London: Hogarth Press. (Trabalho original publicado em 1905)

Freud, S. (1975c). On narcisism: an introduction. In S. Freud, *The standard edition of the complete psychological works of Sigmund Freud* (Vol. 14, pp. 73-102). London: Hogarth Press. (Trabalho original publicado em 1914)

Freud, S. (1975d). On transience. In S. Freud, *The standard edition of the complete psychological works of Sigmund Freud* (Vol. 14, pp. 73-102). London: Hogarth Press. (Trabalho original publicado em 1915)

Freud, S. (1975e). Thoughts for the times on war and death. In S. Freud, *The standard edition of the complete psychological works of Sigmund Freud* (Vol. 14, pp. 273-300). London: Hogarth Press. (Trabalho original publicado em 1915)

Freud, S. (1975f). Civilization and its discontents. In S. Freud, *The standard edition of the complete psychological works of Sigmund Freud* (Vol. 21, pp. 64-145). London: Hogarth Press. (Trabalho original publicado em 1929)

Gans, S. (2000). Awakening to love: R. D. Laing's phenomenological therapy. *Psychoanalytical Review, 87*(4), 527-547.

Hegel, G. W. (1996). *Curso sobre a estética: o belo na arte*. São Paulo: Martins Fontes.

Kernberg, O. (2009). Love. In S. Akhtar (Ed.), *Good feelings: psychoanalytic reflections on positive emotions and attitudes* (pp. 177-202). London: Karnac.

Likierman, M. (1994). O significado clínico da experiência estética. *Revista Brasileira de Psicanálise, 28*(2), 309-328.

Meltzer, D., & Williams, M. H. (1994). *A apreensão do belo: o papel do conflito estético no desenvolvimento, na violência e na arte*. Rio de Janeiro: Imago.

Montagna, P. (1994). Nuances do ouvir e do intervir. In N. M. C. Pellanda & L. E. C. Pellanda (Orgs.), *Psicanálise hoje: uma revolução do olhar* (pp. 125-134). Petrópolis: Vozes.

Nasio, J. D. (2007). *A dor de amar*. Rio de Janeiro: Zahar. (Trabalho original publicado em 1998)

Nemas, C. (2008, agosto). A respeito de um ditado de Donald Meltzer: nutrir os brotos do pensamento mais do que arrancar as ervas daninhas. Trabalho apresentado no Encontro Internacional sobre o Pensamento Vivo de Donald Meltzer, Sociedade Brasileira de Psicanálise de São Paulo, São Paulo.

Neruda, P. (2010). Soneto XLIV. In P. Neruda, *Veinte poemas de amor y una canción desesperada*. Chile: Pehuén.

Ortega y Gasset, J. (1965). *El hombre y las cosas*, 2. ed. Buenos Aires: Editorial Losada.

Platão (2005). *Fedro*. São Paulo: Martin Claret.

Rosenfeld, H. (1988). *Impasse e interpretação*. Rio de Janeiro: Imago. (Trabalho original publicado em 1987)

Saint-Exupéry, A. de (2013). *O pequeno príncipe*. São Paulo: Vozes. (Trabalho original publicado em 1943)

Finitude e transitoriedade[1]

Agora já percorremos uma boa distância no fluxo do rio da psicanálise e da vida, passando das iniciais tempestades sintomáticas às existenciais, que no início apenas se insinuavam. Descobrimos, então, que a distinção entre análise e vida é menos clara do que imaginávamos. Embora efêmeras, a transferência e a vida são porções fugazes da existência, a matéria da qual os sonhos são feitos, ainda assim eles são tão reais quanto a experiência poderá ser. Eles são a própria substância do ser, do vir a ser, mas também do terminar.[2]

Poland, 2011, tradução nossa

---

1 Uma versão anterior deste capítulo foi publicada em 2016 na revista *Ide*, 38(61), 27-40.

2 No original em inglês: "We are now much farther along the flow of 'the river-run' of analysis and of life, having moved from the symptomatic storms at the start to those existential ones before only hinted at. Now we discover that the distinction between analysis and life is less clear than we had imagined. Although transference and life are fleeting wisps of existence, each ephemeral, the stuff that dreams are made on, still they are as real as experience can ever be. They are the very substance of being, and of becoming, but also of ending."

Primeiro, a "infinitude"

Minha paciente, aficionada pelo jogo de boliche, conta-me que o que mais a encanta nesse esporte é que os pinos caídos são recolhidos pelos fios que os prendiam – todos os pinos – e a seguir repostos exatamente como antes, no mesmo lugar. Tudo permanece igual. Sempre igual.

A imagem remonta à resiliência; os pinos resistem ao choque, reerguem-se, levantam-se após os golpes. Mas falta um dado importante: não há alteração do sujeito em face dos *strikes* da vida, fruto de aprendizado.

No contexto da bipolaridade que a acompanha há muitos anos, seu apreço pela imutabilidade, pela não mudança, pode representar uma "defesa maníaca que se instala no reino da ausência de trabalho do luto; como negação, propondo a fantasia da imobilidade". Ou "fuga para a fantasia onipotente" (Winnicott, 1935/1975, p. 131), compondo a negação de sua realidade interna, em defesa ao desalento ou à morte interior.

Seu percurso associativo vai desembocar, em última instância, no medo da desintegração, na morte psíquica – mas também física –, que no universo winnicottiano transcende o medo da castração. São questões que, como o medo do *breakdown*, pertencem ao campo do inconsciente vivido, representado, mas não recalcado.

Essa introdução circunscreve o pano de fundo do presente artigo: a questão do luto – o trabalho possível de luto. Esse trabalho é compreendido como o conglomerado de processos favoráveis que se desenvolvem em face da perda, que inclui a aceitação da realidade e readaptação a ela. Para isso, é básico que a perda seja reconhecida pelo indivíduo. Para Freud (1913/1975f), a maior tarefa do luto é afastar a esperança de o morto sobreviver.

É claro que o ser humano nem sempre está apto ao trabalho interior do luto diante dos impactos das perdas inevitáveis da vida, como o envelhecimento e a perspectiva da morte. Diante deles, frequentemente a realidade é distorcida ou negada (Kogan, 2007).

Mas, quando é possível, sua elaboração leva a uma melhor diferenciação entre *self* e objeto, passado e presente, realidade e fantasia. Também leva a uma reorganização do ego e a uma interação mais suave entre o mundo interior e o exterior.

Momento fatal e vida

Quando Donald Winnicott anota em seu caderno pessoal: "Deus, que eu esteja vivo quando eu morrer"[3] (C. Winnicott, 1978/ 1989, p. 3), descrevendo a seguir seus órgãos viscerais se alterando no *post mortem*, várias são as observações possíveis.

Podemos vislumbrar aí um desejo onipotente de autopreservação, análogo ao do bebê que precisa da ilusão de ter criado o seio. Ele quer ter preservada a consciência do limite (Goldman, 2013). Mas também podemos enxergar a perspectiva de um espaço psíquico que mantém a vida e a morte simultaneamente (Goldman, 2013), o que representaria mais um de seus paradoxos, mais uma de suas transições. Ele parece propor um espaço de transição, de superposição entre elas, vida e morte.

A meu ver, a lição mais importante é o exemplo do anseio por vitalidade até o último instante. De estar vigoroso, ativo, ágil até o fim. Note-se que o termo *alive* tem conotação, além de vivo, de ativo, vigoroso, vitalizado, ágil. Com isso, ele indica um valor, um modelo que enaltece não somente um estado de alma para um

---

3   No original em inglês: "Oh, God! May I be alive when I die".

dado momento, mas assinala também um paradigma para o viver. "Ainda que exista a morte, mantenhamos o vigor e a vitalidade no viver", é o que parece anunciar. É uma centelha vital, o brilho do impulso à vida e ao crescimento que é parte do bebê, que nasce com ele e que ele carrega consigo "de um modo que nós não temos de compreender" (D. Winnicott, 1964, p. 27).

Essa vitalidade diz respeito a Eros, que surge na obra freudiana quando este divide impulso de morte e impulso de vida, ligando Eros ao impulso de vida ou de amor, que transcende a anterior utilização do termo libido. É disso que parece falar D. Winnicott, de vitalidade, e é a isso, a rigor, que se referem a vida e a psicanálise.

Vida plena (full life)

Uma ideia que tem me inspirado ultimamente e sobre a qual tenho me debruçado é: "Nunca é tarde para se tornar a pessoa que você poderia ter sido". É algo diverso daquilo a que classicamente se costuma referir como escopo da psicanálise: "Nunca é tarde para conhecer a pessoa que realmente se é".

Chega uma época na vida, quando muita água já passou embaixo da ponte, quando a vida corre solta, em que se trata mais de atualizar as virtualidades do não ter sido, de cumprir as perspectivas das nossas potencialidades, do que sabemos ser nosso. Refiro-me a um momento da vida em que as marcas da experiência permitem dimensionar razoavelmente nossa estrutura psíquica, reconhecendo esse nosso conjunto relativamente estável de funções.

Está em jogo a integração possível dos diversos personagens de nosso teatro mental e de sua ação conjunta, coordenada. Mais do que nunca, trata-se de agir, de ocupar-se do "daqui para a frente", com a utilização do instrumental do qual dispomos. Uma paciente de 83 anos, por exemplo, pode pela primeira vez pintar e expor sua arte, em uma exposição; um homem de 75 anos pode surpreender a todos e revisitar um amor passado etc. A questão fundamental é a vitalidade. Podemos chamar essa fase da vida de *full life*, ou vida plena, quando a morte já se registrou como cidadã em nossa alma, quando a vida já vai além da meia-idade, quando os dados talvez já tenham sido lançados.

De todo modo, o fazer analítico continua a se inscrever na possibilidade de encontrarmos ou construirmos sentidos e significados por meio da experiência. Lembremos que experiência requer tempo e distância, memória e imaginação (Donoghue, 1981). Ela se compõe como a iluminação controlada por um *dimmer*, que inicialmente propicia uma visão muito tênue, crepuscular, e, paulatinamente, configura uma visão clara, com discernimento dos elementos em jogo (D. Winnicott, 1945/1975, p. 152), por exemplo, diferencia entre alguma coisa que meramente está acontecendo e viver uma experiência (juntos, mãe e bebê).

Situações-limite

Vivemos, enquanto analistas, a curiosa experiência de constatarmos, especularmos, revelarmos, criarmos, dentro de um universo singular. Ao mesmo tempo que ele tem como condição para sua existência estar apartado da vida cotidiana, é parte inextricável desta.

É desse cantinho que apreciamos o ser humano, a partir de nosso método e de nós mesmos, enquanto pessoas. Nele, procuramos a mais primordial singularidade, podendo até arriscar alguma generalização, como o fez Freud. Guardamos a ciência de que cada homem é igual a todos os homens; cada homem é igual a alguns homens; cada homem é igual a nenhum outro homem. É entre a radical singularidade, o singular plural e o universalmente humano que nos situamos, movendo-nos dos meandros da transferência aos volteios da vida.

Poland (2011) cogita que,

> *embora efêmeras, a transferência e a vida são porções fugazes da existência, a matéria da qual os sonhos são feitos; ainda assim, eles são tão reais quanto a experiência poderá ser. Eles são a própria substância do ser, do vir a ser, mas também do terminar.*

No contexto incomum, do encontro dessas "ferências", buscamos distinguir, nas franjas do discurso e do pré-discursivo, as nuances entre transferência e vida, para em dado momento perceber que nem sempre as distinções são tão nítidas, havendo, na sessão e no conjunto delas, tempos em que as bordas esfumaçam.

A dessemelhança entre psicanálise e vida esmaece particularmente em situações-limite, de uma ou de outra. Essas situações-limite colocam em xeque a própria existência (Jaspers, 1965/1993), seja da análise ou da própria vida. Elas desvelam os limites da existência, revelam aspectos da experiência até então inapreensíveis. Ou, então, permitem recuperar registros mais típicos, fazendo surgir aspectos que estavam latentes nas demais situações.

O indivíduo perdeu as certezas que antes o norteavam, os parâmetros que consolidavam sua segurança. São necessários movimentos que descortinem novos cenários. Se, de certo modo, há que se viver cada uma de nossas situações, cada um de nossos momentos, como limite, enquanto seres humanos e psicanalistas, não há como negar que existem circunstâncias, na vida e no decorrer de uma análise, em que essas situações dominam o cenário, tomam o primeiro plano e se tornam elas mesmas protagonistas do nosso pensar e fazer.

Pelo trabalho de René Roussillon (2006) em seu apreço pelo estudo do paradoxo, somos lembrados de que a prática psicanalítica é convidada a maior explicitação quando, em determinadas situações transferenciais, a transferência e a própria análise são levadas a situações-limite.

Exemplos dessas situações-limite são os inúmeros momentos de *acting* que não podem ser contidos por interpretações, eventualmente, tampouco pelas palavras. Ameaças reais de autodestruição por várias vias são parte dessa amostragem. Em situações extremas, por exemplo, em que vida e morte estão em jogo, há que tomar preventivamente atitudes concretas visando à proteção do indivíduo. A proximidade da morte evidencia uma situação-limite por excelência. No nosso ofício, sua explicitação se dá no lidar com pacientes em estado terminal.

Terminalidade

Terminalidade é o termo que a medicina reserva a uma condição de saúde de qualidade e grau que irreversivelmente conduzirá em tempo breve à morte. A ela se dispensam hoje em dia discussões éticas fascinantes. Estipula-se que o médico deverá abandonar procedimentos diagnósticos ou terapêuticos desnecessários, mas não abandonará o paciente, levando a ele toda sorte de cuidados paliativos necessários para seu conforto e bem-estar.

É a essa progressão do momento de vida em direção à morte, sem perspectiva de recuperação, que se costuma chamar de condição terminal. Há quem insista que somos todos terminais desde o

106 FINITUDE E TRANSITORIEDADE

nascimento. Verdade por um lado; por outro, longe de dar conta da especificidade e das complexidades das circunstâncias a que aqui nos referimos, buscando resgatar o sentido particular desse modo de olhar.

A rigor, a ideia de que "ao nascer começamos a morrer e o fim começa na origem é um lugar-comum que se encontra tanto em São Bernardo como em Montaigne" (Ariès, 1977, p. 104). A declaração de Freud de que "a meta de toda a vida é a morte" (1920/1975a, p. 38) se harmoniza com Montaigne, para o qual vivemos para aprender a morrer, pensamento este que já encontramos em Sêneca.

Mas se, para Montaigne, o melhor jeito de viver é não se preocupar com a morte (Bakewell, 2010, pp. 12-22), há quem viva diuturnamente pensando nela. Exemplo disso são as curiosas "encenações" da morte, relatadas por Sêneca.[4]

Akhtar lembra que "a horrenda bruxa da morte torna-se a musa de nossa criatividade" (2011, pp. 88-89), apresentando-se como paradigmática em tempos e culturas diversas, orientais e ocidentais, e vê um paralelo entre a declaração de Freud e o poeta urdu Mirza Assad Ullah Khan Ghalib (1797-1869), para quem, poeticamente, "o grande êxtase para uma gota é cair no rio e se tornar uno com ele" (Akhtar, 2011, p. 3).

Morrer tem ressonâncias particulares em cada cultura. Num tempo romântico, dizia-se que a pessoa sabia quando ia morrer. Isso se observa hoje em alguns casos. Lembro-me, no internato médico, de assistir a uma paciente grave que, na UTI da clínica cardiológica, dizia ao grupo de médicos que discutiam seu caso: "Não

---

4 Conta ele que um rico romano, Pacuvius, encenava diariamente uma cerimônia de seu funeral na qual ele era transportado de uma mesa para sua cama num esquife, enquanto seus convidados e servos entoavam: "Ele viveu sua vida, ele viveu sua vida" (Sêneca, 1995, p. 110).

se preocupem comigo, doutores, cuidem de outro paciente; vou morrer hoje". Para a incredulidade de toda a equipe médica, em questão de horas, malgrado os cuidados adequados que a princípio deveriam ser suficientemente eficazes, ela morreu.

Na Índia hoje existe um hotel para aqueles que têm estimados quinze dias de vida, no máximo. A ideia é proporcionar-lhes uma morte num lugar sagrado, tendo as cinzas jogadas no rio Ganges, de alto significado espiritual.

A morte de cada um se inscreve na universalidade da morte e do morrer. As fases de Elizabeth Klüber-Ross, de modo geral, reafirmam-se: negação e isolamento, raiva, negociação, depressão e aceitação (Klüber-Ross, 1970). Frequentemente há sobreposição e concomitância entre elas, como no desenvolvimento das fases da libido.[5]

Nosso desafio como psicanalistas comporta características particulares. Recolho-as de minha vivência com pacientes terminais e das descrições de colegas. A primeira delas diz respeito à conversa direta com o paciente sobre sua morte. Ela tem um tempo certo, que emerge do material dele. Em minha experiência, assim como "morte não é uma conversa para crianças", a conversa franca sobre ela com o paciente terminal não só tem seu tempo como não é uma conversa com a criança que existe dentro dele, mas com seus aspectos mais adultos – a não ser sobre as conversas das fantasias e angústias ligadas ao tema, por exemplo, a morte

---

5 Em nossa cultura, o psicanalista Akhtar (2011), por exemplo, descreve ainda o que considera uma "morte suficientemente boa": a) natural; b) madura (depois dos 70 anos); c) esperada, não súbita; d) honrosa, deixando um legado decente; e) com funeral e testamento pré-arranjados; f) civilizada, com a presença de entes queridos em circunstâncias agradáveis; g) aceita; h) pesarosa, capaz de suscitar tristeza, mas sem colapso; i) pacífica, com amor.

equivalendo a ficar sozinho, ou mesmo angústias claustrofóbicas, vendo-se dentro do caixão.

Mais do que a morte e o morrer, nossa conversa, mesmo com o paciente terminal, é sobre a vida e o viver, considerando-se que o problema universal é o que se faz com o tempo que nos resta, quer sejam décadas, anos, dias de vida – nunca sabemos com certeza.

Como aponto em meu trabalho "Interação psicanalítica com paciente terminal" (Montagna, 1991), a questão é ajudar a pessoa a viver a vida até onde isso for possível, e da melhor forma possível. A paciente a que me referi anteriormente me diz: "Minha morte, doutor, entrego a Deus; quero com o senhor falar da vida e da minha verdade".

Sentimentos intensos possivelmente surgirão, como o sentimento de ser descartado pela vida, por Deus ou outra instância; no campo relacional, elementos extremamente persecutórios entram em jogo, explicitando-se frequentemente na contratransferência.

Durante aquele atendimento, certa vez, picado por um inseto, criei para mim um quadro persecutório intenso a respeito do desenvolvimento daquela tumefação inflamatória como um tumor maligno. Esses elementos persecutórios, em níveis somáticos, entram também no trabalho de Cortezzi Reis (2014).

A compreensão analítica de momentos dessa natureza direciona uma integração no polo depressivo, favorecendo a possibilidade de o paciente lidar de forma mais integrada com seus objetos internos e externos, incluindo movimentos reparatórios.

Outra observação, compartilhada por Hägglund (1981), é que os pacientes terminais incitam vivos e intensos sentimentos de proximidade, num contexto de pesar e dor. Questões fundamentais da existência humana compartilhada se escancaram diante de nós; como nunca, as fronteiras entre psicanálise e vida se esfumaçam;

"porções fugazes da efêmera existência" é o que são, apontando para a matéria do sonho, da qual é feita a existência.

Aquece-se uma vivência do sublime enquanto dimensão da estética e as dimensões do humano, do profundamente humano da vivência e da relação. A busca do contato é intensa, e permanece até o ponto em que o paciente pode mantê-lo com o ambiente, até o limiar de sua regressão psicossomática, narcísica, ao extremo limite de suas condições clínicas.

É um contato que, em última instância, se sabe fadado a talvez terminar em breve, escancarando nossa impotência diante do morrer. Por vezes um receio de ser absorvido na regressão do paciente ou no afeto simbiótico leva – e isso é comum – ao medo de ser tragado para dentro do processo de morrer. Isso ocorre com o próprio analista/terapeuta ou familiares do paciente.

O analista precisa suportar as regressões ou a deterioração física do paciente, resistindo à tentação de vê-lo somente como uma psique comunicante. Isso é enfatizado por Hägglund. Em minha experiência, as oscilações do movimento psíquico em direção à dissociação, por um lado, e à integração, por outro, são características fundamentais do trabalho com o paciente terminal, e uma das perspectivas da ação analítica se inscreve exatamente na possibilidade de facilitar esses momentos integrativos, da organização de um caminho na direção de se colocar em paz consigo mesmo.

O capítulo da reparação estará em primeiro plano. É claro que a possibilidade de a reparação prevalecer depende da maturidade emocional, como um todo, do paciente e da qualidade de seus objetos internos.

Relevante é notar que, embora a intensidade dos afetos possa ser muito grande, não se trata de, ao cuidar de um paciente terminal, acentuar qualquer aspecto de suporte ou apoio. Trata-se,

110 FINITUDE E TRANSITORIEDADE

sim, de manter o enfoque analítico, como fica claro nos trabalhos mencionados, inclusive no de Minerbo (1998), sustentando um *setting* interno. O *setting* interno é o principal amparo norteador do trabalho em curso.

É essencial o analista se apresentar inteiramente, com toda a sua pessoa, de maneira absolutamente veraz, no contato com o paciente. Se isso é relevante em qualquer análise, aqui é essencial. Desbordando-se a fronteira entre análise e vida, a aventura analítica concentra seus riscos nessa exposição emocional do analista.

Mantendo-nos como analistas é possível, ao menos na minha experiência, que elementos de *enactment*, mais do que interpretações formais, pontuem o processo. Em outro trabalho (Montagna, 2001) discuto o encontro, mais além da díade transferência/contratransferência.

Uma ressalva: é bem diferente estarmos diante de um paciente, ou de uma pessoa na vida, com ameaça concreta de morte se ela for adolescente ou se estiver em idade mais avançada. É claro que o significado da morte é absolutamente individual, mas também podemos dizer que seu significado e impacto variam em diferentes pontos da vida.

Finitude

Esse *zoom* na terminalidade teve o objetivo de materializar sua discussão por meio de considerações sobre o contato analítico com pacientes terminais. Agora podemos afastar nossa lente para considerar de modo mais amplo, na prática clínica e em outras concepções, questões da finitude e da consciência desta.

Trabalho clássico e dos mais lidos da literatura psicanalítica é *Death and midlife crisis*, do psicanalista inglês Elliott Jacques

(1965), publicado inicialmente no *International Journal* e com inúmeras republicações em livros e revistas diversos. O autor contempla a instalação da consciência efetiva da mortalidade no indivíduo, o alojamento da própria morte pessoal enquanto "cidadã" do mundo interno. Esse conhecimento real e definitivo da própria finitude, para ele, demarca a assim chamada "crise da meia-idade".

Nesse momento do apogeu da vida tem-se a consciência de que ela é inexoravelmente datada. Em geral, não se trata mais somente de uma questão da perda de parentes e amigos, mas também da própria morte, ainda que num horizonte não necessariamente imediato. Estamos falando de fases de vida; é claro que, a cada um, vivências de morte e da mortalidade se apresentarão em momentos particulares e diversos.

A meia-idade nos reserva usualmente a perda de nossos pais e outras pessoas queridas, mais velhas. Em minha experiência, tanto a consciência como as perdas reais colocam-nos diante da necessidade de refazermos o trabalho do luto, que testará nossa capacidade de realizá-lo e ultrapassá-lo.

Se conseguimos ultrapassá-lo, uma nova ordem se impõe, nova forma de criatividade, uma outra espiral se implanta na espiral da travessia da posição depressiva. Cria-se um novo e interessante paradoxo. A consciência de nossa finitude, de nossa pequenez diante da vida, do mundo, das coisas, nos permite olhar, boquiabertos, para a beleza do mundo em sua infinitude.

Nosso repertório se acresce de uma nova apreensão estética; a experiência estética da vida se aprimora. Se assimilamos a dor dessa transitoriedade e a encaramos, o valor das coisas, da vida, do mundo, aumenta. Eventualmente nos sentimos apenas um grão, um elo minúsculo na cadeia da vida e das gerações. Como reflete Freud, a transitoriedade nos dá o valor da escassez do tempo (Freud, 1915b).

Nem sempre é assim. Sem um trabalho interior, uma reação melancólica advém. Há pouco tempo, fui chamado para atender uma paciente de meia-idade, em contexto de vida dessa natureza, a qual, internada num hospital em São Paulo, recusava-se a se alimentar a ponto de necessitar sonda nasogástrica.

Dinastias chinesas enterraram, na morte dos imperadores, um exército inteiro em suas tumbas. Reações de luto replicam simbólica ou, por vezes, concretamente essa prática – eventualmente pessoas enterram-se, simbólica ou literalmente, junto com os entes queridos que se vão. E tudo isso ocorre ainda que, como diz Freud, "no inconsciente todos estejam convencidos de sua imortalidade" (Freud, 1915/1975d). A rigor, me parece difícil supor a literalidade dessa concepção; fantasias, eventualmente até reveladas por sonhos, imortalidade e paralisação, podem representar equivalentes no inconsciente das fantasias em relação à morte.

A consciência da morte, em última instância, impõe-se, muitas vezes, ao indivíduo. Uma paciente em estado terminal que descrevo em trabalho anterior (Montagna, 1991) sonha com um relógio na parede, sem ponteiros, invadido por ratos que o corroem, subindo e descendo pelo pêndulo, aos poucos transformando-o em nada. No caso, a regressão psicossomática era grande. A dor psíquica não pode ser aqui subestimada. Trata-se de uma ferida aberta na alma, que Freud refere à melancolia em "Luto e melancolia" (Freud, 1915/1975c).

Em relação à imortalidade, o que se observa é que, quanto mais cientes da mortalidade, mais possível é que as pessoas queiram crer em histórias relacionadas a viver para sempre. São quatro os sistemas de crenças relacionados às promessas de imortalidade, de cunho religioso, que Freud mostra estarem de algum modo replicadas nas buscas científicas. O primeiro diz respeito à evitação da morte: todas as culturas possuem algum mito ou busca relativos a vivermos para sempre (busca de Eldorado, Shangri-la etc.). O segundo se refere à crença na ressurreição. Muçulmanos, cristãos e judeus fazem menção ao morrer, mas de algum modo retornar, e a ciência, por meio dos métodos de crioconservação, de algum modo espera conseguir exatamente isso. O terceiro registra a crença na vida após a morte, ou seja, deixar para trás o corpo e continuar em novos horizontes. D. Winnicott (1935/1975, p. 206) descreve a díade crucificação/ressurreição do cristianismo como uma castração simbólica seguida por ereção, referindo-se à Sexta-feira Santa de tristeza e desesperança seguida pela Ascensão da Páscoa, defesa maníaca que marca o fim da depressão. O correlato na ciência vem a ser a esperança de *upload* dos conteúdos da mente para um sistema computacional que preservará, no futuro, a mente desencarnada, continuando a existir. O quarto são os legados de cada um, aquilo que se deixa no mundo por meio de filhos e descendência, fama e família.

Legados, filhos e descendência fazem-nos pensar que o medo da morte se infiltra no fundamental terror do aniquilamento. Se a consciência corporificada da finitude se instaura por meio da e pela crise da meia-idade, uma concentração de atenção consciente sobre ela se dá, em geral, a partir dos 60 anos.

Mudança é a qualidade que define o tempo. E nosso corpo, de pouquinho em pouquinho, não nos deixa esquecer que o tempo não se cansa de passar. A mortalidade é insistentemente proclamada, e, com ela, enovelamo-nos, por um lado, ao aceitá-la e, por outro, ao trabalhar com ela em nossa mente. A consciência de nossa vulnerabilidade rouba a cena.

De novo, alguns se abatem, mas outros descobrem novas energias e florescem, começando novas venturas, como se a vida oferecesse oportunidades que nunca antes se poderia ousar tentar. Para

114 FINITUDE E TRANSITORIEDADE

alguns, essas novas perspectivas se instalam com uma "segunda adolescência".

Permanência e impermanência

Cada vez mais se inscreve a certeza de que a vida é datada, não é atemporal como nosso inconsciente. E nossa relação com a morte, amalgamada em diferentes misturas de elementos, no curso de nossa existência, plasmando nossa vida e nosso caminho, se por um é lado universal, por outro exibe forte influência da cultura em que vivemos. A maneira de a cultura lidar com o viver e o morrer dita muitas das atitudes pessoais diante disso.

A impermanência nos define, mas a própria existência da cultura, do humano, principia pela atitude de nosso grupo diante da morte. Desde antes do *Homo sapiens*, mais especificamente desde os neandertais, existem urnas funerárias, ou seja, uma ação cultural específica relacionada ao morrer. Com as sepulturas, surgem referências simbólicas da morte. Rituais funerários existem desde o Paleolítico Superior.

Os rituais do luto têm vários objetivos, desde facilitar o trabalho do luto até "espantar os mortos persecutórios", protegendo, assim, os vivos. Não é difícil entendermos que a ausência e o não ser são correlatos da morte, que possibilitam a formação do pensamento no ser humano.

Perda e ausência – e particularmente a percepção delas – são essenciais para nossa sobrevivência, para nossa construção do mundo, inclusive o simbólico (Freud, 1911/1975b). O mundo mental, suas representações e a construção do simbolismo dependem do que não está. Desse modo, o não ser – em última instância, a morte – determina o ponto nodal não só da cultura humana, como também da construção do indivíduo em sua condição de humanidade. Por isso é que se pode dizer que a morte dá sentido à vida.

A travessia da natureza para a cultura dá-se em dois níveis: no material, pela fabricação de ferramenta de sílex bruto e pelos indícios de fogueira; mas também no espiritual, quando os homens de Neandertal engendram o "humano do humano", enterrando ou dando algum tipo de sepultura a seus mortos. Não há nenhum grupo humano que abandone seus mortos ou que os abandone sem ritos (Morin, 1997, p. 25). É impressionante, diz Morin, a crença universal na imortalidade.

Fundamentalmente, é o mistério da vida, muito além de nossa compreensão, que deve ser sustentado por cada um de nós, desde o zero até a passagem ao nosso silêncio.

Referências

Akhtar, S. (2011). *Matters of life and death: psychoanalytic reflections*. London: Karnac.

Ariès, P. (1977). *O homem diante da morte*. Rio de Janeiro: Francisco Alves.

Bakewell, S. (2010). *A life of Montaigne*. New York: Other Press.

Cortezzi Reis, M. C. (2014). A morte, esse enigma: realidade e ficção. Trabalho apresentado à Sociedade Brasileira de Psicanálise de São Paulo.

Donoghue, D. (1981). *Ferocious alphabets*. Boston/Toronto: Little, Brown and Company.

116 FINITUDE E TRANSITORIEDADE

Freud, S. (1975a). Beyond the pleasure principle. In S. Freud, *The standard edition of the complete psychological works of Sigmund Freud* (Vol. 18, pp. 3-64). London: Hogarth Press. (Trabalho original publicado em 1920)

Freud, S. (1975b). Formulations on the two principles of mental functioning. In S. Freud, *The standard edition of the complete psychological works of Sigmund Freud* (Vol. 12, pp. 215-226). London: Hogarth Press. (Trabalho original publicado em 1911)

Freud, S. (1975c). Mourning and melancolia. In S. Freud, *The standard edition of the complete psychological works of Sigmund Freud* (Vol. 14, pp. 239-258). London: Hogarth Press. (Trabalho original publicado 1915)

Freud, S. (1975d). On transience. In S. Freud, *The standard edition of the complete psychological works of Sigmund Freud* (Vol. 14, pp. 303-307). London: Hogarth Press. (Trabalho original publicado em 1915)

Freud, S. (1975e). Thoughts for the times of war and death. In S. Freud, *The standard edition of the complete psychological works of Sigmund Freud* (Vol. 14, pp. 273-300). London: Hogarth Press. (Trabalho original publicado 1915)

Freud, S. (1975f). Totem and taboo. In S. Freud, *The standard edition of the complete psychological works of Sigmund Freud* (Vol. 13, pp. 1-162). London: Hogarth Press. (Trabalho original publicado em 1913)

Freud, S. (1975g). Why war? In S. Freud, *The standard edition of the complete psychological works of Sigmund Freud* (Vol. 22, pp. 197-202). London: Hogarth Press. (Trabalho original publicado em 1933)

Gabardo, C. E. (2012). *As situações limite na filosofia de Karl Jaspers*. Brasília: UnB.

Goldman, D. (2013). Vital sparks and the forms of things unknown. In J. Abraham (Org.), *Donald Winnicott Today* (pp. 331-357). London: Routledge.

Hägglund, T. B. (1981). The final stage of the dying process. *International Journal of Psychoanalysis, 62,* 45-49.

Hildebrand, P. (2001). Prospero's paper. *International Journal Psychoanalysis, 82,* 1235-1246.

Jacques, E. (1965). Death and the midlife crisis. *The International Journal of Psychoanalysis, 46,* 502-514.

Jaspers, K. (1993). *Introdução ao pensamento filosófico.* São Paulo: Cultrix. (Trabalho original publicado em 1965)

Klüber-Ross, E. (1970). *On death and dying.* London: Tavistock.

Kogan, I. (2007). *The struggle against mourning.* New York: Jason Aronson.

Lidz, T. (1968). *The person: his and her development throughout the life cycle.* New York: Basic Books.

Minerbo, V. (1998). The patient without a couch: an analysis of a patient with terminal cancer. *International Journal of Psychoanalysis, 79,* 83-93.

Montagna, P. (1991). Interação psicanalítica com paciente terminal. *Ide, 21,* 58-63.

Montagna, P. (2001). Além da transferência e da contratransferência: o encontro. *Revista Brasileira de Psicanálise, 35*(3), 531-542.

Morin, E. (1997). *O homem e a morte.* Rio de Janeiro: Imago.

Passini, L., & Hossne, W. S. (2010). Terminalidade da vida e o Novo Código de Ética Médica. *Revista Bioethicos*, 4(2), 127-129.

Poland, W. (2011). Comentários a trabalho de Alfred Margulis. Não publicado.

Roussillon, R. (2006). *Paradoxos e situações limites da psicanálise*. São Leopoldo: Unisinos.

Sêneca (1995). *Sobre a brevidade da vida*. São Paulo: Nova Alexandria.

Winnicott, C. (1989). D. W. W.: uma reflexão. In C. Winnicott, R. Shepherd, & M. Davis. *Explorações psicanalíticas*. Porto Alegre: Artes Médicas. (Trabalho original publicado em 1978)

Winnicott, D. W. (1964). The baby as a going concern. In D. W. Winnicott, *The child, the family and the outside world*. Harmondsworth: Penguin.

Winnicott, D. W. (1975). The manic defence. In D. W. Winnicott, *Through Paediatrics to Psychoanalysis* (pp. 129-144). London: The Hogarth Press. (Trabalho original publicado em 1935)

Winnicott, D. W. (1975). Primitive emotional development. In D. W. Winnicott, *Through Paediatrics to Psychoanalysis* (pp. 145--156). London: The Hogarth Press. (Trabalho original publicado em 1945)

PARTE II
Clínica

Tropismos na clínica: tropismo de vida e tropismo de morte[1]

Os tropismos são a matriz da qual brota toda a vida mental.

Bion, *Cogitações*, p. 48

I. A matriz da vida mental

A concepção de vida mental que Bion nos propõe nessa passagem claramente se funda no movimento de um sujeito que se dirige a um objeto externo. A partir desse posicionamento, a vida mental brota, portanto, da relação objetal.

Tropismo é um movimento *direcional* das plantas em resposta a determinados estímulos externos. Detectadas melhores condições no ambiente, elas orientam seu crescimento na direção destas. Exemplos são o geotropismo, o fototropismo etc. O tropismo é dito positivo quando o movimento se volta para o estímulo; quando se afasta, fala-se em tropismo negativo. Também chamamos de

---

1 Uma versão anterior deste capítulo foi publicada em 2011 em *Revista Brasileira de Psicanálise*, *45*(3), 109-118.

tropismo a capacidade de certos vírus de se infiltrarem numa célula e proliferarem em seu interior. Aqui, diferentemente do usual, o termo tem relação com destrutividade. Em ambas as formas, trata-se de uma tendência inata, uma inclinação natural, uma propensão. Diz respeito a uma ação não engendrada conscientemente, ou cognitivamente, em seres com tais possibilidades.

O termo se origina do grego *tropikos* (virar, curvar, inclinar, voltar-se) e se aparenta etimologicamente aos vocábulos troféu e trópico. Ambos contêm em suas origens a ideia de inflexão, de movimento. Por exemplo, a palavra troféu deriva do adjetivo *tropaios*, por sua vez derivado de *tropé* ou *tropikos*, significando algo conferido a quem luta, quando o inimigo se volta para trás, se movimenta em retirada. Trópicos, por seu turno (de Câncer e de Capricórnio), marcam os pontos nos quais o Sol atinge o seu zênite (apogeu) nos solstícios, então "voltando-se para trás". Os trópicos situam-se simetricamente em latitudes paralelas, e o espaço tropical representa aproximadamente a trajetória aparente da projeção do Sol sobre a superfície terrestre nos solstícios.

O conceito exibe alguma modificação evolutiva em Bion, que o amplia para sua utilização num contexto diverso daquele de sua origem. Se a primeira referência que ele toma vincula-se a fenômenos de nível quase pré-mental, ou protomental, ele é depois associado a um nível de desenvolvimento no qual já existe a capacidade de estabelecer identificações projetivas, tridimensionais por excelência. Bion se apropria do termo tropismo na sua vertente positiva, o que coincide com o sentido mais usualmente empregado na biologia; o tropismo positivo é o de aproximação. O negativo, menos utilizado, é o de afastamento.

Devemos ter em mente que tanto o tropismo positivo, de aproximação, como o de afastamento se referem ao encontro de melhores condições para o desenvolvimento da vida. No caso do tropismo das bactérias que invadem certas células, promovendo proliferação de sua espécie dentro delas, este se refere à proliferação de vida dessa espécie bacteriana, ainda que em detrimento do receptáculo delas, de seu continente. Em relação à célula, o movimento é destrutivo, mortífero, como resultado da proliferação dos invasores "tóxicos".

Percebe-se, portanto, que dentro da mesma categoria – tropismo positivo, ou de aproximação – podem se encontrar o elemento de vida e o de morte. Não se trata de contrapor aproximação e afastamento; a questão se encontra dentro do próprio terreno do tropismo de aproximação, pois trata-se da oposição entre construtividade e destrutividade.

Podemos traçar um paralelo com impulso de vida e impulso de morte, compreendendo este com base nos posicionamentos de inspiração kleiniana, que privilegiam neste último um caráter destrutivo, de aniquilação (Segal, 1986/1988), diferentemente da ênfase atribuída por Green, que está mais preocupado com a equação ligação/desligamento, com a função desobjetalizante da pulsão de morte (Green, 1986/1988).

Bion não discute especificamente, nem tampouco se preocupa em articular, uma diferenciação entre o tropismo positivo ligado à vida, que é o sentido geralmente utilizado na biologia, e o tropismo que se poderia dizer destrutivo, dos vírus infiltrados numa célula hospedeira e que ali proliferam. Mas, ao longo do tempo, em sua utilização do conceito, traz referências que contemplam nitidamente as duas possibilidades.

Dessa forma, este trabalho aborda a utilização do conceito de tropismo, jamais sistematizado nos diversos trabalhos em que Bion o emprega. Por meio de uma situação clínica, procuramos expor sua utilidade e trazer suas possibilidades de dar suporte à compreensão de alguns fenômenos mentais e comportamentos

124 TROPISMOS NA CLÍNICA

humanos em sua expressão na transferência. A partir disso, a sequência lógica é a proposição do emprego, na clínica psicanalítica, das expressões *tropismo de vida* e *tropismo de morte*, para dar conta da diferenciação de suas expressões nas relações objetais.

II. Com Bion

Em se tratando de um fenômeno fundante, de um conceito que permite enorme variedade de conjecturas e interpretações, presta-se à observação de fenômenos vinculares, sejam os mais primitivos, sejam aqueles que, embora primitivos, já sofreram alguma evolução, por exemplo da ordem da identificação projetiva, mecanismo este que implica tridimensionalidade, conquistada no curso do desenvolvimento mental. Do mesmo modo, pode dar conta de fenômenos bipessoais nos quais até esteja obscurecida a distinção entre eu e não eu, entre eu e objeto, mesmo fora do âmbito de identificação projetiva, anteriormente à possibilidade de utilização desta pela mente. É o que Bion propõe na frase que utilizamos como epígrafe: "Tropismos são a matriz da qual brota toda a vida mental".

O conceito de tropismo tem ancoragem etológica, a qual mostra, a meu ver, alguma influência de Bowlby no desenvolvimento bioniano acerca do tema. De fato, em *Transformations*, Bion se refere à obra de Bowlby pelo menos uma vez.

> *Hipérbole é um termo que pertence ao sistema das Teorias da Observação em contraste com a teoria da Identificação Projetiva, que considero um termo pertencente ao sistema da Teoria Psicanalítica. Não me proponho a discutir a teoria psicanalítica. Para isso, remeto o leitor ao trabalho de Bowlby e do Comitê de*

Pesquisa da Sociedade Britânica de Psicanálise . . .
(Bion, 1965, p. 159)

Essa citação revela não somente o conhecimento do trabalho desse autor, mas também uma evidente convivência institucional.

Em *Experiências com grupos*, Bion (1959) utiliza pela primeira vez a palavra tropismo ao tomar emprestado da química o termo *valência*. Este expressa a presteza do indivíduo para combinação emocional espontânea e instintiva com outros, ou com o grupo todo, dentro da suposição básica dominante num determinado momento grupal. Bion o contrapõe à capacidade de cooperação consciente que se dá em momentos grupais em que a dinâmica se configura como grupo de trabalho. Tem a ver com sintonia e comportamento sintônico e o fluxo grupal. É uma função humana sempre presente quando há vida mental. Diz ele:

> *ainda quero usá-lo [o termo valência] para indicar uma presteza à combinação em níveis que quase não podem ser chamados mentais, mas são caracterizados por comportamentos no ser humano mais análogos a tropismos nas plantas que a comportamentos mais propositais implícitos numa palavra como "supostos, assunção". (Bion, 1959, p. 10)*

Podemos observar então, nessa passagem, o tropismo disposto como elemento do próprio limite da vida mental humana.

Seis anos mais tarde, em *Transformações* (1965), Bion volta a mencionar o tropismo ao se referir à consciência (da natureza de um tropismo) como uma percepção de uma falta de existência que demanda existência, um pensamento à procura de um sentido,

126 TROPISMOS NA CLÍNICA

uma hipótese definitória à procura de uma realização se aproximando dela, uma psique procurando uma habitação física para lhe dar existência.

Mas é em *Cogitações* (Bion, 1992, pp. 48 e 49) que vemos um capítulo (de 1959) inteiramente destinado a *tropismos*, agora no plural. Nele, o autor desenvolve o duplo aspecto do fenômeno trópico, aparentando-o à identificação projetiva. Descreve sua perspectiva comunicacional (a qual muito nos interessa no presente trabalho), sua ação na própria personalidade, a qual depende da estrutura desta, e, principalmente, a importância da existência de um objeto, o seio, no qual os tropismos possam ser projetados.

> *Se esse objeto não existe, o resultado é um desastre, toma a forma de perda de contato com a realidade, apatia ou mania . . . Mas se existe tal objeto, um seio capaz de tolerar a importância de identificações projetivas, então podemos supor que o resultado será mais favorável, ou pelo menos ficará em suspenso.*
>
> *A ação apropriada aos tropismos é a busca. Até esse ponto, considerei que essa atividade poderia estar relacionada com assassinatos, parasitismos e criação, os três tropismos. Assim, considerados individualmente, vemos os tropismos conduzirem à busca de:*
>
> *a. Um objeto para matar ou que seja morto*
>
> *b. Um parasita ou hospedeiro*
>
> *c. Um objeto para ser criado ou criador*
>
> *Mas, tomada como um todo, a ação própria dos tropismos, no paciente que busca tratamento, é a busca de um objeto com o qual possa fazer identificação pro-*

jetiva. Isso se deve à forma como, em tal paciente, o tropismo de criação é mais forte do que o tropismo de assassinato. *(Bion, 1992, p. 48)*

A rejeição ao tropismo, por intolerância à identificação projetiva, por exemplo, por ansiedade (perseguição) e ódio, ou apatia, resulta numa contribuição do componente ambiental, como diz ele, ao desenvolvimento da parte psicótica da personalidade.

Depreende-se que o autor aponta que o desenvolvimento da personalidade depende então da existência de um objeto similar ao seio, no qual os *tropismos* (*identificação projetiva*) podem ser projetados.

Se o objeto não existe, um desastre sucede para a personalidade, que, em última instância, se torna estruturada em termos da perda de contato com a realidade, apatia ou mania. O senso de autoestima é responsável por uma restituição bem-sucedida, por um objeto dotado de sensibilidade e receptividade emocional, de projeção em busca de um significado. Esse aspecto da experiência da relação da criança com o objeto primário é responsável pelo elemento ambiental na formação da parte psicótica da personalidade. A criança aprende a internalizar uma mãe-seio que provê continência psíquica e utiliza a emoção com a finalidade de compreender. A falha em introjetar um objeto que compreende as emoções distorce o crescimento e impede o desenvolvimento de uma função fundamental para a constituição de nosso senso inato de existência. O resultado é a formação de uma mente explosiva sem

ressonância emocional, na qual as defesas psicóticas são enxertadas em seguida. O ponto crucial vem a ser a constante deterioração do aparelho psíquico . . .
(Bion, 1992, p. 48)

Como tantas das formulações de Bion, esses desenvolvimentos podem representar auxílio efetivo para a formulação de reflexões sobre determinadas situações da clínica.

Sabemos que a experiência emocional pode ser veiculada por alguém por meio de modos de expressão muito diversos, dependendo de seu estágio de elaboração. Atos que parecem não ter nenhum sentido, sonoridades não verbais ou construções muito elaboradas podem nos servir de pistas ao contato com tal experiência emocional.

Essas expressões, que derivam da experiência emocional, podem ou não ser apreendidas pelo interlocutor (Montagna, 1996). Depende de que o código que a embala seja decifrado por este, a partir de intuição sensória, sonhos, fundamentalmente em estado de *rêverie*. No fazer clínico é relevante que possamos distinguir uma expressão que contém puro automatismo mental de outra que mostra, ao longo do tempo, alguma articulação de sentido comunicacional. É a existência de um interlocutor que decifre a comunicação que vai permitir sua confirmação. Isso passa pela *rêverie* do analista e pela contratransferência. Também Caper (2010) é um autor atento a esta distinção entre comunicação com sentido e aquela que veicula automatismo mental.

Meltzer (1978) destaca que o tropismo, assim como trazido por Bion para a vida mental, postula uma conscientização da falta de existência que demanda existência, um pensamento em busca de significado, "como uma preconcepção que ele [Bion] assumiu por definição não ser observável". Essa compreensão de Meltzer se baseia na posição adotada por Bion em *Transformações*.

Dependendo da emissão a ser acolhida, trata-se de efetivar uma transformação em psicanálise, ou, numa outra condição, não havendo o encontro do analista seio-continente, da transformação em psicose, ou apatia, ou mania, ainda diz Bion em *Cogitações* (1992, p. 159).

O interessante, assim, é que o elemento tropismo se faz encontrar desde um nível pré ou protomental, quase somático, até um nível de mais complexidade, o pensamento que busca um sentido. Esse caráter ao mesmo tempo embrionário e polissêmico da utilização do tropismo confere ao conceito uma pluralidade possível e também desejável de utilizações, com a qualidade de referente claro daquilo que se veicula.

Por exemplo, para Eigen (1999) a teoria do tropismo permite embasar um aspecto "osmótico" da análise, o qual, graças à identificação projetiva, refere-se à permeabilidade do analista, que deixa o outro entrar em sua mente, sentir seu impacto, manter em si imagens e pensamentos oriundos do outro – e vice-versa. Nas relações humanas, quanto e em que circunstâncias somos permeáveis ao outro? Esse é um aspecto da maior relevância no processo psicanalítico.

O tropismo, fenômeno de ampla verificação clínica, por suas características implícitas e essenciais de movimento sujeito-objeto com manifestações "palpáveis", perfeitamente observáveis a partir do método psicanalítico, é um conceito subutilizado pelos analistas contemporâneos. É importante frisar que se trata de um conceito diferente, no nível epistemológico, do de pulsão, não se confundindo com esse, como apontam Escallón e Archila (2010).

130 TROPISMOS NA CLÍNICA

III. Tim, presenças e ausências

Da análise anterior, Tim faz menção a longos períodos de silêncio durante as sessões. Não posso dizer que esse padrão se repita comigo, ainda que muitas vezes sua comunicação verbal pareça subitamente se truncar. A liberdade que faz brotar ideias em cadeias associativas se torna exígua, demandando uma atividade algo vicariante de minha parte, do tipo de que necessitam alguns pacientes bem mais alexitímicos do que ele. Em algumas ocasiões, essa sua paralisia associativa abrupta me invade; num momento, como que atordoado, não posso também pensar, imaginar, sonhar, conjecturar. Absorvido isso, em seguida voltamos a sonhar. Outras vezes loquacidade acompanha seu entusiasmo, num tema ligado ao momento, angustiante ou não. Em geral é colaborador. Damo-nos bem. Há expansões dentro da sessão e, pelo que depreendo, fora dela também. A análise tem efetivamente posto em movimento trabalho em áreas de identidade, e particularmente "embodiment", de suas emoções e de sua vida psíquica. Com isso quero dizer que sua figura delgada, de passos leves, que estampava um modo de ser etéreo, desencarnado, digamos que também não engajado com a realidade, interna ou externa, com compromissos mesmo mais com os prazeres do dia a dia do que com uma atividade consistente – poderíamos dizer predominância de cisões – mas que, de modo muito interessante, aos poucos parece estar "encarnando" suas emoções e seu mundo mental, e de certo modo substanciando essas mudanças por meio de mudanças de expressão corporal.

Peculiar foi, durante algum tempo, seu comportamento em seguida à concretização inequívoca de realização importante em sua vida profissional, acompanhada por expansão em tipos de vínculos pessoais. Nas sessões, ecoava ódio a seu pai, que sentia como gratuito, mas incontrolável. Por vezes o atribuía ao jeito de ser deste. Ao mesmo tempo, engajou-se numa empreitada profissional que contou com o suporte dele, cujo sucesso celebrou comigo, para depois disso "sumir" por três meses. Minto. Compareceu a uma sessão, no fim do primeiro mês de sumiço, para me pagar. Disse que ia viajar em vinte dias, mas aí não veio mais por esse tempo. Utilizava mensagens de celular, do tipo "SMS", para justificar ausências, informar presença no dia seguinte, desculpar-se por não ter ido. Mas a maioria do tempo foi de "silêncio", que a partir de um momento se instalou.

Como depositário dessa ação "trópica", indagações surgiam em minha mente: nuances de sensações várias, sentimentos, conjecturas, algumas nítidas e outras esfumaçadas, próximas ou longínquas, uma ausência presente ou uma ausência absolutamente instalada como tal, o nada e a não coisa, ambiguidade. Podia sentir que ainda um fio o ligava à análise, mesmo que por vezes visse como distante a perspectiva de continuidade de nosso percurso juntos. Por vezes simplesmente me esquecia de sua existência, em seus horários, eu permanecia no consultório com outros afazeres, simplesmente deixando de lado a questão de sua existência; outras vezes, punha-me a "sonhar", e era como se eu tivesse que trabalhar sozinho, por mim, dentro de mim, a comunicação que de algum modo estava no ar. Era como se aquela vicariância descrita dentro da sessão agora se fizesse necessária num contexto bastante *sui generis*. Podemos dizer que se trata de um *setting* ampliado pela distância espacial e também temporal. Colucci (2010) aproxima esse espaço de fronteira ou cesura. Comenta ele: "a fronteira organizada pela cesura não contém objetos, há um vazio de objetos, mas é a fonte de uma energia potencial passível de dar continuidade à vida, uma vez que é a origem de toda potencialidade para o crescimento" (Colucci, comunicação pessoal, 2010). De minha parte, há muito costumo estar atento àquilo que se tem por dimensão interna do *setting* (Montagna, 1991).

132 TROPISMOS NA CLÍNICA

Tim utilizava esse *setting* ampliado, a partir de uma "força gravitacional", que posso comparar a um "gravitotropismo". Afinal, o espaço analítico mantém uma apreciável força gravitacional, não tão considerada em psicanálise. Penso neste como um espaço/campo virtual dentro do qual se mantém o investimento libidinal necessário para a preservação do vínculo.

Não se tratava de tolerar ou não o não saber, e essa observação é relevante. A dificuldade não estava nisso. Ao longo do tempo, uma não existência adquiria existência e o desafio era acolhê-la (a ausência presente) e significá-la, ou re-significá-la. Cabia a mim dar continência, metabolizar, sonhar, conjecturar sobre o que poderia estar se passando, com a convicção de que, como um caleidoscópio, as configurações podiam se alterar e se alterariam a cada movimento. Tratava-se, sim, de pensamentos em busca de sentidos, o que também se relaciona com tropismo.

Incertezas sobre se aquela ação curiosamente trópica se referia a comunicação, identificação projetiva comunicacional e destruição, sobrevinham. As respostas que eu encontrava variavam. Impunha-se a consideração da polissemia implícita nas comunicações humanas. O termo tropismo, nas diversas acepções que emprega Bion, permite uma ampla quantidade de perspectivas, desde as invasões de morte à comunicação de vida. O termo permite ir além (ou aquém) da identificação projetiva e caminhar para a identificação adesiva, portanto incluindo uma gama bem maior de fenômenos veiculados no receptor. Assim, mostrava-se apropriado para ancorar minha posição, quando eu buscava pensar também conceitualmente o fluxo interativo daquele tempo.

A complexidade e a multiplicidade de níveis de comunicação não verbais estavam em jogo. Por exemplo, a evidente possibilidade de paralisação, por um lado, do analista pela ausência do paciente, podendo "esquecê-lo", podia se configurar como *tropismo de morte*, inequívoco ataque ao vínculo. Por outro lado, havia paralelismos que não podiam deixar de ser levados em conta enquanto possíveis comunicações. Por exemplo, ele, em desconforto pela necessidade de sustento em algumas áreas por seu pai, até então, me deixava também na situação de receber meus honorários na sua ausência prolongada, o que podia gerar uma sensação contratransferencial de o estar espoliando, recebendo pelas sessões sem trabalhar efetivamente; ou então ele, com componentes da ordem da castração, me deixava em princípio impotente, um analista que não podia exercer sua função por causa da ausência dele. Até como forma de não me deixar castrar, exercícios como estes faziam a análise permanecer existindo. É claro que outras possibilidades poderiam existir, mas essas já eram hipóteses que eu poderia, quando fosse o caso, colocar à prova, pesquisar, no contato com ele.

Outra questão que frequentemente se impunha a mim era até que ponto deixar a situação se estender daquela maneira. Até que ponto isso era importante para acolher as necessidades do paciente de poder ser ou não ser, vir ou não vir, e, por outro lado, quando se iniciava a necessidade de dar um basta, de colocar ordem, aqui sim uma castração, mas simbolígena. Hospitalidade também implica configuração de ordem, de limites. Posso dizer que sua estabilidade era instável. Indagava-me também, buscando pontos referenciais para reflexões: que invariâncias podemos buscar na presença e na ausência física? Dada sua história, a predominância seria de introjeção de elementos "maternos" paralisantes, "paternos", em linhagem de castração? Até onde está em jogo a órbita gravitacional que nos faz sustentar nossa convicção de que o que ocorre está dentro do âmbito dos fenômenos analíticos do percurso, ou desde quando se pode dar como interrompida aquela análise? Muitas vezes me vi duvidando disso, mas prevaleceu o sentimento de que *a análise ainda existia*. Um eventual desconforto por não receber no dia certo, no segundo mês, que me sugeria telefonar e cobrar *versus* a estratégia de aguentar, de manter a tática de aguardar o contato. Até que ponto uma tentativa de manipulação sádica estava em jogo, e que deveria ser interrompida pela ação do analista? (Ao mesmo tempo, enviava-me mensagens por SMS desculpando-se por não poder comparecer, dizendo que iria no dia seguinte e no dia seguinte, desculpando-se novamente.) Nesse sentido ataca o parasita que ele sente que está dentro dele, em mim. Trata-se de um tropismo negativo – é em *Cogitações* o tropismo de assassinato. O que era importante? O paciente ter a experiência de que o analista aceitava e suportava a angústia de suas identificações projetivas, ao mesmo tempo expulsivas e comunicativas, por meio do impacto emocional causado (ou recebido)? Havia um perverso convite à corrupção?

O que me era claro é que qualquer ação incisiva no sentido do corte somente poderia ocorrer seguindo uma real convicção íntima de que era isso o melhor a fazer. Num dia em que me telefonou, disse-lhe que precisaríamos conversar para ver se queria mesmo seguir a análise. No dia seguinte faltou – "por motivo justo" –, mas retornou na sessão subsequente. Em nosso encontro seguinte declarou-se muito assustado pela possibilidade de que eu quisesse interromper sua análise, que havia sentido uma ameaça disso ao telefone. Após esse período passou a não faltar às sessões, o que possibilitou que, quando emergissem essas questões no campo transferencial, elas pudessem ser erigidas como marco importante em nosso percurso e operassem como um marco propiciador de mudanças significativas.

IV. Alinhavo e pontuações

Alinhavo agora alguns desafios a serem trabalhados pelo analista, em situações dessa natureza, que permitirão – ou não – que ele possa extrair o útil numa situação potencialmente perdedora. Em outras palavras, para que exista, no limite, um trabalho interno do analista a partir de sua experiência emocional, na perspectiva de amplificar sua arte de continência ao que recebe de seu paciente no campo transferencial. Encontrar sentidos *possíveis*, plausíveis, na situação, a serem, quando viável (mas não necessariamente), pesquisados junto ao analisando, pode também servir como ponte de contato, material para a pesquisa da verdade, agente de eventuais desenvolvimentos, se isso ocorrer de um modo eminentemente insaturado. Albergar as nuances do tropismo carregado de elementos beta é vital para a preservação do vértice analítico e da própria análise.

Esse trabalho solitário na ausência do paciente, não verbal, de importância única, havia se tornado claro para mim até mesmo como fonte de mudanças na relação, em minha experiência com a observação de bebês. Os trabalhos de Joyce McDougall (1983) e de Neville Symington (1983) comentando as reações do analista na ausência do paciente em situações nas quais estão em jogo engajamento e liberdade do analista corroboram meu ponto de vista. A manutenção da visão de nós mesmos como analistas daquela pessoa, ainda que na sua ausência, é fundamentalmente uma questão de fé, tanto na análise e nos sentidos que tudo aquilo pode estar tendo como, talvez principalmente, no vínculo em questão.

Pontuações

Para trabalharmos essas circunstâncias precisamos manter a fé, a convicção no trabalho analítico – e a esperança da permanência da ligação, esta reafirmada pela confiança estabelecida entre os componentes do par. A atenção às sutilezas de comunicação e de variação sintônica de nossos estados mentais são também

136 TROPISMOS NA CLÍNICA

ferramentas da maior relevância no caso. São pressupostos que se constroem como fundamentos da possibilidade de trabalho na circunstância. Mantermos a convicção analítica e a esperança, além da confiança na dupla, será fundamental para que exista a possibilidade de trabalho nessas circunstâncias.

* * *

A experiência emocional do analista vai orientá-lo acerca de quando é preciso dar um basta à ação esvaziante do paciente para poder dar continuidade ao processo de modo presencial, e quando está prevalecendo o *tropismo de vida*, que pode ser melhor acolher com exercício de tolerância.

Na medida em que a atitude do paciente tem tinturas de um aparente "convite à corrupção", ganhar sem o trabalho presencial, aproveitar-se, refestelar-se com sua ausência, o trabalho interior do analista será também a maneira de "neutralizar" o *tropismo de morte*. O ataque ao *setting* substitui um ataque direto ao analista. O paciente precisa ser colocado a par disso, quando for possível. Suportar a ambiguidade descortinada pela circunstância é da maior valia.

Numa análise, o *setting*, estabelecido de comum acordo, é, no entanto, comandado pelo analista. Este o protege e zela por ele, mesmo que eventualmente o analisando não faça sua parte nisso. O direito de vir ou não vir, de ir e não vir, é atropelado pela ausência paralisadora, controladora, ainda que por vezes o analisando desse sinal de sua existência. Sim, mandava SMS – torpedos –, verdadeiros torpedos pelo celular, ameaçando vir e depois se desculpando porque não poderia vir. Verdadeira tortura. Imposição de suspense e agonia no analista.

Análise é experiência de intimidade, uma relação de cooperação, de trabalho, em que observamos tropismos e, entre muitas outras coisas, as "ferências" que circulam entre analista e analisando. Podemos observá-las a partir também da contratransferência, ou, caso se queira, do impacto emocional no analista da presença (ou ausência) do analisando. A experiência da análise pode adquirir, em circunstâncias como essas, a conotação de vivência religiosa para o analisando, com dimensão xamânica. O analista precisa estar preparado para não embarcar em conluio dessa natureza.

Estamos, em última instância, numa zona de diferenciação entre vazio (pausa, silêncio) e vácuo (sucção, evisceração). O analista será referência estável para esse afastamento/permanência/aproximação num nível não verbal; aqui existe semelhança com a observação de bebês. Diferentemente de ataque ao vínculo, pode existir também uma necessidade de afastamento com confirmação de permanência por parte do paciente. Ele pode ir que continuamos aqui.

O espaço criado entre nós poderia ser visto como um espaço que se aproxima do transicional, de Winnicott, criativo, que permite transformações, bem como um espaço de ruptura, de cesura.

Também pode ser visto como uma cesura, um espaço a ser transposto, em que é importante se diferenciar vazio de vácuo (sugador). A fronteira delineada pela cesura não contém objetos, mas seu vazio é uma fonte de energia passível de dar continuidade à vida e favorecer o crescimento.

Um ponto importante é considerarmos uma aproximação com Winnicott quando se centra o foco em que, para ser possível a ligação, o objeto deve estar lá onde foi colocado pelo sujeito – conforme nos aponta Bion no texto aqui citado de *Cogitações*. Aí o sujeito pode se voltar a, por sobrevivência e crescimento, um real tropismo de vida.

Referências

Bion, W. (1959). *Experiences on groups and other papers*. London: Tavistock.

Bion, W. R. (1965). *Transformations: change from learning to growth* (Cap. 12). London: Tavistock.

Bion, W. R. (1992). *Cogitações*. Rio de Janeiro: Imago.

Caper, R. (2010, março). *Raciocínio psicanalítico. Encontrar o contexto*. Trabalho apresentado à Sociedade Brasileira de Psicanálise de São Paulo.

Escallón, E. G., & Archila, B. M. (2010). La fuerza del tropismo en Jose Asuncion Silva. *Revista de Psicoanálisis, 67*(1), 211-223.

Green, A. (1988). Pulsão de morte, narcisismo negativo, função desobjetalizante. In C. Yorke, E. Rechardt, H. Segal, D. Widlocher, P. Ikonen, J. Laplanche, & A. Green. *A pulsão de morte*. São Paulo: Escuta. (Trabalho original publicado em 1986)

McDougall, J. (1983). *Em busca de uma certa anormalidade*. Porto Alegre: Artes Médicas.

Meltzer, D. (1978). *The Kleinian development* (Part III – The significance of the work of Bion, pp. 352-353). London: Karnac.

Montagna, P. (1991). Interação psicanalítica com paciente terminal. *Ide, 21*, 58-63.

Montagna, P. (1996). Algumas reflexões sobre relação mente-corpo em psicanálise e função do analista. *Revista Brasileira de Psicanálise, 30*(2), 463-480.

Sapienza, A. (2009). Reflexões psicanalíticas sobre tantalização de vínculos. Trabalho apresentado ao 22º Congresso Brasileiro de Psicanálise, Rio de Janeiro.

Segal, H. (1988). Da utilidade clínica do conceito de pulsão de morte. In C. Yorke, E. Rechardt, H. Segal, D. Widlocher, P. Ikonen, J. Laplanche, & A. Green. *A pulsão de morte*. São Paulo: Escuta. (Trabalho original publicado em 1986)

Symington, N. (1983). The analyst's act of freedom as agent of therapeutic change. *International Journal of Psychoanalysis*, 283-291.

Afeto, somatização e simbolização[1]

Este capítulo apresenta e discute movimentos no campo de transferência e contratransferência, e possíveis sentidos no contexto da interação analítica em pauta durante a análise de um paciente submetido a dois transplantes de córnea prévios, com rejeição tissular.

Observa-se o desenvolvimento da interação com base na escuta e nas perspectivas de intervenção, enfatizando um vértice estético, e discutem-se questões atinentes à relação mente-corpo, no âmbito dos afetos, campos pré-simbólico e simbólico.

Durante a análise, um momento agudo de *rêverie* resultou na captação pontual de figurabilidade, que mudou o fluxo das associações de ideias por parte do paciente e o rumo da interação analista-analisando, possibilitando um aprofundamento em estratos do mundo mental do paciente e o estabelecimento de novas correlações na relação da dupla.

---

1 Uma versão anterior deste capítulo foi publicada em 2001 na *Revista Brasileira de Psicanálise*, 35(1), 77-88.

142 AFETO, SOMATIZAÇÃO E SIMBOLIZAÇÃO

Material clínico

José reside em São Paulo há pouco tempo. Natural do Sul do país, chegou ao consultório em intensa angústia relacionada ao transplante da camada córnea do globo ocular a que iria se submeter. Aos 40 anos de idade, tinha diagnóstico de queratocone, uma dilatação da camada córnea do globo ocular frequentemente responsável por perda progressiva e marcante da visão, com marcha gradativa à amaurose (cegueira total). Já havia sofrido severo prejuízo da visão do olho esquerdo e moderado do direito.

Pacientes com esse diagnóstico têm indicação de transplante da camada córnea, principalmente quando a doença já atingiu um estágio avançado e os outros tratamentos falharam. Era o seu caso. Embora a rejeição do transplante seja algo bastante incomum, tais eventualidades existem na prática em certo número de casos.

José sofreu rejeição do tecido transplantado após duas tentativas cirúrgicas de transplante. Quando isso acontece, a perspectiva de nova tentativa aumenta a possibilidade de rejeição na medida em que o tecido da córnea se torna vascularizado no processo de rejeição, e tecidos vascularizados tendem a rejeitar mais do que aqueles não tão providos de estruturas vasculares (Allansmith, 1982).

Acolhi sua demanda em ritmo de três sessões semanais, sem qualquer comprometimento especial relacionado à doença ou ao tratamento.

Vinha à tona com frequência, desde o início, o estresse relacionado ao seu intenso temor da cirurgia vindoura, a terceira tentativa de receber um transplante de córnea, tentativa que via como definitiva, e com grande desconfiança, dado o insucesso das anteriores.

Ele guardava a convicção de que ficaria cego durante a cirurgia ou em decorrência dela ou, então, de que morreria durante o ato cirúrgico. Suas fantasias amplificavam qualquer temor realista que pudesse sentir em relação à operação.

Após divórcio não litigioso de sua primeira esposa, casou-se pela segunda vez, e tinha filhos de ambos os casamentos. Preocupava-se com o futuro de todos eles, que dependiam dele tanto para a sobrevivência material como para o bem-estar emocional.

Passaram-se algumas semanas de trabalho analítico até que José pudesse estabelecer uma aliança comigo, com confiança suficiente para uma franca liberdade de expressão. Desconfiava, de início, da análise e de eventuais poderes que um analista pudesse exercer sobre ele.

Apresento o material de uma sessão do início do quarto mês de análise, como ponto de partida para as questões a serem discutidas.

Vinheta

O paciente chega pontualmente, como de hábito. Dirige-se ao divã, deita-se e, após um silêncio introdutório, inicia uma fala que nos remete a viagens que tinha tido oportunidade de fazer até então em sua vida, por conta de atividades e circunstâncias variadas. Conta que visitou países de diversos continentes, fala das diferenças entre eles próprios e entre eles e a sua cultura, brasileira. Menciona a diversidade das pessoas, os costumes exóticos com que tivera contato, os hábitos inesperados em certas regiões. O quanto ficou impressionado com alguns países da África. A narrativa o deixa entusiasmado e acrescenta detalhes geográficos. Dá a impressão de se sentir pioneiro no desbravamento dos lugares por onde andou. Sua descrição abrangente dos hábitos culinários, alguns peculiares, e das pessoas extravagantes com quem conviveu é minuciosa e atrativa.

144   AFETO, SOMATIZAÇÃO E SIMBOLIZAÇÃO

Sua fala me intriga, e, ao mesmo tempo, sinto-me envolvido por ela, mas algo soa estranho na atmosfera instalada, apresentada por seu relato. Ao me sentir enredado pela narrativa, permito-me viajar com ele, entrar livremente no mundo que me apresentava e usufruí-lo. Percebo-me curioso, deixando de lado qualquer ímpeto para tentar identificar, naquele momento, as angústias de José que pudessem movê-lo na direção em que marchavam suas palavras. Aprecio a narrativa num estado que descreveria como oniroide, tentando conceber em minha imaginação os lugares, as pessoas, os hábitos e as comidas que ele descrevia. Sem dúvida aquele era um estado prazeroso.

Sem que me desse conta, fui mudando o foco de minha atenção. De repente me vejo abandonando o conteúdo da fala e passo a prestar atenção à "música", à prosódia musical de seu discurso que se impunha em minha mente, mesmo sem qualquer deliberação consciente de minha parte. Ritmos, sons da comunicação, alçavam-se a um plano frontal. E, com muita surpresa e estranheza, passo a ouvir, envelopando a fala do paciente, um sotaque genuinamente português de Portugal, fato completamente atópico. Sua entonação, o ritmo de sua fala, se apresentavam para mim como a língua falada por um lusófono de origem portuguesa, o que não se encaixava, de maneira alguma, com a habitual fala de um brasileiro, tal qual o paciente era. Atento a essa discrepância, permaneço concentrado, a me indagar sobre o significado daquele estranho evento. Estaria eu alucinando?

A impressão se desfaz, os sons em minha mente aos poucos dão lugar a uma imagem que reconheço como a de Camões, assim como posso reconhecê-la pelo que já vi de suas representações em diversos meios. De repente, Luís de Camões, o mais eminente dos poetas portugueses, autor da epopeia *Os lusíadas*, cujos versos sempre fizeram parte das aulas de literatura portuguesa como os do maior dos autores de nossa língua, estava em cena dentro da sala, na sessão. Lembrei-me de versos épicos e de que seus relatos ensinam sobre os heróis lusos que encontraram o caminho para as Índias, após a travessia do cabo das Tormentas, renomeado da Boa Esperança, na África do Sul. Seus versos contam de guerra e de paz, repouso e aventura, sensualidade e demandas éticas, grandeza e sentimentos vis. Ele exalta, enfim, os descobrimentos portugueses.

Camões foi também um guerreiro que, em terras africanas, numa batalha, restou cego de um olho.

Salvo quando possíveis compreensões contextuais da interação com o paciente se impõem a mim, costumo me utilizar de construções parciais e segmentares que podem estimular a participação do analisando, tal qual num jogo do rabisco de Winnicott (1968/1971), mas verbal.

Assim, digo a ele: "Sua fala parece solene e cheia de orgulho, a tal ponto que me faz lembrar Camões e seu poema maior. Você talvez queira me pôr em contato com suas realizações na vida, mas ao mesmo tempo sinto que está expressando preocupação sobre sua vista e sua cirurgia".

Obviamente surpreendido pela minha fala, ele de pronto responde: "Meu pai foi um grande admirador de Camões, na verdade ele sempre quis conhecer o seu famoso túmulo em Lisboa, no mosteiro dos Jerônimos".

E prossegue: "Pois isso me faz lembrar de Inês de Castro".[2]

---

2 Inês de Castro, personagem dos *Lusíadas* e lendária da história portuguesa, linda amante de Pedro, príncipe e, posteriormente, rei de Portugal no século XIV. Ainda que pressionado por seu pai e pela corte, o príncipe não aceitou casar-se com outra mulher. Assim, conta-se que Inês foi assassinada a mando de seu pai, Afonso IV, a título de retaliação. O ato levantou a ira de Pedro, que ordenou sua entronação como rainha numa cerimônia mórbida.

Imediatamente complemento: "Aquela que depois de morta foi rainha".

O comentário efetivamente reverbera nele, que responde: "Minha mãe também, ela morreu quando eu era pequeno e meu pai nunca cuidou muito dela. Havia uma nostalgia, ela passou a ser lembrada sempre e a ocupar um lugar especial em minha casa, só depois de morrer".

Depois de um tempo de silêncio, ele diz: "Lembrei-me que, na última cirurgia, eu ouvia pessoas falando na sala e não conseguia me movimentar, não podia reagir". E acrescenta que o medo da operação tinha a ver com o medo do isolamento, e que na cirurgia anterior sentiu que caía num buraco profundo e, chegando lá embaixo, no fim do buraco, viu um clarão. Quando recobrou a consciência após o efeito anestésico, a primeira coisa que disse foi: "*Fa freddo*" ("está frio"), uma frase que a mãe, de origem italiana, utilizava.

Assinalo que posso avaliar o medo de morrer e da morte, que deve ter sentido a morte, ao mesmo tempo que eu tinha em mente sua identificação com a mãe, que transparecia ali. E eventualmente com Inês de Castro. Sentimentos de culpa, de abandono e medo de retaliação mostravam-se possivelmente presentes.

Havíamos tocado, desse modo, áreas extremamente sensíveis da estratificação do mundo psíquico do paciente. Áreas de suas (até então) "reservas de privacidade".

À medida que a análise prosseguiu, mostrou que essa "invasão" criara uma efetiva turbulência dentro de si. O clima da interação mudou, passou a ser bem menos ameno. José começou a reagir intempestivamente às minhas eventuais intervenções. Rejeitava de pronto o que quer que eu pudesse dizer, independentemente de tom, conteúdo, tempo da fala. Parecia mostrar-se temeroso do analista e, talvez, de um possível poder que este pudesse exercer sobre ele. Atrasava-se para as sessões, suas atitudes passaram a ser de sistemática oposição, *actings* em que ódio e retaliação preponderavam passaram a estar presentes. O foco da análise passou a ser a própria interação entre nós, ou seja, o campo transferência-contratransferência passou a ocupar, nas minhas conjecturas, o foco principal. E, nessa dimensão de transferência--contratransferência, minha sensação era a de estar sendo tratado como se fosse um "corpo estranho, intrusivo", tal qual os tecidos externos recebidos por ele nos transplantes.

No decorrer da conversa, mostrei que ele parecia me tratar como uma córnea estranha, transplantada, da qual ele queria se livrar por parecer demasiadamente intrusiva, vinda de fora, de outra pessoa e, quem sabe, também porque talvez esta o pudesse fazer enxergar coisas dolorosas. Mas, por outro lado, a córnea era útil, obviamente, para ajudá-lo a ver coisas muito interessantes.

Suas associações posteriores trouxeram à tona o desconforto de poder ter dentro dele o tecido de alguém que já morreu. Foi evidente a angústia ligada à fantasia de que alguém morreu para ele sobreviver, tornava-se patente a explicitação daquilo que se costuma denominar "sentimento de culpa dos sobreviventes". Essa sensação pôde ser estendida, na conversação, a sentimentos de culpa também relacionados à morte da mãe. Quanto ao transplante, a fantasia que surgiu no decorrer de suas associações era a de ter matado alguém para sobreviver e enxergar. Quanto à mãe, transparecia o sentimento de culpa por ter sobrevivido à morte dela, e nesse sentido culpava o pai, o qual venerava o poeta morto, cego de um olho, e que só iria dar valor à mãe após ela morrer.

Impactado com essa temática, José insiste na questão da angústia por enxergar com "o olho de um morto". Conversamos sobre sentimentos de culpa relacionados a fantasias de ataque em relação a si próprio, autoataque, e o vértice da preservação de vida implicado

148 AFETO, SOMATIZAÇÃO E SIMBOLIZAÇÃO

no transplante. Estava clara sua angústia oriunda, também, da fantasia de ele próprio ter destruído sua visão, autopunitivamente.

Conversamos, também, explicitamente sobre questões, que rondavam sua mente, relacionadas ao medo de uma possível rejeição ao transplante na terceira tentativa de receber uma nova córnea. As cirurgias realizadas, e a futura, revestiam-se para ele de uma auréola de julgamento de si próprio e de seus atos, de merecimento, ou não, de continuar a ver e de ter uma vida plena. O julgamento poderia vir de onde viesse, até mesmo, eventualmente, da mãe.

Num certo sentido, podia-se dizer que também Camões, herói cegado numa jornada épica, que enxergava paradoxalmente e mostrava novos tempos aos conterrâneos, se apresentava a ele como um "Édipo-Tirésias", com o qual se identificava.

Ao mesmo tempo, também transparecia uma fantasia de estar cheio de Morte.

Aproximadamente três meses após esse conjunto de sessões, José decidiu se confrontar com sua terceira cirurgia, terceira tentativa de receber uma córnea transplantada. Vencera o terror que esta lhe inspirava. Dessa vez a cirurgia foi coroada de sucesso, o tecido transplantado foi incorporado a seu organismo, sem rejeição.

Discussão

a) Nuances da escuta e da intervenção do analista

Conhecimento e terapia são duas dimensões inseparáveis da prática psicanalítica. A contradição entre elas, se é que existe, é apenas aparente. É exatamente a expansão do contato com o mundo interior do sujeito, em contexto de interação dual no âmbito da experiência emocional vivenciada na conexão com o outro, que permite uma transformação do campo vivencial do paciente. Segal (1962, 1983) aponta que aquilo que varia nessa equação de dois componentes é a importância que se pode atribuir a um ou outro dos elementos, e a importância atribuída a outros fatores relevantes no processo. Mas o central, por suposto, é a existência do *insight*.

A experiência do novo pode ser vista na analogia com a potencialidade do sistema olfatório do indivíduo em configurar-se, baseado na multiplicidade de aromas já sentidos e organizados, de tal modo que quando se sente um determinado aroma conhecido, este é identificado pelo organismo. Mas, se for o caso de entrar em contato com um novo cheiro, a circuitaria olfativa se reconfigura, de modo a incorporar esse novo aroma, integrando-o e tornando-o conhecido e pronto para uma nova aventura de cheirar. Num próximo novo aspergir aromático, aquele que na última vez foi novo agora está presente para auxiliar a análise do novo componente. Assim é o *insight*, que modifica o psiquismo e logo se incorpora à espera de novas "iluminações".

De todo modo, reveste-se de inegável valor a questão da busca do paciente, que pode estar efetivamente dedicado a uma jornada de autoconhecimento ou ter preponderante interesse em transformar suas condições psíquicas. A existência de ambos os vértices é de importância capital para o desenvolvimento de uma boa análise. O que costuma ocorrer no desenrolar da própria análise é que os dois termos vão se incrementando, aumentando, amalgamando, ora com a predominância de um, ora de outro. É bem interessante observar que mesmo aqueles pacientes que não demonstram interesse em ganhar *insights* sobre si mesmos necessitam viver a experiência de se sentirem compreendidos pelo analista, ou seja, necessitam ser compreendidos, de fato, pelo analista.

Isso nos remete à importância da continência, enquanto elemento fundamental da relação analítica. Relacionadas a esta estão

150 AFETO, SOMATIZAÇÃO E SIMBOLIZAÇÃO

as múltiplas dimensões da comunicação humana, da dupla analista-analisando, como a do trabalho interno realizado pelo analista na interação lúdica com seu paciente, até encontrar uma formulação verbal que lhe pareça apropriada.

O exercício de continência inclui a capacidade de alojar as expulsões derivadas da modalidade de fantasia inconsciente denominada identificação projetiva e, por meio de um estado mental que se conhece como *rêverie*, transformar esses conteúdos psíquicos em produtos digeríveis, metabolizados. Um requisito básico para isso é a permeabilidade do analista ao contato com vivências profundas de seu analisando.

A própria vivência do paciente de perceber a permeabilidade do analista e ver seu mundo "reverberando" dentro dele, numa prova cabal de sua existência para o outro, pode ser um dos elementos mais significativos de um contato humano, incluindo o analítico. Melsohn (2001) pontua que a sessão analítica não é apenas um campo de observação; paciente e analista estão envolvidos numa trama emocional recíproca, cabendo ao analista apreender sentidos e transformá-los em acesso à palavra.

De fato, no material clínico apresentado, o que está basicamente em pauta, dentro dessa ótica, é a possibilitação da figurabilidade, o tornar representável aquilo que permanecia longe de qualquer possibilidade de simbolização.

É o contato emocional com o paciente que irá constituir o primeiro passo para esse conjunto de elementos metabolizadores se processar na mente do analista, na busca de uma construção de sentidos verazes no contexto. Diferentes vocabulários, sequência e características sonoras, encadeamento de imagens, estão em pauta como componentes do trabalho.

Nesse sentido, uma importante dimensão da comunicação é a dimensão estética inerente às falas, tanto do paciente como do analista. Kant vê a beleza como o aspecto da forma que não está ligado a funcionalidade ou propósito. Assim, a beleza é percebida à parte da apresentação de qualquer propósito do objeto. Trazendo essa problemática especificamente ao fazer clínico, Likierman (1994, p. 281) caracteriza a atitude estética diante do objeto como uma condição na qual não demandamos nada do objeto, "não esperamos nenhuma satisfação de quaisquer de nossas necessidades sérias". O estético seria o aspecto da identidade do objeto que é independente de sua utilidade para nós. Esse aspecto abre caminho para que possamos descobrir a independência do objeto com relação aos ditames de nossas necessidades, indicando a existência de um mundo à parte de nós mesmos, em outras palavras, da alteridade ou do mundo objetivo.

Assim, a beleza representa, segundo esse ponto de vista, a alteridade essencial, já que ela não pode ser doada ou apropriada; é uma qualidade que essencialmente o objeto guarda para si mesmo. Ela se refere a sua identidade ímpar, única. A dimensão estética representa tanto a independência como a singularidade do objeto.

Também é importante considerar que, na relação forma-conteúdo de um elemento artístico, o valor estético recairá principalmente no segundo termo. "Ser ou não ser", de Hamlet, tem um fraseado próprio – não é, por exemplo, "eu tenho um conflito". É a forma, a composição particular, que é estética.

Assim, a intervenção do analista estará inscrita na unicidade de cada momento e de cada comunicação, no intertexto entre singularidade e alteridade, e entre subjetividade e objetividade.

De certo modo, a interpretação encerra reencontros – do analisando com seu mundo em expansão e do analista com sua própria identidade, ou melhor, de ambos com novos aspectos de suas

152 AFETO, SOMATIZAÇÃO E SIMBOLIZAÇÃO

identidades. É a sucessão de experiências desse tipo que trará o crescimento, em análise.

b) Sobre o material clínico propriamente dito

O trabalho com temas sobre castração, angústias de morte, culpa persecutória, com a peculiaridade de procurar conectar experiências emocionais do presente com eventuais fantasias ou fatos a respeito da vida passada de José, tocou o universo de suas vivências traumáticas, relacionadas às cirurgias anteriores, ou, eventualmente, outras como as relacionadas com luto e seu mundo familiar.

No discurso do paciente foram pinçadas as condições para que ele deixasse entrever um mundo de fantasias ligadas a angústias psicóticas. Não contidas em estado mental, se dispõem interpostas num espaço estéril entre psiquismo e soma, como propõe McDougall (1989/1991). A transformação da memória de uma experiência traumática em palavras, num contexto "protegido" em interação significativa, pode modificar e organizar a experiência emocional relacionada a ela, conferindo-lhe maior coerência, o que facilita sua assimilação (Pennebaker, 1987).

Mas foi importantíssimo que os movimentos ao redor dessas questões e temas tenham ocorrido em uma experiência intersubjetiva vivaz e penetrante. Durante as sessões, a rejeição do tecido transplantado foi atuada e, de certo modo, equacionada de forma inusitada, que se assemelhou a "ações psicodramáticas" dentro da análise, por parte do paciente. Restava ao analista a perspectiva de compreender, na relação bipessoal, os movimentos que a cada dia se apresentaram, espontaneamente, obviamente sem nenhuma determinação prévia.

O ponto de virada na análise do paciente se deu no momento em que prevaleceu a condição de *rêverie* por parte do analista, o que resultou num instrumento da maior relevância para uma escalada em direção ao simbólico (Ogden, 1997). Isso constitui a base para um trabalho de figurabilidade (Botella & Botella, 2005). A condição de *rêverie* facilita a decodificação de elementos que se misturam para também compor o vértice cognitivo das ansiedades do paciente, conferindo significado ao seu "teatro da mente", permitindo a nomeação da angústia e sua devolução em novo grau de metabolização, desintoxicada no decorrer do processo (Bion, 1962). Ou seja, a ruptura do campo na sessão e sua reorganização, por meio da conexão apropriada de estados emocionais, são abastecidas pelo impacto do analista no analisando, na vigência do "estado oniroide" de *rêverie*, o qual representa uma expansão daquilo que se costuma denominar "atenção flutuante". Do ponto de vista do conteúdo, é fundamental uma narrativa fidedigna ancorada numa construção da maior verossimilhança possível, encontrada como uma verdade na mente do analista. Insistindo: o elemento conectivo do conjunto é a emoção.

O paciente sente-se reconhecido pelo analista quando vive a experiência de receber uma fala "genuinamente sua" desde o outro. Ele pode sentir-se assim "dentro do outro", tendo um espaço seu, um lugar, na mente de seu interlocutor, seu analista, existindo vivamente dentro dele.

Há que ser assinalado que essa dimensão, além do acolhimento, de poder dar sentido a uma experiência do paciente, do corporal à mentalização, dá-se num contexto transferencial. Ambos devem estar engajados e de fato convictos daquilo a que se propõem. Esse aspecto facilita, sem dúvida, a passagem do corpo ao símbolo. Lévi-Strauss, nos seus clássicos trabalhos antropológicos "O feiticeiro e sua magia" (Lévi-Strauss, 1949/1985b) e "A eficácia simbólica" (Lévi-Strauss, 1949/1985a), ambos de 1949, reafirma a importância da fé do xamã em seu método e poder de cura, e também da vitalidade e da natureza da experiência vivida em compartilhamento, na cura psicológica, na passagem do universo fisiológico ao mítico-universal e vice-versa. A fé do paciente também é da maior importância. A cura reside em tornar pensável uma situação que inicialmente era apenas vivenciada emocionalmente, tornando mais aceitável ao espírito a dor que o corpo se recusa a tolerar. Lévi-Strauss prossegue: "Não é importante que a mitologia do xamã não corresponda à realidade objetiva. É importante que a pessoa doente a aceite e que ela seja membro de uma sociedade que a aceite" (1949/1985a, p. 228). Isso nos remete obviamente ao trabalho de Freud "Construções em análise" (1937/1975).

Essas questões estarão inevitavelmente presentes numa discussão séria acerca da cura analítica e do processo de transferência. Roustang (1991) considera a transferência um estado levemente hipnoide, sendo que manifestações desse tipo permeiam a relação analista-analisando. A presença do afeto não pode ser subestimada na interação relacionada a esse "objeto externo" vinculante.

Também é preciso ter em mente que, no caso, estamos trabalhando numa área em que limites entre ideação e afeto são imprecisos. Está em pauta a questão da possibilidade de a emoção ser "encarnada" (*embodied*), na medida em que podemos dizer a expressão corporal das emoções como o primeiro meio de compreensão do mundo. A emoção pode ser vista como um modo de perceber o mundo, uma forma de consciência do objeto e do *self* que dá sentido ao mundo (Melsohn, 2001).

Voltando especificamente ao caso, emoções do paciente estavam conectadas a memórias provenientes das cirurgias anteriores, das sensações de sofrimento. A sensação de morte iminente ou a total perda de controle sobre o *self* e o mundo circundante, de estar à mercê de um destino inescrutável, mas temido, podia repetir, em seu universo da fantasia, a morte da mãe. Por seu turno, a fantasia de reunião com a mãe é expressa num estado corporal primitivo.

O material ainda nos mostra que o paciente também vê sua cirurgia como um julgamento de si próprio. O medo de morrer é vivenciado no contexto de angústias persecutórias relacionadas a agressões fantasiadas, "coisas más" que ele pudesse ter cometido (ou pensado, ou sentido) a respeito de sua mãe. O medo é certamente agravado pelas rejeições ocorridas nas duas tentativas cirúrgicas anteriores de transplante, desencadeando a fantasia de que sua mãe o teria rejeitado ou mesmo que poderia ter querido que ele próprio morresse.

É interessante notar os elementos de profunda identificação que podem se dar em situações de transplante, não raro com temor intenso de alteração de identidade por parte do receptor. Crombez e Lefebvre (1972) descrevem esse tipo de fantasia em pacientes submetidos a transplante renal. Num dos casos, por exemplo, a informação de que o doador do rim havia sido um homossexual levou o receptor a intenso terror paranoide. Em outro exemplo, em nossa experiência, um paciente receptor cardíaco, torcedor fanático do time do São Paulo, ao saber que o doador de seu coração transplantado era torcedor fanático do Palmeiras, fez questão de mudar o seu time "de coração" para o Palmeiras, como homenagem a seu doador. Uma mudança desse tipo carrega também o aspecto de apaziguamento de ansiedades persecutórias.

No caso de José, o desconforto e o medo de incorporar a própria morte pela córnea de um doador morto se ressaltavam como uma das fantasias proeminentes.

Algumas ansiedades vivenciadas na transferência mimetizaram, efetivamente, as ansiedades do paciente em relação à cirurgia e ao transplante. O analista foi posto no lugar de um corpo estranho intrusivo, relacionado à nova córnea adquirida, uma espécie

156 AFETO, SOMATIZAÇÃO E SIMBOLIZAÇÃO

de situação de "transplante psicológico" que poderia ter o sentido, para o paciente, de ser dominado, subjugado por alguém. A rigor, não é raro que interpretações analíticas possam ser vivenciadas como corpos estranhos a serem rejeitados. Nada mais nítido para exemplificar esse ponto do que as assim chamadas reações terapêuticas negativas, que, de certo modo, também ajudam a compreensão de certas reações do paciente.

Parece-me que a compreensão emocional de vários dos conflitos envolvidos na situação auxiliou na aceitação psicológica do transplante, abrindo uma via à aceitação orgânica, concreta, do transplante, na terceira cirurgia de José.

A ampliação de sua consciência emocional permitiu a instalação de novos modos de interpretar a cirurgia e o transplante. A nova percepção pôde efetuar uma "separação" da emoção com relação ao corpo, quem sabe permitindo uma reorganização imunológica do sistema, o que pode ter contribuído para a possibilidade de o paciente lidar de outro modo com a nova cirurgia.

As ansiedades passam a ser mitigadas quando a representação simbólica é instalada.

A *rêverie* pode se expressar, ou se manifestar, de diversas formas, algumas das quais pouco usuais: imagens, sensações corporais, sons, percepções etc. Como parte da função de continência, impulsiona as representações na direção do simbólico. Isso auxilia na formação e na expansão do espaço mental do analisando, rumo a "eclipsar" o corpo, no dizer de Ferrari (1995). E, assim, permite a (re)instalação da comunicação metafórica, em vez da concretude da rejeição tissular. Nesse sentido, podemos considerar a comunicação mente-corpo como dois lados da mesma moeda.

As emoções têm um papel integrativo na conexão de mente--corpo de cada indivíduo, mas também na conexão de indivíduos entre si (Pally, 1998). Quando processadas inconscientemente, formam um sistema não verbal de comunicação por pequenos sinais não verbais que poderão – ou não – favorecer o apego, a ligação e o *rapport* entre as pessoas. Hoje em dia sabe-se, com base na descoberta dos neurônios-espelho, que, quando uma pessoa combina, coincide com o estado emocional do outro, por meio da percepção de pistas mímicas, faciais, sotaques, prosódia, isso recria dentro da pessoa as alterações associadas ao estado emocional do outro (Pally, 1998). Sentimos literalmente o que o outro sente. Esse fenômeno é de primeira importância para o campo da transferência e a situação de *rêverie*, e leva em conta a natureza profunda das relações mente-corpo envolvidas, bem como a emoção como organizador do campo.

Se emoções se revelam uma questão central na somatização, é fundamental tomarmos em consideração os possíveis vértices cognitivos, "embutidos" nelas, manifestados pela linguagem corporal. É célebre a frase do mais ilustre psiquiatra inglês do século XIX, Henry Maudsley, o qual aventa que "as emoções que não são ventiladas nas lágrimas fazem os outros órgãos chorarem" (Henry Maudsley, 1872, citado por Montagna, 1996). Por essa via, podemos formular a suposição de que as emoções relacionadas a sentimentos de rejeição podem ser expressas pelo corpo concretamente, como efetiva rejeição.

A literatura médica mostra que aspectos emocionais podem influenciar a aceitação pelo organismo de órgãos transplantados. Um estudo detalhado de transplante de medula óssea mostra que fatores emocionais são relevantes para o estresse experimentado pelos transplantados. Talvez isso valha para qualquer tipo de transplante, e fatores emocionais tenham relevância nisso (Oliveira et al., 2007).

O processo de incorporação de um transplante é gradual, tal qual a escalada à simbolização mediada pela emoção. Aquilo que se manifesta inicialmente no corpo, como linguagem corporal, irá cruzar diversos níveis de abstração subsimbólica antes que se instale um símbolo real.

O "terror sem nome" de Bion substitui os fenômenos somáticos no nível psicótico, quando a ansiedade encontra um meio de expressão própria. Esse aspecto fica patente no caso apresentado, primeiramente como terror sem nome, e, posteriormente, num nível neurótico em que predominou a fantasia da cirurgia como julgamento, com possibilidade de punição, ou não. Também podemos observar na esfera do neurótico as fantasias de renascimento por parte de José.

A perspectiva de coordenar a conexão entre mente e corpo (Pally, 1998), as emoções, organizar percepção, memória, pensamento, comportamento, interação social, permite uma mentalização gradual. Isso transformará a opção sígnica em simbólica, que libertará o símbolo de sua concretude (Montagna, 2001).

A interação analista-paciente colocou em movimento uma série de emoções e significados correlatos, a serem "destrinchados", construindo uma ponte, dentro do paciente, dos sentimentos corporais à representação e ao símbolo, o que ofereceu novas ferramentas ao paciente para lidar com sua terceira cirurgia.

Referências

Allansmith, M. (1982). *The eye and immunology*. Toronto: The C.V. Mosby.

Bion, W. (1962). *Learning from experience*. London: William Heinemann.

Botella, C., & Botella, S. (2005). *The work of figurability. Mental states without representations.* New York: Brunner-Routledge.

Crombez, J. C., & Lefebvre, P. (1972). The behavioural responses of renal transplant patients as seen through their phantasy life. *Canadian Psychiatric Association Journal, 17,* 19-23.

Ferrari, A. (1995). *Eclipse do corpo.* Rio de Janeiro: Imago.

Freud, S. (1975). Constructions in analysis. In S. Freud, *The standard edition of the complete psychological works of Sigmund Freud* (Vol. 23, pp. 255-270). London: Hogarth Press. (Trabalho original publicado em 1937)

Kant, E. (s/d). *The critique of judgment* (Col. Great Books of the Western World), Enc. Britannica.

Lévi-Strauss, C. (1985a). A eficácia simbólica. In C. Lévi-Strauss, *Antropologia estrutural.* Rio de Janeiro: Tempo Brasileiro. (Trabalho original publicado em 1949)

Lévi-Strauss, C. (1985b). O feiticeiro e sua magia. In C. Lévi--Strauss, *Antropologia estrutural.* Rio de Janeiro: Tempo Brasileiro. (Trabalho original publicado em 1949)

Likierman, M. (1994). Significado clínico da experiência estética. *Revista Brasileira de Psicanálise, 28*(2), 279-306.

McDougall, J. (1991). *Teatros do corpo.* São Paulo: Martins Fontes. (Trabalho original publicado em 1989)

Melsohn, I. (1991). Notas críticas sobre o inconsciente; sentido e significação. *Ide, 21,* 18-33.

Melsohn, I. (2001). *Psicanálise em nova chave.* São Paulo: Perspectiva.

160 AFETO, SOMATIZAÇÃO E SIMBOLIZAÇÃO

Montagna, P. (1996). Algumas reflexões sobre relação mente-corpo em psicanálise e função do analista. *Revista Brasileira de Psicanálise, 30*(2), 463-479.

Montagna, P. (2001). Afeto, somatização, simbolização e a situação analítica. *Revista Brasileira de Psicanálise, 35*(1), 77-88.

Ogden, T. (1997). Reverie and metaphor. *International Journal of Psychoanalysis, 78*(4), 719-732.

Oliveira, E. A et al. (2007). Repercussões psicológicas do transplante de medula óssea no doador relacionado. *Psicologia, ciência e profissão, 27,* 3.

Pally, R. (1998). Emotional processing: the mind body connection. *International Journal of Psychoanalysis, 79,* 349-372.

Pennebaker, W. (1987). Confession, inhibition and disease. *Advanced Exp. Soc. Psychology, 79,* 349-362.

Roustang, F. (1991). Ninguém. *Ide, 21,* 121-135.

Segal, H. (1962). Symposium on the curative factors in Psychoanalysis. *International Journal of Psychoanalysis, 43,* 232-235.

Segal, H. (1983). Fatores curativos em psicanálise. In H. Segal, *A obra de Hanna Segal.* Rio de Janeiro: Imago.

Winnicott, D. W. (1971). The squiggle game. In D. W. Winnicott, *Therapeutic Consultations in Child Psychiatry.* London: Hogarth Press. (Trabalho original publicado em 1968). Também publicado em *Revista Portuguesa de Psicossomática, 2*(2), 67-77, 2000.

Skype análise[1]

Introdução

Na década de 1990, apresentei ao 37º Congresso da International Psychoanalytical Association (IPA) um trabalho, fundado na clínica, em que discuto minha interação com uma paciente portadora de câncer em estado avançado, caminhando para processo terminal de sua vida, a quem acompanhei passo a passo. Denominei-o "Interação psicanalítica com paciente terminal", evitando o título de "Análise com paciente terminal", pois, apesar da convicção de tratar-se de puro trabalho psicanalítico, quis atalhar uma discussão espinhosa e me esquivar de colocações caturras – ou, sob certo ângulo, não caturras, já que é legítima a questão

---

1 Uma versão anterior deste capítulo foi publicada em 2015 em *Revista Brasileira de Psicanálise*, 49(1), 121-135. As tecnologias de voz sobre protocolo de internet (IP), internacionalmente conhecidas como *voice over internet protocol* (VoIP), compreendem muitos outros aplicativos além do Skype – Facebook Live, WhatsApp, MSN. Usamos aqui o termo Skype por ser este o aplicativo VoIP mais popular, mas estamos nos referindo globalmente às "análises por audiovídeo", qualquer que seja o aplicativo utilizado.

162   SKYPE ANÁLISE

de se um atendimento fora do consultório, num hospital ou numa residência, poderia ou não configurar pura psicanálise.

Vi-me, senti-me e trabalhei como psicanalista, tal qual em meu consultório, durante todo o acompanhamento daquela paciente. Na apresentação do trabalho no congresso, a discussão girou em torno do que parecia mais relevante, poupando-nos do que soaria pouco natural e não central: se a mudança de enquadre preservaria o estatuto de psicanálise ou não.

Nenhum comentário houve, em apresentações a plateias de colegas de países diversos, hispano e anglofalantes, que colocasse em questão a pureza psicanalítica daquele atendimento.

Aprendizado valioso, incorporado daquela vivência, foi o de que *o setting psicanalítico* é fundamentalmente um *setting interno*. Assim o descrevi. Nossa escuta psicanalítica e a atenção flutuante, abstraindo outros elementos perturbadores, são ferramentas que nos auxiliam a continuar a ser psicanalistas em condições como aquela. A meu ver, representam o sustentáculo da prática analítica, associadas à "força da curiosidade do analista, domesticada a serviço do paciente" (Poland, comunicação pessoal, 2010).

Aquele proceder não estandardizado surgiu da necessidade de prosseguir o atendimento da paciente, que, sem condição física de ir ao consultório, continuava demandando, e muito, minha presença.

Todos sabemos que não é sempre que se viabiliza um atendimento de alta frequência na clínica cotidiana, a não ser para o que Tannus sugeriu a denominação de "grupo interno".[2] Mas pode

---

2 Pesquisa que realizamos pela Associação Brasileira de Psicanálise (hoje Febrapsi), com o colega Ignacio Gerber (ABP, 1998), apurada por Julio Tannus, com grau de confiabilidade de 95%. Ela mostrou que a média de sessões por semana, naquele tempo, praticada pelos analistas brasileiros era de 2,3. Ou

ocorrer de nem mesmo ser exequível a presença do paciente no consultório, por circunstâncias variadas, para uma análise regular ou um atendimento em base psicanalítica. Distâncias geográficas intransponíveis inclusive para análises concentradas, difícil mobilidade pessoal por condições profissionais peremptórias ou outras, deslocamentos por motivos vários, conjunções diversas do cotidiano, situações pontuais de saúde são contingências que podem inviabilizar o atendimento clínico numa sala de psicanálise. O mesmo vale para pacientes nossos que se mudam para outros endereços – lugares onde não há psicanalistas.

O que fazer? Privar aquela pessoa de cuidados psicanalíticos? Interromper prematuramente um trabalho frutífero em andamento?

Ou buscar auxílio da tecnologia para atender à nova situação?

Se colocamos nossos conhecimentos e nossa experiência a serviço do paciente, em seu benefício, ou se assumimos uma postura investigativa, vale a pena buscar a resposta na prática, observando e julgando se e como a tecnologia atual pode nos socorrer – vale a pena opinar da experiência pessoal. É o que busco fazer neste trabalho, considerando também literatura concernente.

O uso do telefone ou do Skype não é a primeira escolha; adquire sentido e relevância nas condições antes mencionadas.

Não seria a primeira vez que soluções criativas são encontradas no fazer psicanalítico por necessidades práticas. Por exemplo, para viabilizar a formação de muitos psicanalistas, foi aprovada

---

seja, a média do número de sessões encontrava-se entre duas e três por semana. Por cruzamentos de dados, Gerber cogitou a hipótese de que a maioria dos atendimentos de uma e duas sessões por semana se concentrava no público "externo", e os de três, quatro e cinco sessões por semana, no público "interno", definido com analisandos ligados às Sociedades, da área psi e parentes dos analistas. De lá para cá, é improvável que a média do número de sessões nos atendimentos, por semana, tenha aumentado.

164 SKYPE ANÁLISE

pela IPA, em 1998, de proposta brasileira, a *análise concentrada* como legítima na formação analítica.[3]

O início: análise por telefone

O atendimento psicanalítico por telefone, ou análise por telefone, está presente na literatura analítica há mais de sessenta anos. A primeira publicação a respeito deu-se no *Psychoanalytic Quarterly* (Saul, 1951), ainda distante do advento da internet.

Em São Paulo, Szterling (comunicação pessoal, 1985), de sua experiência em hospitais psiquiátricos, via utilidade no recurso não para uso sistemático, mas para lidar com situações de crise em pacientes graves.

O uso do telefone e de outros recursos cresceu ao longo das décadas e ocupa espaço na clínica de alguns colegas. Para ter uma ideia da abrangência atual, uma enquete preliminar levada a efeito na British Psychoanalytical Society (Fornari Spoto, 2011, citada por Lemma & Caparotta, 2014) mostrou que 31% dos que responderam já conduziram análise por Skype ou telefone, número nada desprezível.[4]

Outro estudo a ser destacado é o de Leffert (2003), que descreve a experiência de mais de vinte anos, tendo conduzido doze psicanálises e onze atendimentos que considerou psicoterápicos. Uma análise foi inteiramente realizada por essa via, com duração de dois

---

3 Os brasileiros da ABP, por iniciativa da Sociedade Brasileira de Psicanálise de São Paulo (SBPSP), levaram a solicitação à IPA, considerando a boa experiência que tinham e a necessidade de sua utilização para formar analistas de fora dos centros usuais. Foi aprovada por unanimidade em reunião do *board*, em Londres, na qual tive a satisfação de apresentar e defender a proposta, então como presidente da ABP (1998).

4 Atualmente, a IPA realiza uma ampla consulta a respeito.

anos; uma das análises presenciais que prosseguiu por telefone teve a duração de dezoito anos. Ele percebe as similaridades entre o trabalho por telefone e o presencial como muito maiores do que as diferenças. Para ele, as sessões, de modo geral, não eram distintas das sessões presenciais. Ele observa que analista e paciente logo deixam de ter uma consciência especial sobre a maneira como a análise é conduzida, e que, quando essa consciência periodicamente emerge, isso ocorre como ocorreria qualquer percepção consciente da situação analítica habitual,[5] o que, importa mencionar, também tem ocorrido em meus atendimentos via Skype.

Trabalhos frequentemente citados são os de Lindon (1988), Renik (1993), Zalusky (1998). A escassez do número de publicações comparada ao interesse que vem despertando a análise por Skype pode se ligar também ao fato de que a prática coloca em pauta a discussão de ela ser ou não puramente psicanalítica e, assim, a desconfortável questão do que vem a ser uma psicanálise pura.

Em 2003, a IPA publicou um boletim intitulado *Análise por telefone*, com artigo de fundo de Zalusky (2003). Com experiência razoável nessa prática, ela enfatiza nunca ser esse o tratamento de eleição inicial, só ocorrendo pela impossibilidade de realização daquilo que seria desejável, o que pode originar fantasias de ser essa uma escolha de segunda linha. Mas que isso é algo a ser analisado, conduzindo ao mundo interno dos pacientes.

O analista necessitaria lidar com eventual sentimento de culpa, seja pelo que deixaria de oferecer ao paciente, seja por sentir-se transgredindo normas tradicionais; mesmo quando crê que está oferecendo o melhor ao paciente, pode ser desaprovado por

---

5 Esta observação lembra também as pesquisas com filmagens da vida familiar, no domicílio, por terapeutas que se instalam nas situações ao vivo do grupo. Este, se no início se constrange com a presença da câmera, logo passa a se comportar como se esta não existisse.

166 SKYPE ANÁLISE

colegas. Para ela, esse é um poderoso elemento de dissuasão à prática. Ela considera que o telefone leva as razões de Freud para o uso do divã a seu limite extremo (Freud, 1913/1966). Mesmo com todas as dificuldades apontadas, a autora é francamente favorável a essa prática, que vê como analítica.

Argentieri e Amati-Mahler (2003) admitem a possibilidade de a análise telefônica ser um instrumento terapêutico útil, mas mostram-se críticas a ela, pois não a consideram compatível com um processo analítico, afirmando que a privação da presença do analista cria um sentimento de perda e, ao mesmo tempo, nega a separação. Essas autoras não creem que o telefone reúna condições para o desenvolvimento e a continuação de um processo analítico. Argumentam que a psicanálise não deve correr atrás da sociedade e dos tempos cambiantes, mas que sua função é a de interpretar as mudanças.

De la Sierra (2003) mostra-se, qual Zalusky, propenso a adaptar a psicanálise às necessidades especiais e contrário à ideia de forçar esses pacientes a aceitar as restrições da técnica clássica. Concorda com a prática por telefone. Com relação a ser ou não psicanálise pura, afirma: "a controvérsia, sobre se esta é uma verdadeira análise ou não, é antiga, sendo muito necessária uma reavaliação se queremos sobreviver como criaturas vivas e não como objetos em exposição de uma era passada" (p. 20).

Habib (2003) aponta que a complexa interação analítica se reduz a uma só, oral, com a presença de um terceiro permanente, o aparelho.

Contexto

Ainda que não tenham sido a maioria, em minha vida profissional, tive experiência com alguns pacientes de manejo muito difícil.

Drogadictos, alcoólatras e alguns tipos de pessoas que também psiquiatricamente se denominariam *borderline*, casos específicos de psicóticos, que não fazem o dia a dia de nossas clínicas. Quando necessário, minha tendência sempre foi a de adaptar a psicanálise para torná-la possível para aquela pessoa, e não tentar enquadrar o paciente procustianamente em restrições advindas de uma técnica clássica, qualquer que seja ela. Não são os diagnósticos que, por si, ditam a prática, mas é a prática clínica, por seus meandros investigativos e terapêuticos, que demanda uma certa moldura.

Como exemplo, volto ao caso antes mencionado, de atendimento na residência da paciente e, posteriormente, no hospital. Nos cursos que ministrei nos últimos anos sobre teoria da técnica, tenho procurado enfatizar a necessidade de não perder de vista o *manejo* mais apropriado a cada paciente, ainda que sabedor de que esse termo nem sempre é bem recebido. É um conceito caro a Winnicott.

Em relação à postura com os pacientes, dizia ele: "A única companhia que tenho ao explorar o território desconhecido de um novo caso é a teoria que levo comigo e que tem se tornado parte de mim e em relação à qual sequer tenho que pensar de maneira deliberada" (Winnicott, 1971/1984, p. 14). Referia-se à teoria do desenvolvimento emocional do indivíduo.

Esse posicionamento casa-se bem com o modo pelo qual tenho buscado estar numa sessão de análise. As teorias internalizadas são parte de cada um, ainda que possam se modificar ao longo do tempo. Trata-se de estar inteiro sem outros pressupostos. Busco abster-me de qualquer opinião prévia.

Não contamos com nenhuma teoria de atendimento analítico por dispositivos a distância, de modo que nenhuma delas entrará conosco numa sessão. Questões dessa natureza ressurgiram para mim quando, por conta de circunstâncias profissionais, me vi na

168 SKYPE ANÁLISE

contingência e aceitei o desafio de atender alguns pacientes à distância, tendo optado pelo Skype.

A primeira vez que essa questão se colocou foi quando, há alguns anos, convidado a palestra e seminários clínicos em uma capital latino-americana, fui surpreendido no fim do trabalho por uma pessoa daquela Sociedade me indagando se eu me disporia a oferecer-lhe supervisão por Skype.

Antes, apenas discussões no *board* da IPA, quando de minha participação como um dos representantes da América Latina, me haviam posto em contato com a problemática. Após prolongadas conversas, decidiu-se que a IPA aceitaria experimentalmente análises a distância com finalidades didáticas, para formação dos candidatos na China, já que de outro modo seria impossível levar nosso saber e fazer até aquele país de 1 bilhão de habitantes, um sexto da população do planeta. Alguns períodos presenciais durante o ano seriam necessários. Tratava-se de absoluta exceção como análise didática. Alguns candidatos já vinham se submetendo a elas, na China, com analistas americanos e alemães. E a aceitação do modelo, na China, foi uma exceção.

Além disso, uma vivência me marcara muito, na clínica diária, aproximadamente vinte anos atrás. Foi uma conversa-sessão, por telefone, de mais de uma hora de duração, atendendo de madrugada a chamada de urgência de um paciente então deliberadamente suicida. Foi uma vivência muito intensa, marcante, vital para a pessoa, e felizmente bem-sucedida. Não tenho dúvida de que evitou um desenlace sinistro.[6]

---

6 Há pouco tempo, soube que Millan (comunicação pessoal, 2014), diretor por muitos anos do grupo de atendimento psicológico dos alunos da Faculdade de Medicina da Universidade de São Paulo (FMUSP), conseguiu com seu trabalho reduzir em nada menos do que dez vezes a taxa de tentativas de suicídio entre os alunos da instituição. Ou seja, 1.000%. Um dos recursos mais úteis foi

Duas condições tornaram necessário decidir sobre a assistência a distância mais prolongada: um analisando mudando para outro estado, e outro mudando de país. Além disso, em sessões de supervisão, vez ou outra supervisandos trazem seus atendimentos por Skype, sessões pontuais em situações específicas de viagem, e também análises iniciadas já a distância. Essa é, até agora, minha experiência com Skype.

Algumas conclusões iniciais

Para mim, o uso do Skype – a Skype análise – vem a ser um formidável avanço em relação aos atendimentos psicanalíticos por telefone, pelos recursos visuais que ele propicia, agora aliados à nitidez do som. Além disso, como aponta Brainski (2003), "a psicanálise planteia, ao menos como tendência, relação com objeto total, enquanto a análise telefônica propõe uma relação total com um objeto parcial – a voz do analista" (p. 22).

Também Hanly (2007) sustenta que é possível manter o *holding* e a função interpretativa, ocorrendo as associações livres e surgindo também transferências (como materna e paterna), no atendimento por telefone.

Na América Latina, Lutenberg (2010) tem boa experiência com esse tipo de atendimento, considerando a análise por telefone similar à análise em pessoa no que diz respeito à atenção flutuante e às associações livres.

Mas, no fundo, minha eleição do Skype, dentre os recursos possíveis para análise a distância, tem a ver mais com minha personalidade e meu modo usual de trabalhar. Costumo estar atento

---

deixar a esses pacientes a possibilidade de telefonar aos profissionais quando julgassem necessário.

a elementos não verbais da comunicação, não somente prosódicos vocais – como tom, ritmo, qualidade da fala –, que também podem ser captados pelo telefone, como ainda mímica, gestos, posturas, expressões faciais.

Vale considerar a proposição de Sachs (2003, p. 28), para quem analistas mais humanos e valentes introduziram a maioria das inovações no enquadre analítico porque se atreveram a antepor o bem-estar dos analisandos à exigência de se submeter a normas.

Particularidades

O computador, ou outro dispositivo que permita a transmissão via Skype, fará parte do "mobiliário", da situação analítica total, assim como definida por Bleger (1967, 1999): a totalidade dos fenômenos incluídos na relação entre o analista e o analisando, o que compreende uma "moldura", parte do "não processo", as constantes dentro das quais o processo analítico acontece.

Em minha experiência, se a sessão está "correndo", com associações livres, relatos de sonhos, expressões transferenciais, sensações contratransferenciais (*lato sensu*), a existência da tela e da distância é deixada de lado, absorvida, esquecida, tida como inexistente ou como parte tão íntima da situação que se incorpora ao conjunto. Sua presença, quando percebida, é tênue, leve.

O fato de estarmos a distância física é algo que pode ou não estar "na mesa". Nesse sentido, o meio (mídia) é efêmero dentro daquilo que permanece e, uma vez estabelecida a relação analítica, a disposição de ambos de mergulhar no desconhecido mundo mental do analisando se dá no terreno da confiança básica. A dupla está ligada de modo complementar e não se pode compreender um sem o outro. Alguns pactos são estabelecidos em qualquer situação psicanalítica presencial; a análise via Skype implica apenas um grau a mais de complexidade, compromisso e adesão ficcional do que a presencial.

Aliança terapêutica

Um pacto básico é a disposição de ambos os membros da dupla analítica de mergulhar no mundo mental do paciente e trazer não somente conhecimento, mas, com ele, movimento e mudanças, particularmente relacionados a problemas que têm dificultado sua vida. Nunca vi ou soube de alguém que buscasse uma análise apenas para se conhecer, ainda que possa ser esse um marcador de maior compatibilidade com o método analítico. Espera-se que o percurso analítico, ao progredir por trilhas inusitadas, enseje ao paciente melhor uso de seus recursos pessoais.

O projeto assumido pelos dois participantes, de levar adiante o percurso analítico, num espírito de cooperação mútua, pode ser descrito com o termo *aliança terapêutica* (Jacobs, 2000).

Ocorre que a aliança terapêutica, como lembra Bollas (1998), se dá não somente com a pessoa do analista e sua *expertise*, mas também com relação a um descerramento de um mundo novo para o indivíduo. A meu ver, a aliança inclui parte do mundo do analista, o consultório e seus arredores, o mobiliário e sua disposição, a decoração etc. Estes participam do intangível que Wallon (1934/1973) denominou de *ultracoisas*, que seriam coisas na experiência da criança que, para o adulto, não contam como tal porque não aderem a leis espaciais ou temporais, mas permanecem no horizonte dos adultos como um amigo ausente, o nascimento. Assim, o *setting* e a aliança terapêutica albergarão aspectos do mundo físico e não físico para estruturá-los.

Fazem parte dessa aliança a relação com os objetos que possibilitam o contato – o computador ou o telefone – e o meio pelo qual esse contato se dá – o Skype, por intermédio da internet. Estão na área do *holding*, da continência.

Quando o analisando também cuida do *setting*, no caso da Skype análise, ele também cuidará do meio utilizado, de sua permanência, pontualidade, nitidez de voz, de imagem; cuidará de possibilitar o contato em sua maior dimensão, até o ponto em que o espaço pessoal não penetrável se imponha.

É claro que resistências e ataques ao vínculo poderão se utilizar de particularidades da transmissão. Por exemplo, se eventualmente cair o sinal da internet, havendo necessidade de religação, é possível que uma demora de contato se deva à própria dificuldade da rede ou a manobra protelatória por parte do paciente, em momentos de dificuldades diversas da sessão ou do processo. É preciso atenção para não interpretar precipitadamente resistências e, ao mesmo tempo, não perder o momento emocional, deixando de entrar no tema emergente de então.

Em minha experiência, a interferência do Skype é bem menor do que a que ocorre numa análise realizada em instituição. Nesse caso, trata-se de colocar a instituição, um terceiro, "entre parênteses". Isso via de regra acontece. Também o Skype pode ser (e é) colocado entre parênteses.

Suspension of disbelief, *suspensão da descrença*

O pacto de confiança que pavimenta o solo no qual a análise se desenvolve necessita de outro elemento, cuja descrição podemos emprestar da literatura. Refiro-me ao conceito de *suspension of disbelief*, "suspensão da descrença", termo cunhado pelo poeta e filósofo inglês Samuel Taylor Coleridge, em 1817. Ele sugeriu que, se um escritor consegue infundir interesse humano e parecença ou ilusão de verdade num conto fantástico, o leitor suspenderá seu julgamento sobre a implausibilidade da narrativa. Um estranhamento cognitivo trará à narrativa "ares de verdade".

Utilizada num contexto ligado ao *play*, ao jogo, ao lúdico, em que as coisas são e não são próprias do espaço transicional, penso que a suspensão da descrença se configura como um dos recursos intrínsecos que alicerçam e tornam possível a existência da própria situação analítica. E que na Skype análise necessitará estar presente, digamos, num "grau a mais" do que na análise presencial.

No início da era cinematográfica, pessoas saíam correndo do cinema quando um trem descarrilava na tela ou outra imagem sugeria perigo com grande veracidade. Com a tecnologia 3D, nos seguramos na cadeira em circunstâncias semelhantes. As cenas (ou as produções literárias) nos comovem, nos divertem, nos provocam medo, ódio e toda a gama de emoções humanas, com intensidade, como uma cena da vida real. Isso tem correspondência neurofisiológica, como mostra Pally (1998), por conta dos neurônios-espelho, base neural da empatia humana.[7] Entramos e saímos da cena, fundimo-nos com ela e dela nos afastamos conforme as circunstâncias, dependendo delas e de nós.

Uma película que lida magistralmente com essa questão é o filme de Woody Allen *A rosa púrpura do Cairo*, em que literalmente o personagem sai da tela e interage com a moça da plateia que assiste ao filme e se apaixona por ele. Vivenciamos realidade

---

7 Beebe e Lichman propõem que, quando alguém sintoniza na mesma onda sinais da emoção do outro, como gestos, postura, expressão facial, isso recria dentro dele as mudanças autonômicas e sensações corporais associadas com o estado emocional do outro. Nós podemos literalmente sentir o que o outro sente (Pally, 1998).

174   SKYPE ANÁLISE

na ficção em nosso mundo emocional, particularmente nos aspectos menos compromissados com a realidade externa propriamente dita, ou mente primitiva, como muitos nomeiam. O ator de Otelo pode literalmente matar Desdêmona.

Esse jogo de virtualidades composto por identificações projetivas e introjetivas, entre outros mecanismos com implicações biofísicas, dá-se na psicanálise. Aqui, existe a diferença entre a transferência "como se fosse", neurótica, e a transferência com convicção de realidade, psicótica. Por seu turno, como a figura do narrador de uma história, conto, romance, o analista poderá ter um estilo de maior ou menor proximidade em relação ao paciente, poderá imprimir maior ou menor subjetividade ao que fala etc. Estilos de narração são discutidos por Arrigucci Jr. (1998) no *Jornal de Psicanálise*.

No interjogo transferência-contratransferência, as coisas são e não são. Todo o desvelamento do mundo mais psicótico, por exemplo, no qual as coisas simplesmente são, em que a metáfora é suprimida, costuma conviver com o nível da simbolização, neurótico. O analisando na órbita da transferência neurótica fará a imersão e sairá do mundo de suas fantasias, necessariamente lidando, na relação, com uma *suspension of disbelief*. O psicótico deixa essa configuração, embora, como diz Ogden, todo psicótico tenha algum resquício de posição depressiva, ou não suportaria a existência do analista, ainda que em parte não suporte a existência do analista enquanto tal.

Em minha experiência, a tela, o Skype, formam um elemento neutro. Uma vez aceito, torna-se bastante natural o seu uso, ainda que a restrição sensorial e extrassensorial pela não presença física seja permanente. O não verbal pode ser prejudicado. O desafio da dupla é transcender essa dificuldade, servindo-se da tecnologia para o pleno exercício do método psicanalítico. De certo modo, isso pode ser um repto à aproximação de ambos. Trata-se de "de um mau negócio tentar fazer um bom".

Perdas e ganhos

O paradoxo da presença virtual é que, ao mesmo tempo que escancara a ausência, traz elementos de negação da ausência por meio da presença virtual, que contém o germe da presença real desde sua etimologia. Com origem latina, *virtualis* deriva de *virtus*, força, potência. É o que existe em potencialidade, e não em ato. Tende a atualizar-se, sem todavia ter passado a uma concretização efetiva e formal. A árvore é virtualmente presente na semente.

Se não concebemos uma maternagem regular por Skype, sem presença e contato físicos, sem a presença de todos os sentidos, por outro lado a psicanálise prescinde do contato físico. Seria possível arguir, numa ginástica mental, que a rigor a análise a distância leva a extremos as condições que conduziram Freud ao uso do divã. Quanto menos ele era observado, mais à vontade ficava. Zalusky (1998) menciona isso em relação à análise por telefone.

Na análise a distância, há perdas em relação à presença física, não se pode negar. Perde-se a corporeidade, que torna as relações humanas mais carregadas de materialidade. As captações inconscientes, numa sessão, dão-se por elementos sensoriais e extrassensoriais, decorrem de ruídos, respiração, odores, elementos indizíveis de extrassensorialidade que dificilmente se materializam na análise via Skype.

Mantém-se a prosódia vocal, mas alguns desses elementos não verbais se ocultam, há maior dificuldade para captá-los. A vertente informacional do discurso pode se sobressair, embora nem sempre isso ocorra.

Uma questão não desprezível é a disposição do mobiliário, dos campos visual e acústico no ambiente (extenso) de análise. Afinal, há dois ambientes a serem organizados. Via de regra, o paciente escolhe, dispõe sua cadeira, ou sofá, a seu modo. Mas tenho uma preferência, que inclusive traz algum benefício para a observação das expressões não verbais do analisando.

Se o analisando tem um divã ou um sofá num ambiente a ele apropriado, tanto melhor. A câmera, de preferência, estará colocada em alguma mesinha ou outro móvel em que se possa observar seu corpo, particularmente seu rosto. Em minha sala de análise, usualmente a disposição de minha cadeira não é lateralizada suficientemente em relação ao divã de modo a permitir a visualização das expressões faciais do analisando. Deixando a câmera, na Skype análise, ao lado do corpo do analisando, à altura de sua cabeça, pode-se efetivamente observar seu tórax e face, o que traz subsídios muitas vezes relevantes de comunicação não verbal – mímica, gesticulação, respiração etc. São elementos apreendidos sensorialmente que ajudam a compor um quadro além da sensorialidade.

É a tentativa de minorar a perda de acuidade de elementos não verbais essenciais na comunicação interpessoal, e analítica, quando nos valemos de modalidades tecnológicas, que limita as informações via corpo. Quem sabe por vicariância, a atenção à prosódia e às palavras, propriamente, se acentua.

A câmera/visor deve localizar-se lateralmente e distante o suficiente para uma tomada de imagem ao lado da cabeça – de modo que, se o analisando quiser, somente um leve meneio de cabeça lhe permita ver o analista. Em minha sala, coloco a câmera de modo a sempre permitir o acesso do analisando à minha imagem, caso seja sua vontade. Parece-me muito melhor, e mais vivo, do que a câmera colocada atrás da cabeça do analisando, que estimula fantasias de "proibição do olhar", tal qual na lenda de Orfeu e Eurídice, na lenda japonesa "Proibição de não olhar", de Izanaki e Izanami (Kitayama, 2010) e na lenda da rani de Chittor (Herrmann, 1992/2001). Na primeira, pela transgressão da proibição (não olhar), Orfeu perde Eurídice para sempre; na segunda, a mulher, Izanami, furiosa com a mesma transgressão, passa a perseguir e punir o homem, Izanaki; já a rani de Chittor só podia ser observada obliquamente.

Bayles (2012) discute ser ou não essencial a presença física para o processo psicanalítico. Argumenta que, ainda que haja o contato visual no Skype, nós usamos o corpo inteiro para "ver" a pessoa com quem nós dialogamos, e, como a ação terapêutica é fundamentada em comunicação implícita, explícita, procedural e não verbal, a qualidade da comunicação não verbal estará "amortecida" na transmissão pela *web*.

De fato, a riqueza dos complexos componentes presenciais se esmaece um pouco via Skype, ou seja, as condições do *setting* não são as ideais, mas é preciso lembrar que as condições nunca são ideais – sempre há obstáculos a serem vencidos para levarmos adiante o percurso analítico.

E, frequentemente, situações humanas comuns, que fazem parte da vida mas que não estão previstas no *setting*, podem ser aproveitadas para crescimento da dupla e fortalecimento da relação. De eventuais "erros" podem surgir elementos propiciadores de crescimento e fortalecimento do vínculo. Ou seja, "com uma má isca pode-se pegar uma boa truta".

A situação mais inusitada de que tive notícia, como perturbação do *setting*, foi relatada anos atrás por um colega com consultório numa casa ao lado de um restaurante, onde havia um minizoológico. De repente, o colega vê sua sala ser concretamente invadida por um pequeno macaco, um sagui, que entrou pela janela após fugir de sua jaula no zoo.

Voltando ao Skype. É certo que perdemos alguns elementos por vezes preciosos, sensações, impressões, cogitação sobre como o paciente chega à sala, seu caminhar e ruídos, o cumprimento de mão, às vezes mesmo um olhar revelador, uma impressão sem se saber por quê. Todo um mundo se descortina em nossas fantasias dessas impressões iniciais.

Com o Skype, a presentificação se dá, usualmente, já com a pessoa no lugar em que estará durante a sessão. Um clique automático anuncia sua presença, que já havia na sala em que se dará a sessão, antes de nós. Os elementos que teremos serão ligados a: como está a pessoa quando liga o Skype, sua expressão facial, como lida com eventuais falhas na ligação ou perda de sinal etc. Reduz-se o caudal interativo não verbal. Sombra e luz eletrônica delimitam o *sine qua non* da existência do processo.

Sobre a análise por telefone, Habib (2003) propõe que se desliga da interação humana total, da relação mente-corpo entre seres vivos, em que se baseia a análise e que constitui sua razão de ser, o que equivale a aceitar a primazia da tecnologia moderna, que a todo custo tende a substituir o ser humano. Para ela, dá-se uma dissociação entre o nível verbal e o não verbal que sacrifica a parte boa da comunicação inconsciente. Ela acha que o processo fica mais distante em autenticidade, neutralidade, imparcialidade, em relação à psicanálise tradicional.

A autora não deixa claro qual sua experiência a respeito. Plausíveis que sejam as questões para a análise telefônica, há que se diferenciar a análise por Skype, em que uma interface transpassa as imagens de cada um. Como na análise tradicional, a relação não é só com uma voz, mas com o analista, para o qual o analisando pode dirigir o olhar, no início, no fim ou a qualquer momento da sessão, quando for o caso. Não sei se Habib seria tão enfática ao considerar a Skype análise.

No Skype, elementos não interpretativos observáveis se mantêm, como o *setting*, o espaço, talvez uma benevolente neutralidade, tolerância, relevantes à sobrevivência e evolução da dupla. E há o desafio de sobrepujar em conjunto as mazelas da distância física, num movimento que testa e eventualmente incita a resiliência da dupla.

A bibliografia que trago é mais sobre análise por telefone do que por Skype. A literatura sobre esta última é tão exígua que mal pode ser citada. A base de dados do Psychoanalytic Electronic Publishing (PEP), por exemplo, menciona quatro trabalhos: um em alemão, idioma em que não consigo ler; um de 2012, sobre Skype e privacidade; um terceiro que comenta o segundo; e o de Bayles (2012), já citado.

Em minha experiência, nos momentos mais próximos e mais intensos das sessões, a última coisa em que pensamos são os meios. Em situações de silêncio, o inanimado pode se interpor ou não. Talvez o meio provoque uma postura mais ativa do analista. Costumo deixar menos silêncios na análise por Skype. Não vejo como problema, desde que tenha consciência daquilo que estou fazendo. Há analisandos presenciais com quem o analista pode ser mais ativo ou silencioso. Não há regra – cada interação é única.

Skype análise é análise?

Certamente, associações livres de ideias, atenção flutuante e, concordando com Poland (2013), também força da curiosidade do analista domesticada em desejo de utilizá-la a favor do paciente se fazem presentes. Esses são os pilares, a meu ver, de nosso fazer psicanalítico. Diante de tantas variáveis, trata-se de se ater ao fundamental.

O saber psicanalítico transcende a capacidade continente de uma mente individual, pondera Poland (2013), o que torna compreensíveis, para ele, as disputas paroquialistas e as brigas dogmáticas com as quais nos deparamos. A consequência é que muitas disputas, diz ele, se vinculam a manifestações mais exteriores do trabalho analítico, como se a mecânica de nosso instrumento fosse mais nevrálgica do que as metas subjacentes para as quais aquela mecânica existe.

> *Frequência das sessões, uso do divã, uso do telefone ou outros novos meios de comunicação, manejo da autoexposição do analista, abstinência e neutralidade relativas – todas estas e muitas mais tornam-se áreas de contenda nas quais os princípios subjacentes se obscurecem facilmente por batalhas sobre regras. (Poland, 2013, pp. 835-836)*

Ele não sugere que questões de estrutura não tenham implicações profundas para o processo analítico, mas pensa que o trabalho analítico é determinado essencialmente pela natureza da relação entre os parceiros clínicos, em seus espaços psíquicos e pelas metas da colaboração entre eles.

Concordando, penso que, sob essa ótica, a discussão daquilo que vem a ser psicanalítico passa pela dupla, por cada dupla parceira na investigação do mundo interno de um dos componentes. Ela diz respeito à receptividade ao outro, à atitude lúdica das associações livres e da atenção flutuante, fundamentais para a escuta analítica, pilares do encontro analítico. A questão é: são possíveis esses elementos na Skype análise? Pela minha experiência, a resposta é: sim, é possível a ocorrência desses elementos na Skype análise.

Segue a indagação: a não presença física impossibilita a relação nos moldes descritos anteriormente? A resposta é: não. O grau menor pode embaraçar o componente não verbal da relação, o indefinível que se apresenta pela corporeidade, mas sem impedir o desenvolvimento de uma relação verdadeira e intensa entre os componentes.

Assim, é claro que a Skype análise apresenta algumas particularidades em relação à análise usual. Mas há condição, a meu ver, para a preservação de elementos psicanalíticos fundamentais em sua prática.

Desde que me interessei pelo assunto, tenho ouvido colegas sobre suas experiências com Skype, nas condições descritas no início – deslocamento de alguém já em análise, questões de distância pontual, crises, início de atendimento já por Skype. Em um futuro próximo, acho que inevitavelmente fará parte da prática de mais colegas analistas.[8]

À pergunta: "Skype análise é análise?", minha resposta é: "Sim, é Skype análise".

Referências

ABP – Associação Brasileira de Psicanálise [hoje Febrapsi] (1998). Executive Council da IPA aprova projeto brasileiro de análise concentrada. *ABP Notícias, 1*(2), 1.

ABP – Associação Brasileira de Psicanálise [hoje Febrapsi] (1999). Clínica psicanalítica no Brasil. *ABP Notícias, 2*(1), pp. 1 e 5.

---

8 A presença holográfica do analista no espaço em que se encontra o paciente será outra variável a ser considerada.

Argentieri, S., & Amati-Mahler, J. (2003). Análisis por teléfono: Hola, ¿quién habla? *Boletín IPA*, 18-20.

Arrigucci Jr., D. (1998). Teoria da narrativa: posições do narrador. *Jornal de Psicanálise, 31*(57), 9-43.

Bayles, M. (2012). Is physical proximity essential to psychoanalytic process? An exploration through the lens of Skype. *Psychoanalytic Dialogues, 22,* 569-585.

Bleger, J. (1967). Psychoanalysis of the psychoanalytic frame. *The International Journal of Psychoanalysis, 48,* 511-519.

Bleger, J. (1999). Psicoanálisis del encuadre psicoanalítico. *Revista de Psicoanálisis de la Asociación Psicoanalítica de Madrid, 31,* 21-36.

Bollas, C. (1998). Origins of the therapeutic alliance. *Scandinavian Psychoanalytic Review, 21,* 24-36.

Brainski, S. (2003). ¿Adaptarse a la tecnología o idealizarla? *Boletín IPA*, 22-24.

De la Sierra, L. R. (2003). Análisis por teléfono. *Boletín IPA*, 20-21.

Freud, S. (1966). On beginning the treatment. In S. Freud, *The standard edition of the complete psychological works of Sigmund Freud* (Vol. 12, pp. 121-144). London: Hogarth Press. (Trabalho original publicado em 1913)

Habib, L. E. Y. (2003). ¿La presencia física es un *sine qua non* del análisis? *Boletín IPA*, 25- 27.

Hanly, C. (2007). *Case material from a telephone analysis.* Trabalho apresentado no Spring Meeting, American Psychoanalytic Association, Seattle.

Herrmann, F. (2001). A rani de Chittor. In F. Herrmann, *O divã a passeio* (pp. 77-112). São Paulo: Casa do Psicólogo. (Trabalho original publicado em 1992)

Jacobs, T. (2000). On beginnings: the concept of therapeutic alliance and the interplay of transferences in opening phase. In S. T. Levy (Ed.), *The therapeutic alliance* (pp. 17-34). Madison: International Universities Press.

Kitayama, O. (2010). *Prohibition of don't look.* Tokyo: Iwasaki Gakujutsu Shuppansha.

Leffert, M. (2003). Analysis and psychotherapy by telephone: twenty years of clinical experience. *Journal of the American Psychoanalytical Association, 51*, 101-130.

Lemma, A., & Caparotta, L. (2014). Introduction. In A. Lemma & L. Caparotta (Eds.), *Psychoanalysis in the technoculture era* (pp. 1-22). London/New York: Routledge.

Lindon, J. A. (1988). Psychoanalysis by telephone. *Bulletin of the Menninger Clinic, 52*(6), 521-528.

Lutenberg, J. (2010). *Tratamiento psicoanalítico telefónico.* Lima: Siklos.

Montagna, P. (1991). Interação psicanalítica com paciente terminal. *Ide, 21*, 58-63.

Montagna, P. (2001). Subjetivação contemporânea na metrópole. In E. Tassari (Ed.), *Panoramas interdisciplinares para uma psicologia ambiental do urbano* (pp. 71-86). São Paulo: Educ.

Pally, R. (1998). Emotional processing: the mind body connection. *The International Journal of Psychoanalysis, 79*, 349-362.

Poland, W. (2013). The analyst's approach and the patient's psychic growth. *The Psychoanalytic Quarterly, 82*(4), 829-847.

Renik, O. (1993). Analytic interaction: Conceptualizing technique in light of the analyst's irreducible subjectivity. *Psychoanal. Q.*, *62*(4), 553-571.

Sachs, D. (2003). Análisis telefónico, ¿a veces la mejor opción? *Boletín IPA*, 28-29.

Saul, L. (1951). A note on the telephone as a technical aid. *Psychoanalytic Quarterly*, *20*, 287-290.

Virilio, P. (1993). *O espaço crítico* (P. R. Pires, Trad.). São Paulo: Editora 34. (Trabalho original publicado em 1984)

Wallon, H. (1973). *Les origines du caractère chez l'enfant: les préludes du sentiment de personnalité*. Paris: PUF. (Trabalho original publicado em 1934)

Winnicott, D. W. (1984). *Consultas terapêuticas em psiquiatria infantil* (J. M. X. Cunha, Trad.). Rio de Janeiro: Imago. (Trabalho original publicado em 1971)

Zalusky, S. (1998). Telephone analysis: out of sight but not out of mind. *Journal of the American Psychoanalytical Association*, *46*, 1221-1242.

Interação psicanalítica com paciente terminal[1]

I

A literatura psicanalítica sobre o cuidado de pessoas próximas à morte é relativamente escassa ainda hoje. Essa escassez pode estar relacionada, dentre outros fatores, à "contínua relutância do ser humano em lidar com o morrer", conforme argumentava Norton (1963) anos atrás. Razões para essa relutância são encontradas em diversos pontos da obra de Freud, podendo ser citados aqui, como exemplo, "Pensamentos para os tempos de guerra e morte" (1915/1975a) e "Sobre a transitoriedade" (1916/1975b).

O objetivo desta comunicação é relatar a experiência de assistência psicanalítica de uma pessoa durante os últimos quatro meses de existência, e levantar uma discussão sobre questões que uma experiência desse tipo pode suscitar em nós, sejam repercussões relacionadas à vivência, em sua vertente emocional, sejam

---

1 Uma versão anterior deste capítulo foi publicada em 1991 na revista *Ide, 21*, 58-63.

186 INTERAÇÃO PSICANALÍTICA COM PACIENTE TERMINAL

repercussões ligadas ao nosso fazer, nossa práxis em condição tão particular como esta.

Pretende também esta contribuição representar uma homenagem à pessoa sobre a qual escrevo, a paciente que acompanhei também no final de seu percurso de vida. Tenho plena convicção de que ela concordaria com a publicação do material clínico aqui incluído, embora não tenhamos tido, efetivamente, uma conversa a respeito dessa questão, que, a rigor, nem cabia no contexto de nossa interação.

II

A pessoa, que aqui chamarei Joana, procurou-me pela primeira vez anos atrás, em 1979, no derradeiro ano da quinta década de sua existência. Sua condição era a de uma depressão severa. Apática, sem energia, desesperançada quanto ao futuro, desinteressada de suas atividades do dia a dia, desencantada com a vida, de modo geral. Como freira, vivia numa residência com outras irmãs da congregação; sua usual empatia e companheirismo estavam dando lugar a isolamento e retiro.

Sua vida eclesiática a havia levado à Amazônia, da qual era recém-retornada na época em que chegou até mim. Lá, trabalhara nas funções de missionária, dentro do catolicismo, por quatro anos. Nos primeiros anos, a vida seguia razoavelmente pacata, mas isso se transformou no último, quando lá chegou um colega missionário, padre católico, de quem se enamorou. O amor transcorreu de maneira "platônica", conforme seu modo de enunciá-lo, e, quando o homem tentou levar a relação para além, ela recuou sem dar margem a nenhuma ambiguidade. Foi rejeitada por ele e sentiu-se "descartada".

Esta foi a história que me contou, relatando que se sentia deprimida não por qualquer problema de consciência, mas sim por ter se sentido descartada.

Nesse caso, com a intensidade de seu quadro depressivo, estava em pauta para mim cogitar da propriedade, ou não, de conjugar ao atendimento a administração de medicação, de auxílio psicofarmacológico. Decidi não a medicar psiquiatricamente e fizemos um arranjo de nos vermos duas vezes por semana. Foi o arranjo possível.

Um aspecto interessante de nosso trabalho àquele tempo era a reação que ela costumava ter às minhas interpretações que sentisse tocá-la de modo mais sensível. Costumava rir bastante, um riso evidentemente angustiado, aflita que ficava, quando algum aspecto surpreendente, desconhecido a si mesma lhe era revelado. Eu procurava fazer interpretações transferenciais e extratransferenciais, conforme a configuração dos contextos que se explicitavam. Penso que ela foi obtendo um progressivo *insight* acerca de, por exemplo, sua violência interna, voltada com maior frequência contra si mesma. Lutos colecionados ao longo da existência foram revisitados, com ganho de nova vitalidade. Aspectos edípicos foram se explicitando, inclusive no âmbito de suas fantasias acerca da escolha de sua carreira monástica. O casamento com Deus – pai –, a não entrega a outros homens, honrando sua fidelidade ao pai, foi um elemento de particular relevância quando o tema surgiu.

Aos poucos foi recuperando o prazer de viver, seu ânimo, energias e determinação. Voltou a trabalhar, agora como professora e catequista na cidade de São Paulo, onde vivera a maior parte de sua vida. Isso ocorreu, dentre outros fatores, com a possibilidade de trabalho relacionado a seus lutos e à medida que aspectos destrutivos de sua personalidade puderam ser reintrojetados e núcleos superegoicos mitigados, abrandados. Uma marcante

188 INTERAÇÃO PSICANALÍTICA COM PACIENTE TERMINAL

elevação da autoestima produziu-se, com a mitigação da severidade superegoica.

Ela dizia que sua terapia era o lugar onde podia conversar com liberdade conversas de verdade, sem restrições. Dizia que apreciava muito ouvir verdades sobre ela e as verdades que ouvia. Ela de fato sentia nossa interação como extremamente significativa e nossos encontros como plenos de comunicações verdadeiras.

Nunca perdeu uma sessão sequer (a não ser por ocasião de uma cirurga renal), mesmo numa época em que vivia a considerável distância de meu consultório, com dificuldades nos meios de transporte que utilizava e com o trânsito que enfrentava para chegar até mim. Sentia nossa interação como referência vital para si mesma. Citando Samuel Johnson, Bion (1973) observa: "Não sei se a vida tal como ela é nos traz muito consolo; mas o consolo que advém da verdade, se é que existe algum, é sólido e duradouro..."

Em 1984, após quatro anos e meio de trabalho, ela resolveu viver sua vida sem a terapia, na medida em que, disse, sentia-se contente com suas atividades, suas relações e sua vida de modo geral. Sua saída foi de comum acordo, ainda que minha apreciação fosse que haveria ainda um longo caminho a percorrermos juntos, no que dizia respeito ao trabalho com seu mundo interno.

Joana veio me ver novamente aproximadamente quatro anos depois, em 1988. Já a havia acometido um carcinoma uterino, com disseminação metastática, ainda que isso não estivesse explicitado em sua consciência, ou seja, não tinha consciência de seu estado. Mecanismos de negação estavam em pleno funcionamento. Estava fisicamente fraca, anêmica. Teve que se submeter a tratamento quimioterápico, apresentando alguma melhora, por um tempo. Mas seu câncer evoluía. Trabalhamos, desde então, por cinco meses. Não pretendo discutir aqui esse período, embora deva mencionar ter sido intenso. Ela abandonou as sessões dizendo ter dificuldade para ir ao consultório, não ter ninguém que pudesse levá-la, e que queria lidar sozinha com suas coisas. O que desejo discutir é o que sucedeu posteriormente.

III

Em fevereiro de 1990, recebi um telefonema da irmã diretora da casa de repouso da congregação a que Joana pertencia. Relatou--me que minha paciente havia sido informada, "por acaso" ou "por descuido", de que tinha um câncer em estado avançado (que ela continuava negando até então), que lhe restava pouco tempo de vida e que após isso ficou desesperada e pediu imediatamente para me ver. A irmã combinou comigo que agora a própria congregação iria se responsabilizar pelo pagamento de meus honorários.

Onze anos haviam se passado desde nosso primeiro encontro. Ela tinha agora 60 anos. Eu logo me indagava qual seria a melhor maneira de atendê-la e ajudá-la, nas circunstâncias atuais. Questionava se seria apropriada uma estratégia basicamente psicanalítica ou se outros recursos seriam necessários. Não havia atendido, até então, nenhum paciente em tais condições e me perguntava se uma postura e um *setting* analítico seriam exequíveis.

Qual seria a necessidade da paciente? A questão da verdade seria sua demandda? Ou a paciente necessitaria de algo diverso, como basicamente sugestão e apoio? Resolvi buscar a resposta na própria experiência a ser vivida.

As respostas revelaram-se por si próprias à medida que comecei a vê-la três vezes por semana. Devo dizer que um ponto ligado às questões explicitadas há pouco me chamou a atenção – o fato de que aquela pessoa religiosa buscara um psicanalista para vê-la

190 INTERAÇÃO PSICANALÍTICA COM PACIENTE TERMINAL

e atendê-la, nas circunstâncias em que se encontrava, em vez de um padre.

Algo que aprendi de fato, emocionalmente, é que a psicanálise é algo que nós somente podemos descobrir e aprender na própria experiência (propriamente dita), ao exercitá-la, além de nossa análise pessoal, na prática de ser ou tentar ser psicanalista, em contato com o desconhecido dentro do paciente e dentro de nós. É somente daí que podemos formular nossos conceitos a respeito dela.

Enfatizo essa questão, aparentemente óbvia, porque penso que nossa incorporação pessoal, de cada um, da psicanálise, tem influência de e ao mesmo tempo contribui para a modulação de nossa *Weltanschauung* e que nosso vir a ser psicanalista se renova a cada vez que temos contato com um paciente. Menciono esses aspectos porque percebi que o que Joana queria então era realmente psicanálise.

IV

Encontro Joana sentada numa cadeira ao lado da cama, em seu quarto de dormir. Pálida, quase mesmo sem cor, olhar parado, sorri ao me ver. Sento a seu lado, noutra cadeira, ela me olha e diz: "Pois é, dr. Plinio, estou aqui de novo". A frase me soa como uma conversa de velhos amigos que há muito tempo não se veem e agora se reencontram. Minhas associações caminham e se detêm na expressão "de novo". A sensação que me percorria, de "*déjà vu*", dá lugar a um sentimento de que algo diverso surgia. Ocorre-me estar diante de uma pessoa que nunca havia encontrado anteriormente. A própria expressão "de novo" traz uma ambiguidade, podia ser vista nesse duplo sentido, de "como antes, novamente", e de algo novo. Por seu turno, Joana começa a chorar copiosamente, e isso era certamente novo, nunca havia ocorrido. "Não sei por onde começar", revela, tendo, no entanto, já começado.

Mantive-me em silêncio enquanto ela me contava de sua cirurgia inicial, de suas consultas médicas recentes. Após o relato fundamentalmente factual, dentro da ótica que tomou para narrar seu percurso, disse que tinha medo de morrer e que tinha sentimentos terríveis, de coisas ruins que não podia identificar. Eu somente apontei que parecia precisar de mim para identificar esses sentimentos, que queria aí expelir as coisas ruins que percebia dentro de si.

Noutro dia me disse: "Tive um dia terrível, dr. Plinio, foram dores e mais dores. Eu chorei, berrei, gritei, até pensei se iria ser possível conversar com o senhor". Prosseguiu: "Queria que o senhor viesse porque o senhor me ajudou muito a última vez". Parecia em sua fragilidade uma criança sofrendo e com muita raiva, que necessitava da proteção de uma mãe ou de outra figura protetora, hesitando sobre se seria possível essa proteção. Eu nada disse. Ela prosseguiu dizendo que era terrível ter câncer intestinal (havia se disseminado), e que ela sempre sofrera do intestino e que isso a fazia lembrar de uma ocasião de sua infância, quando sua mãe a havia trazido para São Paulo, da cidade do interior onde moravam, para se tratar de problemas intestinais. Mostrou saudades da mãe e disse: "Só quero morrer em paz, só peço a Deus para me chamar em paz".

Num estado de desamparo imenso, frágil como uma criança, mostrava-se esperançosa, mas incerta se eu poderia ajudá-la como a mãe, na ocasião que mencionou, indefinida quanto a tentar reunir suas forças em busca do viver ou entregar os pontos em direção à morte, talvez ali idealizada. Disse a ela também que parecia que os dias que se passaram sem as nossas sessões tinham sido dolorosos e a deixaram muito brava comigo, que talvez se assustasse com isso.

Ela disse que seu médico tinha receitado um remédio no dia anterior, que a ajudou com as dores; falou da colostomia, que cheirava mal e que ela ficava evacuando sujeira o dia inteiro, que havia pessoas que conseguiam regular a evacuação da colostomia, mas ela não.

Parecia que sua sensação era de descontrole, parecia haver o medo de "perder-se de si mesma", perder os limites, talvez até de sua própria mente, quando só ou sem continente para seu sofrimento.

V

Referências à colostomia eram frequentes, bem como a dores físicas. Por aquele tempo ela esperava as sessões ansiosamente, queria sempre me ver e se tranquilizava com minha presença. Queria muito que chegasse a hora das sessões. Eu me tornei, a seus olhos, um continente para seu sofrimento. O trabalho, eu descreveria como muito persecutório para mim. Passei a me deparar com notáveis reações que pude compreender como contratransferenciais em mim. Havia retornado de feriados de um lugar onde havia sido picado por um inseto e a ferida se inflamou. Comecei a me sentir muito temeroso de que estivesse sofrendo de uma doença maligna, na medida em que a inflamação não remitia.

Quando percebi que parte de minha reação podia ter ligação com o trabalho que fazia com uma persecutoriedade inerente, desencadeada pelo trabalho com Joana, pude de algum modo lidar com o terror. Parecia tratar-se de um fenômeno de identificação projetiva de terror, talvez um "terror sem nome", e entrar em contato com a questão ajudou-me no manejo de aspectos terroríficos dela, o que a auxiliou bastante naquele ponto de sua vida. Durante uma sessão ela disse explicitamente sobre o medo de se perder em desamparo, e pôde verbalizar que o que a fizera me chamar para atendê-la, em princípio, fora a convicção de que eu iria poder ajudá-la a manter o equilíbrio psíquico.

VI

Meu trabalho com ela centrava-se em alguns aspectos: a) na possibilidade de compreender as comunicações no contexto de seu mundo emocional, das referências a seu estado físico e suas dores; b) na possibilidade de "conter" seu desespero; c) a consequência disso, que frequentemente vinha a ser o incremento de sua esperança.

As sessões possuíam uma espécie de padrão, de modelo padrão, involuntariamente, nos seus percursos. Ela iniciava falando de seu desespero, associava com coisas podres, sujas, com intoxicação e ausência. À medida que a sessão se desenvolvia e minhas intervenções de algum modo tocavam-na, ela usualmente se sentia melhor e mais esperançosa. Não era infrequente que começasse uma sessão deitada no leito, gemendo, queixando-se de dores abdominais intensas e terminasse a sessão sentada numa cadeira, às vezes sorrindo, dizendo que suas dores haviam melhorado ou desaparecido. Eu atribuo isso, além de ao aspecto continência, à possibilidade de discriminar diferentes estados emocionais coexistentes e de certo modo misturados entre si. Em vez de crescer para a indiferenciação qual uma célula carcinomatosa, nossa conversa a estimulava, do ponto de vista mental, a crescer emocionalmente na direção da diferenciação. A observação desses elementos me fazia pensar que a psicanálise estava sendo bastante útil para ela, ajudando-a a viver, viver melhor, o último período de sua existência. Se isso também significava preparação para morrer, então eu também a estava preparando para morrer.

VII

Depois que meus sentimentos persecutórios se amainaram, tornei-me objeto de outros que passo a descrever.

Durante o último mês de nosso trabalho, Joana passou, direta ou indiretamente, a depreciá-lo. Algumas vezes me dizia que não tinha nada a dizer, nada para conversar, ou que não queria conversar, ou não se importava se teria uma sessão ou não. Isso não era colocado num tom de comunicação neutra, mas num outro tom e com uma atitude que me levantava sentimentos de "ser descartado", colocado de lado e evidentemente impotente diante da situação.

Esse sentimento mudou quando entrei numa área sensível e relacionada com sua atitude, que era a dor por se sentir abandonada pela vida e se sentir impotente diante disso. Ela respondeu vivamente a essa intervenção, prontamente, e uma nova etapa se instalou. Principiou a trazer algumas associações de ideias relacionadas a suas fantasias de perpetuação. Recordava fatos de sua vida passada, seus feitos, realizações, sucessos. Às vezes dava-me a impressão de que me tornava um depositário de suas memórias, com as lembranças das atividades de ensino, catequese, dúvidas e fé. Colocando a questão em outra perspectiva, ao me sentir como um continente possível para a angústia, seus sentimentos de desamparo e desesperança, ao me ver capaz de "viver" seu vazio, sua solidão, ela passou a se ocupar de novo com a vida. Passou a fazer planos para o futuro, deixando de lado a ideia da morte.

VIII

Notei ao longo do trabalho que, se o havia iniciado num contexto e local diferentes de meu dia a dia, com o decorrer do tempo passei a ter uma atitude aproximada àquela que costumava guardar em meu consultório, com atenção na preservação de um *setting* apropriado. Passei a conversar pouco ou não conversar com as pessoas que encontrava na casa de repouso onde se davam as sessões, ou apenas meneava a cabeça e procurava dirigir a elas um cumprimento, ainda que sem formalidades, mais cauteloso. Comecei a me centrar também mais no "aqui e agora".

Observava mudanças em Joana e em mim mesmo, que me colocavam diante da atitude que seria mais apropriada em relação a ela. Um ponto útil foi ela perceber que eu suportei ter sido colocado na posição de uma colostomia descartável, como havia ocorrido temporariamente.

IX

Aspectos de maior integração mental, consistentes com a existência de elementos ligados à posição depressiva, vieram à tona. Numa determinada sessão ela disse: "Sinto muito ter difamado o padre X. Ele me mandou uma carta que mostra que ele está em sintonia com meu sofrimento. Na verdade eu sempre gostei dele, só que andei falando muito mal dele a várias pessoas. Eu achava que ele queria impor as ideias religiosas a todo mundo, agora eu vejo que era apenas uma questão ideológica, que as pessoas não estavam preparadas para ouvir e discutir. Não sei como não percebi isso antes".

Nosso contato então estava bastante próximo, eu a sentia emocionalmente bastante próxima. Configurando-se uma maior sintonia dela consigo mesma, apresentava um movimento reparatório, estava em condição de ouvir e perceber-se, sem achar que eu estava buscando qualquer imposição de meus pontos de vista.

X

Joana sonhou com uma festa na casa de seu irmão. Toda a família estava lá, participando. Havia uma mulher que não podia andar devido à infecção viral na perna; ela, Joana, queria ir ao banheiro mas não conseguia. Numa outra cena havia um relógio de parede de onde pendia uma corda; um rato caminhava por ela, descia e depois subia, e desapareceu dentro do relógio.

Não trouxe nenhuma associação ou qualquer referência ligada ao sonho.

Compreendo a comunicação como relacionada ao seu desejo de participar da festa da vida, em companhia de pessoas queridas, à dificuldade de fazê-lo, no momento, e à questão do tempo que poderia ter pela frente.

XI

Depois dessa ocasião, por agravamento de seu quadro clínico, foi internada num hospital, e fiquei sem notícias por uma semana. Na incerteza da situação, eu me indagava e formulava hipóteses, embora algumas vezes afastamentos sem notícias possam ocorrer no trabalho com certos pacientes, particularmente aqueles com características mais psicóticas, nos quais costuma se instaurar um halo de efetivo distanciamento. No caso de Joana a sensação era outra. Era ainda de uma proximidade inegável. Ou seja, diferentemente daquilo que às vezes acontece com os sentimentos despertados pelos distanciamentos de alguns pacientes com características psicóticas, eu me sentia muito próximo a ela. Isso coincide com a observação de Hägglund (1981) de que os pacientes terminais eliciam uma proximidade emocional intensa.

Mas, ao mesmo tempo, havia sido criada uma atmosfera de inacessibilidade, quase inexistência, o que poderia caracterizar uma tentativa dela de descatexização de seus objetos externos. Este último padrão se intensificou no derradeiro mês, era então como se o fim estivesse próximo, e de fato estava.

Uma outra conjectura era a possibilidade de que ela quisesse me testar, se eu iria procurá-la ou não. Telefonei, a irmã que atendeu a chamada afirmou que ela estava querendo muito me ver.

Fui vê-la no hospital. Ao chegar, fui conduzido ao quarto, no qual havia dois leitos. O outro estava ocupado por uma senhora que recebia infusão venosa. Joana me recebeu, olhou para sua companheira de quarto e disse: "Aqui estamos, nós duas". De certo modo dava a indicação de não estar sozinha: "a solidão havia permanecido comigo". Mas ao mesmo tempo ela me dava a impressão de desamparo. A presença das duas me trouxe uma associação de outros *settings*, parte de minha experiência. Um deles, o de psicoterapia de grupo; o outro, de análise de criança, no caso uma sessão com a presença da mãe. Ao mesmo tempo, não pude deixar de registrar uma certa expressão de generosidade dela, Joana me contou que tinha muita dor, demonstrava isso a cada momento, contorcendo seu corpo, expressando-a facialmente e por alguns gemidos de sofrimento. Tinha um aspecto mortiço, cadavérico. Disse que agora tinha uma obstrução nos "canais renais" e que tinha se submetido a uma série de intervenções dolorosas. Eu mostrei empatia com seu sofrimento, disse que tudo isso era muito doloroso e causava muito sofrimento, e que talvez ela tivesse até medo de haver mais sofrimento. Como seu olhar tornou-se um pouco mais vivo, disse a ela que o ideal seria que pudéssemos conversar a sós, indaguei se seria possível conversarmos em outro lugar da enfermaria. Ela concordou, conseguiu levantar-se lentamente, dirigimo-nos a uma sala que nos foi oferecida, ela, sentada, me disse: "A dor está muito forte, talvez eu tenha que passar por uma nova cirurgia, o rim está obstruído, a creatinina está alterada, mas é isso".

Digo que uma das coisas que poderíamos fazer, pela nossa conversa, e que me parecia que ela também estava precisando, seria tentar desobstruir seus sentimentos e particularmente suas ideias a respeito daquilo que se passava com ela. Ela responde: "É um aperto grande, dói". Eu comento: "É, a senhora passa por muitas restrições, não é? As possibilidades estão estreitadas. A senhora se sente num grande aperto, não é? Um enorme aperto". Ela parece se surpreender com meu comentário, esboça um leve sorriso, sua expressão denota algum alívio, olha para mim meio perplexa; a perplexidade parece se transformar em ternura. Ajeita-se na cadeira, parece ainda um pouco cheia de vida, diz: "A dor passou".

Silencia. E depois: "Gosto muito quando o dr. X vem, ontem o remédio que ele receitou me ajudou. Agora as visitas estão liberadas". Com a comunicação mais livre, ela faz uma reflexão, de que não era preciso se preocupar, porque no passado já havia conseguido superar situações muito difíceis. Pelo seu modo de dizer eu sugiro que ela tem esperança, mas ao mesmo tempo está cheia de dúvidas. Ela concorda e me responde: "É bom que o senhor diga isto. As irmãs me dizem para deixar as coisas nas mãos de Deus, mas eu acho que Ele deve ficar fora disso. Eu quero saber e conversar sobre a verdade".

XII

Vinte dias antes de sua morte as dores eram insuportáveis, quase não havia mais continente para isso. "Eu não consigo encontrar uma posição", dizia.

Ela mencionava que não queria mais sofrer, que queria morrer, que não tinha mais o que fazer na vida. Vencendo muita hesitação, decidi dizer que, se ela estava viva, o que tinha para fazer da vida era viver. "Viver para quê?", me respondeu. Ousei dizer que ela podia falar, pensar. Ela "pegou" minha comunição e disse que aquele era o dia em que seu pai faria 100 anos se estivesse vivo, e que seus irmãos haviam programado uma missa em seu quarto no hospital para a celebração.

Após silenciar, disse que a morte era uma experiência solitária, muito solitária, que ninguém podia compartilhar, nem mesmo as pessoas mais queridas, inclusive eu.

XIII

No último de nossos encontros ela estava fortemente sedada por opiáceos. Parecia presa à vida por um tênue fio. Permaneci diante de seu leito, num dado momento seu nível de consciência foi se superficializando, mantendo-se tênue, e, brevemente desperta, olhou-me com um olhar profundo, silenciosa. Foi uma jornada pelo indizível. Ela voltou sua cabeça e dormiu novamente.

Semidesperta novamente, parecia ter ainda, mesmo que muito debilmente, uma estreita franja de contato com o ambiente e comigo. Eu disse: "A senhora se sente num calvário, não é?". Ela meneou brevemente a cabeça num sinal de assentimento. Adormeceu e assim permaneceu até o final do horário.

Alguns dias depois, seu irmão veio a meu consultório para saldar o resto de meus honorários. Contou-me que tinha sido um pedido de Joana, expresso ainda quando estava em condições.

Comentários

Não pretendo discutir aqui as inúmeras questões teóricas que a situação descrita pode despertar e efetivamente desperta. Minha intenção é a de expor as principais convicções que a experiência me legou, propondo-as para discussão.

Não está no âmbito da psicanálise ordenar como uma pessoa deve viver ou morrer. A tarefa é clarificar o que se passa no mundo mental dela, oferecendo uma função de continência de valor inequívoco para que ela possa mitigar os sofrimentos. Com um paciente terminal, ainda que seja tentador escaparmos para outras colocações, é possível e desejável que permaneçamos em nossa função.

Psicanálise é um instrumento com possibilidades de grande relevância na assistência de um paciente próximo à morte. A tarefa é acompanhá-lo na busca de sua verdade, num contexto, conforme apontado há pouco, de oferecimento de continência.

Ao lidarmos com paciente terminal, lidamos com questões essenciais da existência humana de um modo muito vívido, o que nos traz a necessidade de mantermos um estado de mente de abertura, permitindo que os sentimentos do paciente nos penetrem, com o cuidado de estarmos atentos para não sermos tragados por uma situação contratransferencial que pode ser invasiva para o paciente. Em vez disso, é relevante que utilizemos nossos sentimentos para a própria compreensão de estados de mente de nosso paciente.

O *setting* psicanalítico é fundamentalmente um *setting* interno. Isso significa que é possível mantermos uma relação psicanalítica fora do consultório, como num hospital ou numa instituição.

Existe possibilidade de mudanças psíquicas ainda que num momento próximo da morte.

Nossa função como psicanalistas é necessária onde existe a necessidade de alguém para pensar os pensamentos que ainda não foram pensados. Pode ser o caso da maioria das pessoas, vivendo e morrendo. Além disso, temos uma função na mitigação da dor mental.

Referências

Bion, W. R. (1973). A medicina como modelo. In W. R. Bion, *Atenção e interpretação*. Rio de Janeiro, Imago.

Freud, S. (1975a). Thoughts for the times of war and death. In S. Freud, *The standard edition of the complete psychological works of Sigmund Freud* (Vol. 14, pp. 273-302). London: Hogarth Press. (Trabalho original publicado em 1915)

Freud, S. (1975b). On Transience. In S. Freud, *The standard edition of the complete psychological works of Sigmund Freud* (Vol. 14, pp. 303-308). London: Hogarth Press. (Trabalho original publicado em 1916)

Hägglund, T. B. (1981). The final stage of the dying process. *International Journal of Psychoanalysis, 62*, 45-49.

Norton, J. (1963). Treatment of a dying patient. *Psychoanalytical Study of Child*, 541- 560.

Psicossoma na prática analítica[1]

I

Ocupo-me aqui de aspectos da relação mente-corpo na clínica psicanalítica. Utilizo material de uma paciente há três meses em atendimento comigo como ponto de partida para a discussão de desafios que a emergência de fenômenos, no decorrer de uma sessão ou de um processo analítico, suscita do ponto de vista da reflexão teórico-clínica e do fazer clínico propriamente dito. Procuro abordar formulações teórico-clínicas que nos abrem perspectivas nessa área.

Tecerei considerações da minha própria prática e de literatura pertinente.

Devo esclarecer que não trato de procurar nenhuma explicação causal para a ocorrência dos fenômenos que abordo. Não se fala, desse modo, em psicogênese de fenômenos somáticos. O que se apresenta são modos de apreensão psicanalítica da relação

---

1 Uma versão anterior deste capítulo foi publicada em 2003 em *Revista Brasileira de Psicanálise*, 37(2/3), 679-686.

mente-soma. Tal apreensão se relaciona a sentidos, significados, os quais só podem efetivamente ser pensados dentro dos contextos em que ocorrem, ou seja, privilegiamos pensá-los em termos contextuais.

O que confere um plano contextual específico a essa apreensão, o simbolismo que se coloca em pauta, é o campo transferencial. É dentro dele que podemos estudar psicanaliticamente a relação mente-corpo e suas manifestações dinâmicas no curso de uma análise. Não é que ele confira por si próprio significação às experiências de vida de uma pessoa, mas ele permite resgatar sentidos inusitados e criar outros inexistentes.

Em trabalho anterior (Montagna, 1994), o material clínico apresentado destacava o emprego, pelo paciente, de metáforas verbais que utilizavam sua situação corporal para expressar determinados estados de mente. Aqui, a proposta é me ocupar da relação entre corpo e símbolo, e da possibilidade de se chegar a "significar" as manifestações somáticas.

II

Na primeira sessão que tivemos após interrupção, por férias minhas, em seu terceiro mês de análise, a sra. Marisa me relatou como viveu esse período, as atividades que teve, contando que permaneceu em São Paulo principalmente para cuidar das providências necessárias para o casamento da filha, sendo que este foi o centro de suas atividades. Comentou ter se sentido bem consigo mesma durante esse período, sem nenhum sofrimento emocional que tivesse percebido.

Em seguida ela se lembrou que tinha apresentado episódio de intensa epistaxe (sangramento nasal), cujo desencadeamento não associou, de modo nenhum, a qualquer componente emocional. Disse que o sangramento a assustou, que até pensou em me procurar na ocasião, coisa que não fez por não saber onde me encontrar naquele momento. Sua descrição da condição hemorrágica foi feita com dramaticidade.

Quando me procurou para análise, vivia situação familiar delicada, com rupturas e perdas, mas o que efetivamente ocupava sua atenção, deixando-a "atordoada" era a perspectiva do casamento próximo de sua filha, evento desejado mas angustiante.

A paciente não pode ser caracterizada, de modo algum, como uma pessoa alexitímica, muito menos o seu pensamento poderia ser considerado operatório, elementos distintivos das assim chamadas manifestações psicossomáticas. Ao contrário, ela chama a atenção por uma acurada sensibilidade a fenômenos mentais e por se mostrar bem articulada quanto a seus sentimentos. Sua vida imaginativa é rica, sendo que muitas vezes não encontra linguagem verbal para expressá-la. Nessas situações não são raros os "*actings*", as atuações, de diversas formas. No decorrer do tempo em que estamos trabalhando juntos, tem ficado explicitado que manifestações somáticas diversas, com ou sem lesão de estruturas anatômicas, têm sido frequentes em sua vida.

III

Alexitimia e *pensamento operatório* interessam muito aos estudiosos das assim ditas manifestações psicossomáticas. São conceitos que surgiram de autores que procuraram encontrar modos de funcionamento mental característicos de pessoas que apresentam manifestações dessa natureza.

Marty e M'Uzan (1963/1994) observaram nesses pacientes o que denominaram *pensamento operatório*. Manifesta-se "uma quase total ausência de fantasia, ou outro material relacionado com sua vida interior e um relato repetitivo das circunstâncias e eventos do ambiente externo, incluindo as próprias ações da pessoa".

Nemiah e Sifneos (1970) propuseram o termo *alexitimia* como traço geral de pacientes psicossomáticos. Em pacientes com desordens psicossomáticas, observaram eles, "uma característica marcante . . . era sua dificuldade evidente para encontrar palavras apropriadas para escrever o que eles sentiam. Seu vocabulário é limitado . . . Eles dão a impressão de não entender o significado da palavra sentimento". Não conseguiam ler seus sentimentos, portanto. Além disso, parecia haver uma evidente ausência relacionada aos próprios impulsos ou afetos; em vez disso, o conteúdo do pensamento usualmente parecia refletir e ser determinado por aquilo que ocorria externamente, nas "proximidades".

Esses dois conceitos guardam estreita relação entre si.

É necessário que se esclareça que o termo psicossomático era e tem sido utilizado de modos diversos por diferentes autores. Alexander (1950), por exemplo, tentou caracterizar certas doenças orgânicas específicas que tivessem determinadas configurações psicodinâmicas *causais*. Essas eram as doenças psicossomáticas, e essa ideia se tornou clássica na área.

No entanto, a meu ver, particularmente os estudos sobre "situações de vida e estresse", importantes e sistemáticos nas últimas décadas principalmente nos Estados Unidos (Dohrenwend & Dohrenwed, 1974; Miller, 1989), abriram campo efetivo para a utilização do termo psicossomático de uma maneira muito ampla. E também para criticá-lo bastante. Mas, de todo modo, não se podia ficar aprisionado pelo sistema de Alexander, totalmente médico, nem tampouco ficar restrito às doenças que esse autor propôs como psicossomáticas. Além dos estudos psicanalíticos no setor, essa linha de pesquisa foi da maior importância para a retomada de questão psicossomática em novas bases, mais amplas.

No âmbito propriamente dito da psicanálise, que é obviamente o que nos importa aqui, também a questão passou a ser considerada de modo mais abrangente. Pois bem. Sabemos que a somatização é uma das respostas psíquicas mais comuns de que o ser humano é capaz quando se defronta com a possibilidade da dor mental. McDougall (1991, p. 3), psicanalista e pesquisadora sistemática e consistente do tema, delimita: "O que nos interessa, partindo da experiência analítica, são os pacientes cujas manifestações somáticas constituem a reação mais habitual a todo aumento de tensão psíquica". A autora reconhece que um bom número de pacientes psicossomáticos não tem nenhuma consciência de uma dor mental, podendo negar qualquer vínculo potencial entre o sofrimento físico e a miséria psicológica. Isso pode fazer parte, a rigor, da condição psicossomática.

A questão, entretanto, não é generalizável de modo a abarcar a personalidade como um todo. Assim, não se pode dizer que há necessária correlação estreita da alexitimia como característica marcante de personalidade com somatizações. Ainda que observemos pacientes com manifestações alexitímicas, outras pessoas há, como vem a ser o caso da sra. Marisa, em que um contato fino com sentimentos pode ocorrer. São graus diversos. O que ocorre é que a "leitura dos próprios sentimentos" por parte da pessoa e a linguagem que permite expressá-los verbalmente estão cheias de "buracos", de "brancos", os quais cabe à análise ajudar a preencher.

O valor dessas descrições, a meu ver, permanece sendo da maior importância clínica como elementos que podem estar presentes, eventualmente circunscritos, fazendo, a rigor, parte de uma própria *área psicossomática* da personalidade.

Examinemos, no material apresentado, como chama a atenção a *dissociação* que a comunicação da paciente transmite: *psiquismo* subjetivamente *bem*, ao lado de *corpo afetado*. Afetado tanto no sentido de afeto, carregado de afeto, como no sentido de afecção, pode-se supor. A dissociação é um traço fundamental da própria questão psicossomática. Afinal de contas o *hífen*, tomando-se um vértice winnicottiano (1966), ao mesmo tempo tanto une como separa. Sob essa ótica, verdadeira doença se presenta como persistência de uma clivagem, ou de múltiplas dissociações no ego da pessoa. Dentre outras coisas, pode fazer um *splitting* entre cuidados psíquicos, o que, por sinal, se nota nessa analisanda.

Nessa situação clínica apresentada no item II, há um particular, que não é incomum: o de que a percepção de sua necessidade de cuidados somáticos pela epistaxe permite a ela aceitar sua necessidade de cuidados psíquicos – pensa em me procurar, diz que se permitiria me chamar, fora das sessões, durante as férias. Há um benefício secundário. Às vezes, observamos a situação somática ser tratada pelo paciente quase como se fosse um bebê. Formam-se, assim, na mente do analisando, triângulos paciente-analista--manifestação somática.

A dissociação propriamente, que permite à paciente manter distante a dor mental, pode, por seu turno, ser pensada como mantida por forças "desintegrativas". Forças separadoras que, eventualmente, poderiam ser abandonadas à medida que maior integração vai resultando em maior capacidade de tolerar dor mental.

Segal (1981/1983) também chamou a atenção para o fato de que pacientes que apresentam fenômenos psicossomáticos podem ter grande parte de seus egos funcionando bem. Nesse sentido há uma grande diferença entre o paciente psicossomático e o psicótico. Para ela, subjacente ao distúrbio psicossomático há um *splitting* entre uma parte não perturbada da personalidade, livre para seguir seu caminho, e um ego corporal primitivo funcionando em estado psicótico.

Na vinheta apresentada aqui, penso que se pode considerar a própria situação somática, em si mesma, representando o fenômeno *alexitímico*, pois representa, num momento de maior dissociação, toda a vida de fantasia. Os sentimentos são excluídos da consciência. Aí o fenômeno operatório e o alexitímico, de certo modo, se expressam plenamente. A "situação" é alexitímica por excelência.

Podemos pensar então que o indivíduo, notadamente o que apresenta comumente manifestações somáticas, apresenta *áreas alexitímicas* as quais se expressam em determinadas circunstâncias.

Para McDougall (1982/1992), esses fenômenos, patológicos, não nos remetem a uma estrutura caracterizada pela falta, mas sim, pelo contrário, a uma defesa maciça inabalável, contra angústias narcísicas e psicóticas. Se uma angústia psicótica não pôde ser contida no plano mental, num sintoma, o indivíduo pode interpor um "espaço etéreo entre si mesmo e o abismo, entre o psiquismo e o soma", e assim não seria surpreendente que chegasse a nossa escuta um discurso alexitímico ou pensamento operatório. Parece-me também interessante, nessa formulação, a recusa em ver o fenômeno psicossomático apenas como "negativo", a falta do psíquico, a ausência. Apresenta-se esse, sob essa ótica, como algo de alguma forma passível de ser "audível". Em outro texto, McDougall (1994) atribui à raiz da situação psicossomática uma parte que funciona como um *robô*. Essa figura evoca, naturalmente, a analogia com situações autísticas. Para Tustin (1986), quando os pacientes estão encapsulados em sua proteção autística, eles raramente se tornam doentes fisicamente, se é que isso alguma vez acontece. Esse estado de doença é mais provável quando eles perdem a proteção.

Essas questões poderão, talvez, ter outras consequências práticas. Por exemplo Sydney Klein (1980) escreve: "Tenho a impressão de que o reconhecimento da existência de partes encapsuladas da personalidade reduz consideravelmente o tempo da análise, e, além disso, pode prevenir futuros *breakdowns* posteriormente na vida".

Bion (1963), em *Experiências com grupos*, descreve um funcionamento protomental em que físico e psíquico permanecem em estado de indiferenciação. Os estados emocionais, enquanto emoções diferenciadas, evoluem de estados protomentais, expressando-os. Meltzer aponta:

> *Os supostos básicos da mentalidade de grupo têm sua origem num nível inconsciente profundo, cujas operações correspondem de perto às descrições de Freud sobre o processo primário e às descrições de que, em primeira instância, o ego é um ego corporal. Isto parece significar que nesse nível primitivo o ego não traz representações das experiências emocionais, mas sim as constrói como estados corporais e reage a elas como estados corporais e ações. (Meltzer, 1986, p. 40)*

IV

É interessante que contextualizemos os fenômenos somáticos que podem ocorrer no processo analítico e a forma de abordá-los.

A meu ver, a epistaxe vem a ser um fenômeno que diz respeito também à *análise*. Uma manifestação somática no processo analítico, à qual me cabe dar atenção, desde o vértice psicanalítico. Não se trata, portanto, como já mencionei, de discutir sua etiologia, orgânica ou não. À própria palavra *somatização*, que eventualmente poderia ser utilizada aqui, pode-se fazer muitas restrições. Importa apenas o fato de ela estar sempre presente, e chegar ao analista como *comunicação* na fala do paciente.

A epistaxe é comunicada ao analista com um relato verbal sobre ela. Cabe a ele, muitas vezes, perguntar, deixando-se levar pelo fluxo de suas associações, ao ouvir o paciente: o que afinal está sendo comunicado? Como o é? De onde a comunicação é feita? Para quem? Com que finalidade? E, particularmente: qual vem a ser a experiência emocional do paciente naquele momento?

Ou o analista também poderá, é claro, simplesmente nada se perguntar, e permitir a si próprio um momento em que algumas dessas questões, ou outras, possam "se revelar" a ele por meio de seu estado de mente flutuante. Fazem parte as funções de atenção e receptividade. A meu ver, esse estado receptivo pode ser mais bem obtido se estiver baseado em real empatia com o paciente.

No material clínico descrito, a paciente *comunica na sessão* um fenômeno somático que ocorreu *fora da sessão*.

Como psicanalistas, não é propriamente a epistaxe, por si mesma, o objeto de nossa ocupação principal, mas sim o conjunto de dados que a pessoa está nos comunicando sobre si própria, particularmente em referência à sua experiência emocional. O que importará será o conjunto das comunicações e reverberações destas no analista.

É célebre o pensamento do importante psiquiatra inglês do século XIX Henry Maudsley segundo o qual a tristeza que não se desafogou nas lágrimas faz os outros órgãos chorarem. Ou, quem sabe, às vezes sangrar, podemos acrescentar. Quando a filha da paciente vai se casar, não é só festa, existe também, para ela, choro que, não podendo ser chorado, procura outras vias de expressão. Ela busca análise.

212   PSICOSSOMA NA PRÁTICA ANALÍTICA

Tudo o que é comunicado durante a sessão faz parte daquilo que lá se passa, da sessão propriamente dita, como algo potencialmente aproveitável. Um outro aspecto dessa questão se pode discutir no âmbito da temporalidade. Para a parte psicótica da personalidade, ou para uma personalidade prevalentemente psicótica, a temporalidade e seus limites têm uma dimensão peculiar. Sessão e não sessão podem ser, nessa parte da mente, estados contínuos que se superpõem, misturam ou confundem; pode só haver sessão como só não sessão. Ajudar o paciente a discernir – dentro e fora, eu e não eu –, ajudá-lo a constituir sua temporalidade implica obviamente acolher sua parte psicótica, auxiliá-lo a discriminar o que é e o que não é possível e aproveitar a possibilidade para conversar sobre o não simbólico.

V

Podemos nos perguntar se essas manifestações referem-se a forças destrutivas, hostis, ou se contêm possibilidade de desenvolvimento.

O que há de comum, de uma maneira ou de outra, é a visão desses fenômenos somáticos como elementos evacuados – a cisão, a perda de contatos, se assim quisermos – de informações entre corpo e mente. O "excesso" de estímulos que precisam ser descarregados está em jogo. Em "Para introduzir o narcisismo", Freud (1914/1975b) aponta que o aparelho mental é utilizado para "dominar excitações que de outro modo ameaçariam mergulhar o indivíduo num estado de aflição ou produzir efeitos psíquicos patogênicos". Se os estímulos não são pensados, são descarregados no corpo, temos aqui uma situação potencialmente destrutiva. Será disruptivamente a favor do impulso de morte. O que será a favor do impulso de vida será a "psiquização" da experiência. De todo modo, entram em questão fatores relacionados a narcisismo de vida e narcisismo de morte. Na prática, observa-se como favorecedor de somatização um estado mental de "desistência", de abandono da luta, dos desafios. É o que se chamou de *giving up syndrome*. Green (1990) enfatiza a descatexização como manifestação do impulso de morte. Destaca-se o fenômeno somático como manifestação do negativo (Green, 1994). O caminho inverso, nesse caso, a favor da vida – repito –, será o da psiquização, até chegar-se à possibilidade de utilização da função alfa, num vértice bioniano. De qualquer modo, ao contrário das organizações neuróticas, as fontes potenciais de angústia não se tornaram simbolizáveis, uma vez que não tinham sofrido nem negação, nem recalcamento nas manifestações somáticas.

Estou propositadamente lembrando as posições de diversos autores, na medida em que acredito que no campo em que nos movemos no momento podem-se utilizar, sem grandes contradições a meu ver, contribuições de vários deles, ainda que eles possam não compartilhar da mesma "escola".

Outro ponto interessante é notar que a utilização de metáforas que se sirvam de órgãos ou funções corporais para exprimir estados mentais vem a ser universal. Alguns exemplos: cabeça levantada, dar uma mão, ser o braço direito, pés na terra, não dar o braço a torcer, fazer das tripas coração, sangue-frio, ter a pele dura, estar curtindo, não dar no couro, ter pulmões, despeitado, ter tato etc.

Devemos levar em conta nos pacientes psicossomáticos a aura de associações possíveis de cada palavra. Se eles não simbolizam, precisamos nos utilizar delas para sinalizar a possibilidade de "sair" do aprisionamento da concretude proposta. Pois uma das implicações referentes ao cuidado com as áreas "operatórias" da mente, tomando em conta o que apontamos, é que é bastante desejável que a capacidade criativa e associativa do analista esteja presente, preservada e ativa.

VI

Até agora tem sido mencionada a emergência do fenômeno somático em situações nas quais não foi possível haver simbolização, ou suficiente "psiquização" da experiência.

Por outro lado, é claro que a possibilidade de simbolização não significa que eventos somáticos não vão se manifestar. Essa capacidade poderá sofrer uma ruptura, seja por fatores internos ou, eventualmente, externos – fatores como feridas narcísicas, perdas objetais significativas etc. Dadas as circunstâncias necessárias, elementos que chegaram a ser simbolizados podem sofrer uma regressão, no sentido da sensorialização e, eventualmente, manifestação corporal. O termo "estresse", que não faz parte usualmente do vocabulário psicanalítico, pode, no entanto, ser utilizado aqui. Tem, inclusive, em sua acepção mais "pura", um forte apelo relacionado à teoria da libido. Desencadeia fenômenos narcísicos; refere-se a um excesso de estímulos que inundam o ego, tal qual as descrições de Freud relacionadas à psicose e ao narcisismo (1911/1975a, 1914/1975b).

Um outro fator externo ou interno, a meu ver relacionado a situações potencialmente disruptivas, é aquele que coloca em xeque o modo pelo qual o indivíduo atribui significado a sua experiência. Encaixam-se aqui situações relacionadas a mudanças sem possibilidade de elaboração pelo indivíduo.

VII

Retornemos mais diretamente ao material clínico descrito.

Já observamos que a presença do sintoma somático tem, de acordo com a atitude da paciente, uma consequência de tipo "benefício secundário", já que ela se deu, a partir dele, permissão para me chamar, o que faria caso soubesse onde eu estava.

Independentemente de me chamar ou não, a situação somática traz como consequência para ela um abrandamento das exigências superegoicas. Agora ela poderia querer entrar em contato comigo, o que estava até então proibido. Esse tipo de benefício secundário, de o paciente se permitir cuidados que até então não se permitia, pode ser algo sentido pelo paciente como muito importante em muitas situações em que se verificam circunstâncias somáticas.

Se minha paciente não se sentia autorizada antes, talvez tendo de mostrar uma "suficiência" que não tinha, após o episódio com certeza se sentiu abrandada em sua "censura" própria. Assim, a paciente poderia sentir como humilhante sua necessidade. Ou também se sentiria humilhada pelas *interpretações* que pudessem surgir sobre suas necessidades. Às vezes pessoas sofrem mais pela interpretação suposta do que pelos sentimentos propriamente ditos. No caso da sra. Marisa isso se evidenciava de diversas formas em nossas conversas, por exemplo, por seu hábito de tentar antecipar o que eu ia dizer, dizendo a ela mesma aquilo que julgava que ia ouvir. Parecia-me mais adequado ao que se passava, em geral, enfatizar não propriamente sua intolerância ao não saber, mas sim que o medo que tinha do que iria ser dito em relação a ela era tão grande, tão enorme seu medo de ser censurada, que, para evitar que a censura viesse de fora, já interpretava, ela mesma, usualmente se censurando.

De forma análoga, a paciente pode, como benefício secundário da epistaxe, se ver como uma "criança" que, essa sim, pode ser cuidada. Digo isso como suposição, lembrando o quanto, em muitas ocasiões, o fenômeno somático pode adquirir, para o paciente, um *status* de "individualizado" de tal modo que surja um novo triângulo a ser observado, entre paciente, analista e fenômeno somático.

216   PSICOSSOMA NA PRÁTICA ANALÍTICA

Num tipo de funcionamento como esse, baseado em identificações projetivas, o corpo pode funcionar como *buffer*, como propôs Bleger (1967), termo que esse autor toma da medicina, que em sua acepção original se refere a soluções que se oponham a ou amorteçam toda mudança de acidez ou alcalinidade do meio. Este seria um mecanismo homeostático. Um amortecedor ou um tampão, que colabora na manutenção do equilíbrio psíquico.

Poderíamos pensar que o psiquismo, com suas diferentes defesas para a angústia, pode funcionar como *buffer*, tampão, em relação a possíveis descargas somáticas, que poderiam ocorrer caso não houvesse mecanismos tamponadores.

Examinando agora o material do ponto de vista da transferência, podemos considerar dois níveis básicos: aquele que se refere a uma transferência paterna, e outro, à transferência materna. Podemos apreciar, dentro dessa ótica, outros pontos de ancoragem das manifestações somáticas.

Numa linha de transferência paterna, podemos conjecturar algumas configurações. A paciente exclui de suas vivências a relação de curiosidade e ciúme, as indagações sobre com quem e onde o analista estaria. A dor sangrante no psíquico, de minha "traição", ou de exclusão, inexistiria, seria ocultada totalmente para ela e, ao mesmo tempo, comunicada pelo sangramento propriamente dito, sangramento físico, concreto. Aquilo que seria evidenciado emocionalmente resulta revertido para o plano físico.

Do psíquico para o físico, em vez de do físico para o psíquico. O continente interno para a angústia é rompido, levando a que ela se manifeste por meio de uma vivência corporal. Isso apresenta, como consequência, o afastamento de um afeto indesejado.

Numa outra ótica, poderíamos tomar como hipótese a possiblidade de que um fenômeno somático – o sangramento – possa representar-se como um equivalente de uma situação mental em que sentimentos de desamparo apareçam frente à ausência do objeto. E aqui deve-se ressaltar que o importante é aquilo que a ausência do analista deflagra na mente da paciente, dentro de um contexto determinado de sua vida.

Notemos que ela procura mostrar coisas boas. Pode cuidar bem da filha, dos arranjos para o casamento. Ao lado disso, há uma menina sangrando, que diz: "Olhe aqui, mamãe, estou sangrando". São sentimentos de abandono, na verdade de longa data, fazendo parte da história que a paciente tem para si, de sua vida – "menina sangrando e a mãe longe". A atitude pode indicar uma visão da mãe que não liga para ela, que não a atenderá a menos que ela tenha uma manifestação somática.

Se tomarmos essa possibilidade de uma mãe que atende se a filha tiver uma manifestação somática, conforme e dentro das condições consideradas, podemos, em sequência, considerar a possibilidade de que a própria mãe se comporta como favorecedora de cisões e manifestações somáticas na vivência da paciente.

Então, a paciente, sem recursos efetivos para lidar com a dor, não tendo "sangramento" de recursos, não podendo utilizá-los na formação de símbolos, recorre, pela reversão de elementos alfa com evacuação de elementos beta, à manifestação corporal.

É interessante notar que um rudimento da percepção da ligação entre fenômenos somáticos e psíquicos parece existir, na paciente, na permissão que ela se dá para procurar o analista.

Considerando-se que toda comunicação humana é polissêmica, penso, de minha experiência, que é útil formular várias hipóteses e examiná-las com o paciente. Não para tentar abarcar toda a sua experiência com interpretações, mas para oferecer possibilidades que possam se complementar, ampliando a percepção do

218 PSICOSSOMA NA PRÁTICA ANALÍTICA

paciente. Também acho que qualquer interpretação que envolva conteúdo, para uma paciente como essa, tem um tempo às vezes mais preciso para ser expresso.

Devo dizer, também, que o surgimento dessa situação no contexto da análise abriu um campo à investigação sobre sua sexualidade e correlação de fantasias com outros fenômenos somáticos.

VIII

Das abordagens sobre simbolismo, a de Langer (1980) tem certa aceitação no meio psicanalítico. Ela toma como *símbolo* qualquer artifício graças ao qual podemos fazer uma abstração. Símbolo tem como propriedade representar o objeto (embora às vezes a distinção entre presença e ausência possa se tornar nebulosa). Em sentido lato, o símbolo se refere a qualquer relação substantiva.

Do ponto de vista psicanalítico, símbolo refere-se a algo que foi *reprimido* da consciência (Jones, 1916, citado por Segal, 1981/1983). Para Segal (1981/1983), se o simbolismo é visto como uma relação entre três termos (coisa simbolizada, coisa funcionando como símbolo e a pessoa para a qual um representa o outro), então os problemas da formação de símbolo devem ser examinados no contexto da relação do ego com seus objetos. Em nosso caso, portanto, como referimos, na transferência.

O signo remete ao objeto, e o símbolo à concepção do objeto. Por outro lado, um objeto real não pode ser visto inteiro. Quando vemos qualquer coisa, uma fruta, por exemplo, enxergamos parte dela e imaginamos o resto. Isso é relevante, a meu ver, para a psicanálise, e, de modo direto, a recordação é desencadeada por uma percepção, consciente ou não – *toda percepção presente se constrói com a ajuda de uma recordação, possivelmente inconsciente.* Esse tipo de consideração traz a implicação, de certa maneira, da delimitação até certo ponto imprecisa entre signo e símbolo, no extremo.

De todo modo, pode-se pensar na vivência mental como pertencendo ao símbolo, ou ao *simbolizável.* A vivência somática, ou da manifestação psicossomática, pode ser entendida também como uma vivência sígnica daquilo que não se expressou enquanto simbólico.

Como psicanalistas, o modo como tentamos observar a contextualização e a mutabilidade do simbolizado é da maior importância. Ainda que possa haver alguma constância na relação entre símbolo e simbolizado, se tomamos a relação entre ambos como algo estático, inerte, incorreremos num reducionismo estéril. O que é preciso é considerar um símbolo incluído num funcionamento, operante, animado de sentido. Nessa perspectiva, os símbolos podem alterar sua relação com significados a cada instante.

IX

Tento agora comentar algo sobre a relação entre corpo e símbolo, e a possibilidade de caracterização de um *corpo simbólico.*

Para Renata Gaddini (1991), o objeto transicional é pré-simbólico em sua forma inicial, ou seja, surge como seio/não seio, representante ou substituto do seio, e desemboca, enfim, em um não seio. Na escola kleiniana, lembremos que a simbolização ocorre quando o eu se percebe como separado do objeto. O que se pode conceber é que nas "regressões" a capacidade simbólica pode se desestruturar, se perder. Inclusive nas "regressões" que incluem uma "regressão" corporal.

220 PSICOSSOMA NA PRÁTICA ANALÍTICA

Por esse vértice, a paciente, no trecho mencionado, *sangra* em vez de *sentir sentimentos "sangrantes"*, conforme já comentamos. *Seu corpo fala*. O que seria virtualmente simbólico se expressa por meio de um signo. Na propedêutica médica esse é o nível do sintoma. O nível sígnico indica a *presença* de algo. Pela *linguagem corporal*, passamos a saber, então, que o corpo "sangra seus sentimentos e não os sente". É importante tomar essa postulação no sentido absolutamente metafórico, pois, de outra maneira, imaginaríamos, como às vezes observamos em deturpações dessa visão, algo como se os sentimentos efetivamente saíssem com o sangue, quase como parte do sangue. Não se exclua que essa pode ser uma fantasia do paciente, mas não é o nosso ponto de vista. Ao contrário, a questão vem a ser de outra ordem. A fantasia inconsciente, forcluída, é expressa por meio de uma manifestação corporal específica, cambiante, e se re-significando a cada momento.

Lembremos que, com o "Projeto", Freud (1950/1975c) percebeu aquilo que tentava representar como modelos paralelos de funcionamento mental, só que teriam que ser estudados com outra metodologia totalmente psicológica.

E. Gaddini (1969, 1987) mostra, no estudo do mericismo (ruminação em crianças pequenas), como a criança mericista "imita" a experiência perdida de ser nutrida, "alimentando-se a si mesma", com a finalidade de reproduzir a experiência física de "plenitude". Essa síndrome focaliza, como uma lente de aumento, a experiência corpórea que a um certo ponto findou, mas que foi preservada na memória – a criança rumina de boca vazia.

Trata-se de "memória" do funcionamento corporal como modelo rico para entendermos a perspectiva da existência da linguagem corporal, do *continuum* de significações que permite ao paciente "sangrar" concretamente em vez de "sangrar emocionalmente". Podemos pensar em "repetições traumáticas" na tentativa de elaboração que não se concretiza. A pessoa fica em frequentes manifestações somáticas, patinando num ponto de repetição, ou porque não encontra objeto, ou porque suas necessidades são "demasiadas".

Por outro lado, aponta E. Gaddini (1987), a mente primitiva é incapaz de distinguir entre a repetição de uma experiência e sua reativação mental pela memória. Para a mente primitiva, reativar uma experiência depositada na memória significa sua "recriação" onipotente. A repetição, tal qual sua reativação mnêmica, é experimentada como a possibilidade de recriar a cada tempo a experiência do *self*. Às vezes somente a reativação mental de um fenômeno é suficiente para "atestar" sua realidade. Essa onipotência, é claro, funcionando alucinatoriamente, também tem um preço.

X

Penso que essas ideias consideradas nos itens anteriores nos permitem ancorar a discussão da relação mente-corpo e da linguagem corporal de ângulos diversos. Temos que os elementos da *memória de experiências corporais se apresentam quase como um ponto de ligação entre os fenômenos físicos e os psíquicos.*

Uma vez "sobrecarregado" o estado psíquico da experiência, ou da expressão, a angústia trilharia um curso inverso e se apresentaria enquanto correspondente corporal de uma experiência psíquica.

Assim, o corpo pode sangrar, como um *avesso da metáfora* daquilo que ocorre num estado mental. Bion nos fala de elementos protomentais. Sua teoria da reversão dos elementos alfa também nos dá uma possibilidade de ancorar nossa proposta do fenômeno somático como um *avesso da metáfora*.

222 PSICOSSOMA NA PRÁTICA ANALÍTICA

É interessante notar que essas questões se apresentam, na análise, num universo em que existe um receptor que fará alguma leitura da expressão. Seja signo ou símbolo, se não aparece alguém que confere à experiência um significado (uma vez que o próprio indivíduo não o pode fazer), permanece um "curto-circuito", e a experiência vai ser recorrente.

E a significação da experiência na análise dá-se tendo a transferência como o "fio de Ariadne" que norteia e conduz a possibilidade de leitura do significado emocional. Haverá sempre um "umbigo" inapreensível, inacessível, parafraseando a imagem de Freud em relação aos sonhos.

O que precisamos tentar alcançar é a *variedade* do simbolismo, ou do não simbólico, mutável a cada momento. Em outras ocasiões, significados simbólicos, análogos ao significado corporalmente expresso, podem aparecer na análise em outra linguagem. Essa paciente, por exemplo, em outro momento, na primeira sessão após uma interrupção, me conta que uma pessoa conhecida dela pediu-lhe meu telefone para me procurar. Ela se recusa terminantemente a dar, dizendo que eu sou analista *dela*. De certa forma, ela agora expressa de outra maneira algumas angústias análogas às comentadas em relação à manifestação somática.

Poderá voltar à expressão somática, com os mesmos ou novos significados, poderá simbolizar etc., e nossa referência para compreender permanecerá sendo a relação transferencial.

Referências

Alexander, F. (1950). *Psychosomatic medicine*. New York: Norton.

Bion, W. R. (1962). *Learning from experience*. London: W. Heinemann.

Bion, W. R. (1963). *Experiências com grupos*. Rio de Janeiro: Imago.

Bleger, J. (1967). *Simbiosis y ambigüedad*. Paidós: Buenos Aires.

Dohrenwend, B. S., & Dohrenwend. B. P. (1974). *Stressful Life Events: Their Nature and Effects*. New York: John Wiley and Sons.

Freud, S. (1975a). Psycho-analytical notes on an autobiographical account of a case of paranoia. In S. Freud, *The standard edition of the complete psychological works of Sigmund Freud* (Vol. 12, pp. 1-80). London: Hogarth Press. (Trabalho original publicado em 1911)

Freud, S. (1975b). On narcissism: an introduction. In S. Freud, *The standard edition of the complete psychological works of Sigmund Freud* (Vol. 14, pp. 67-103). London: Hogarth Press. (Trabalho original publicado em 1914)

Freud, S. (1975c). Project for a scientific psychology. In S. Freud, *The standard edition of the complete psychological works of Sigmund Freud* (Vol. 1, p. 283-398). London: Hogarth Press. (Trabalho original publicado em 1950, escrito entre 1897 e 1902)

Gaddini, E. (1969). On imitation. *Int. J. Psychoanal.*, *50*, 475-484.

Gaddini, E. (1987). Notes on the mind body question. *Int. J. Psychoanal.*, *68*(3), 315-329.

Gaddini, R. (1991). Las orígenes del objto transicional y el síntoma psicossomático. In M. Békei, *Lecturas de lo psicosomático*. Buenos Aires: Lugar.

Green, A. (1990). *Conferências brasileiras*. Rio de Janeiro: Imago.

Green, A. (1994). Para introduzir o negativo. *Revista Brasileira de Psicanálise*, *28*(1), 25-38.

224 PSICOSSOMA NA PRÁTICA ANALÍTICA

Klein, S. (1980). Autistic phenomena in neurotic pacients. *Int. J. Psychoanal., 61,* 395-401.

Langer, S. (1980). *Sentimento e forma.* São Paulo: Perspectiva.

Marty, P., & M'Uzan, M. (1994). O pensamento operatório. In *Revista Brasileira de Psicanálise, 28*(1), 165-174. (Trabalho original publicado em 1963)

McDougall, J. (1991). *Teatros do corpo.* São Paulo: Martins Fontes. (Trabalho original publicado em 1989)

McDougall, J. (1992). *Teatros do eu.* Rio de Janeiro: Francisco Alves. (Trabalho original publicado em 1982)

McDougall, J. (1994). Corpo e linguagem. Da linguagem do soma às palavras da mente. *Revista Brasileira de Psicanálise, 28*(1), 75-98.

Meltzer, D. (1986). *Extended studies in metapsychology.* Perthshire: Clunie Press.

Meltzer, D. (1993). Implicaciones psicosomáticas en el pensamiento de Bion. *Psiconálisis AP de BA, 15*(2), 315-338.

Miller, T. W. (Ed.) (1989). *Stressful Life Events.* Madison, Connecticut: International Universities Press.

Montagna, P. (1994). Nuances do ouvir e do intervir. In N. M. C. Pellanda & L. E. C. Pellanda (Orgs.), *Psicanálise hoje: uma revolução do olhar* (pp. 125-134). Petrópolis: Vozes.

Nemiah, J. C., & Sifneos, P. E. (1970). Affect and phantasy in patients with psychosomatic disorders. In O. Hill (Ed.), *Modern trends in psychosomatic medicine* (Vol. 2). Oxford: Butterworths.

Segal, H. (1983). Notas a respeito da formação de símbolos. In: H. Segal, *A obra de Hanna Segal.* Rio de Janeiro: Imago. (Trabalho original publicado em 1981)

Tustin, F. (1986). *Autistic barriers in neurotic patients*. London: Karnac.

Winnicott, D. W. (1966). Psycho-somatic illness in its positive and negative aspects. *Int. J. Psychoanal.*, *47*, 510-516.

Níveis de mutualidade[1]

Winnicott redigiu o artigo "A experiência mãe-bebê de mutualidade" (1969/1994) e o publicou no ano seguinte. Nele, dirige sua atenção a fenômenos do início da vida humana, período evidentemente de enorme dependência em relação ao ambiente e ao comportamento daqueles que o compõem. Reconhecendo o valor do trabalho psicanalítico relacionado às pulsões eróticas e agressivas, ele afirma que, no entanto, é necessário que os analistas que se referem à natureza do bebê "vejam o que mais se acha lá para ser visto" (Winnicott, 1969/1994, p. 196). E o que "se acha lá para ser visto" radica em seu ponto de vista essencialmente relacional. Reafirma a visão de que é impossível falar-se objetivamente em bebê e ambiente de modo isolado, já que não existe um eu separado do não eu, além do que o objeto é um objeto subjetivo, o que significa que vem a existir como um aspecto do bebê, num momento em que a preocupação materna primária possibilita a experiência da mãe suficientemente boa.

---

1 Uma versão anterior deste capítulo foi publicada em 2011 como um capítulo de Sucar, I.; Ramos, H. (Orgs.). *Winnicott: ressonâncias* (pp. 83-194). São Paulo: Primavera Editorial.

Ele põe-se a pensar em termos da comunicação que acompanha os processos da alimentação na relação materno-infantil. O artigo tem seu foco, assim, nos primórdios da comunicação humana compartilhada. Como sabemos, caminha inicialmente de uma base mais corporal para uma esfera de crescente psiquização, ou mentalização, que corresponderá ao denominador comum da comunicação efetiva, mútua, humana, e se dará, em nossa prática das sessões psicanalíticas, ou fora delas, em diversos níveis de contato, camadas, ou estruturas relacionais. Winnicott introduz o tema do compartilhamento recíproco de sinais, ou, mais do que isso, de mensagens que envolvem uma totalidade do ser, com base na menção à mutualidade que se engendra entre a dupla. A mutualidade é vista como o início dos processos comunicacionais entre duas pessoas. A posição winnicottiana quanto ao desenvolvimento das interações interpessoais é posta claramente. Sua proposta está vinculada a esses primórdios relacionais, concretamente, à experiência da interação bipessoal, o que é bem diferente de uma proposta que privilegia, para tal, a ótica da satisfação pulsional. Essa vivência tão profunda, da mutualidade primordial, resulta de um conjunto complexo interativo de identificações cruzadas entre os participantes da dupla. Um exemplo do nível profundo que embasa a relação bipessoal de mutualidade, assim como caracterizada na etapa introdutória do trabalho, observamos na descrição que o autor faz em uma das ilustrações clínicas que acompanham as descrições conceituais. Ele nos remete à vivência ímpar que teve com uma de suas pacientes, na qual se patenteava uma necessidade absoluta de ficar em contato com ele. Numa determinada sessão, após atravessar momentos que podiam se caracterizar por episódios violentos, ocorreu-lhe segurar a cabeça da paciente em suas mãos. Ele comenta que não tinha, com esse gesto, nenhum plano ou projeto deliberado após essa ação. Mas então, ao segurar a cabeça da paciente entre as mãos, inicia-se um ritmo de embalo entre ambos sem determinação prévia de nenhuma das partes. O ritmo era bastante rápido, cerca de setenta por minuto (como os batimentos cardíacos), e ele confessa ter tido algum trabalho até adaptar-se a ele, não entrando em maiores detalhes acerca da dificuldade. Relata ainda que, após encontrado o ritmo comum, malgrado a dificuldade anterior, os dois estavam no movimento conjunto de embalo, com a mutualidade expressa em um leve, mas persistente, movimento. A comunicação entre ambos se dava sem palavras, o que tinha também implícito que não necessitava de um nível de desenvolvimento, por parte da paciente, de maturidade mais avançada. Tratava-se de acolher a paciente no nível comunicacional possível, que, no caso, referia-se à dependência como regressão, nessa fase de sua análise. Quanto à violência anterior, podia ser compreendida como uma preparação, além de um teste complexo da capacidade do analista de se ajustar aos variados modos de comunicação da primeira infância. Também se mostra relevante a afirmação de que a comunicação silenciosa pode ser uma "comunicação de confiabilidade", que protege o bebê em relação a reações automáticas à intrusão da realidade externa.

Um dos aspectos a serem salientados para nosso propósito é que Winnicott mostra aqui o envolvimento de outros elementos metapsicológicos que não sejam especificamente as pulsões instintivas nas relações iniciais. A busca objetal é enfatizada, mais do que a satisfação pulsional. Neste ponto é importante esclarecer que Winnicott, já quase no fim da vida, deixa claro não se tratar de uma ruptura com Freud, mas sim de um avanço em uma direção necessária para se lidar com fenômenos esquizoides e poder tratar seus pacientes.

Assim, mutualidade é um termo utilizado para descrever uma relação recíproca entre duas pessoas; neste caso, uma relação assimétrica. Mas não necessariamente a mutualidade tem que ser

230 NÍVEIS DE MUTUALIDADE

assimétrica; esse não é um ponto absolutamente inelutável, na consideração desse componente nas relações interpessoais. Podem ser simétricas ou assimétricas, verticais ou horizontais, e se desenvolver em diversas intensidades, qualidades e níveis, desde elementares, primordiais, de comunicação, até níveis de compreensão linguístico-representacional extremamente sofisticados. Todos, de algum modo, podem dar margem ao desenvolvimento da dupla enquanto díade em crescimento.

Nesse sentido, existem mutualidades que, nas sessões analíticas, se explicitam pela sintonia da comunicação de mesmo diapasão, reverberando nas ondas do estágio preciso de desenvolvimento libidinal em pauta. Isso implica reciprocidade; contrariamente à "confusão de línguas", de Ferenczi (1933/1992), faz-se de uma sintonia de linguagens.

As mutualidades referem-se, então, à interdependência, influência mútua, reciprocidade. Na matemática, um número recíproco é aquele relacionado com outro de tal maneira que, quando multiplicados um pelo outro, o resultado da multiplicação é 1. Por exemplo, o recíproco de 7 é 1/7, de 2/3 é 3/2. Em biologia, observamos que mutualismo está relacionado ao viver juntos de dois organismos diferentes, de tal maneira que, de modo diverso do comensalismo (benefício para um sem benefício para o outro) e do parasitismo (benefício para um em detrimento do outro), no mutualismo há um benefício para os dois seres, como na simbiose. É necessário compatibilidade.

Para Winnicott, a mutualidade na relação mãe-bebê é necessariamente assimétrica, na medida em que a mãe já foi bebê e aí aprendeu, enquanto o bebê está sendo bebê pela primeira vez. Do ponto de vista psicanalítico podemos indagar: foi bebê ou ainda é? O quanto ainda é? Que tipo de bebê continua sendo? A permanência do infantil no adulto (Guignard, 1996/1997) explicita a existência de um aspecto da mãe que ainda "continua bebê" e é o que lhe permite a identificação naquele momento. Temos, então, um aspecto simétrico no interior da assimetria, possibilitando a mutualidade. As identificações cruzadas contemplam a possibilidade de acesso e trânsito entre diversos níveis de maturação e maturidade, por parte do analista. Além disso, tomando as ideias de Bion, existem os bebês que ainda não nasceram em cada um de nós, abrindo-se sempre aqui um campo de esperança de novas vidas, de novas configurações.

Mutualidade, portanto, não é fusão ou mistura de formas.

> *As metáforas de mutualidade e encontro de mentes são apenas tentativas de explicitarmos nossa conexão, ou o que possa haver em comum com os pacientes, ou a influência recíproca, bidirecional, mas não para minimizar assimetrias importantes, de conhecimento, poder, autoridade ou responsabilidade. (Aron, 1997, p. 885)*

No desenvolvimento de suas ideias, Winnicott lembra Marguerite Sechehaye, psicanalista cujo método para tratar pacientes psicóticos inclui o que chama de "realização simbólica", dirigida aos níveis pré-simbólicos, mágicos e concretos da tenra infância, suas necessidades e frustrações, que busca apresentar uma realidade mais suave e mais tolerável ao esquizofrênico. Ela crê que a gratificação, e não a abstinência, nesses casos, promove crescimento, e que, se os interesses emocionais verdadeiros não são levados em consideração, a única maneira de adaptação à realidade por parte do paciente será por um falso *self*. Sua sugestão é que o analista busque entrar em contato com o paciente no nível exato de sua regressão. Se levarmos em conta a sugestão da autora (e acho que sem dúvida vale a pena levar), seremos conduzidos à necessidade

232 NÍVEIS DE MUTUALIDADE

de estarmos atentos à diferença entre déficit e conflito, ou seja, quais manifestações do paciente se situam em áreas conflituosas e quais delas são expressões de carências, de áreas deficitárias. Nossa resposta poderá diferir de acordo com a área com a qual nos deparamos num dado momento.

O tema da mutualidade está em pauta de diferentes modos em outros autores, por exemplo: Tustin, ritmo de segurança; Meltzer, reciprocidade estética; Balint já tinha dito que "o que nós fazemos na terapia é tentar imitar o processo natural que caracteriza o comportamento de qualquer mãe com sua criança" (1968). Winnicott não leva essa questão de maternidade na terapia ao extremo, mas isso pode ocorrer quando se chega a um impasse, quando o verbal não é suficiente e o pré-representacional não encontra condições, ao longo de algum tempo do processo, de representabilidade – ou, utilizando uma conceituação útil da psicanálise contemporânea, figurabilidade (Botella & Botella, 2005).

A operatividade de outros fatores além da interpretação transferencial ou extratransferencial vem sendo objeto de consideração frequente na psicanálise (Stewart, 1990). Um fator relacionado ao fazer de Winnicott (1969/1994) é a regressão terapêutica, conceito trabalhado também por Balint (1968) e Bollas (1987/1992), entre outros. A regressão à dependência, no ambiente confiável da análise, possibilita o reexperienciar, a relação com o ambiente no sentido de repetir, uma ou mais vezes, repetir até a superação de situações traumáticas e retomar o crescimento emocional saudável. Nesse estágio, a necessidade não é de interpretação e tem grande potencial na direção da retomada do crescimento se a regressão for benigna, quando o paciente busca algo dentro de si.

Estamos navegando aqui em águas da prática psicanalítica cujo modelo põe em palavras uma representação de coisa inconsciente, ativada na análise pela neurose de transferência. Está em jogo um modelo relacional que transcende a isso, se ancorando na experiência relacional com toda a complexidade de seus inúmeros níveis de comunicação entrecruzando-se em concomitância. Estamos longe de um modelo da interpretação tendo como alvo a simples tradução daquilo que estaria oculto, da interpretação "raio X".

Após a psicanálise ter assumido a importância da contratransferência na compreensão dos fenômenos intra e interpessoais, a questão da neutralidade do analista foi posta em xeque de modo contundente, restando como um ideal que sabidamente não será alcançado.

As problemáticas narcísicas implicam a necessidade de se assegurar uma função de ligação primária em que não há ligação, trabalhando-se a capacidade de síntese do ego, longe da repressão, por intermédio de exemplos de construções. Algumas interpretações podem advir de *enactments* ou, então, trazendo um modelo amplificado, apresentar, a nosso ver, aspectos psicodramáticos.

Mutualidade num momento atípico de um processo analítico

Roberto, aos 22 anos de idade, chegou à análise por sugestão de sua família de origem. Um jovem circunspecto, isolado, afastado do convívio com os demais, podia ser descrito como esquizoide num escrutínio fenomenológico de personalidade. Havia abandonado a faculdade no primeiro ano por não conseguir conviver com os colegas; ficava horas sozinho em casa, improdutivo; basicamente não estabelecia relações com praticamente nenhuma pessoa fora de sua restrita família nuclear, e mesmo desta buscava manter-se distanciado. Tinha medo de enfrentar a vida nas situações mais elementares que a ele se apresentassem. Conforme deu a entender na primeira entrevista, não raro tinha vontade de desaparecer, sumir, numa clara demonstração de sentir-se desesperançado e sem perspectivas. Mostrava um "si mesmo" corporal expandido, necessitava guardar distância também física das pessoas, proximidades o angustiavam persecutoriamente. Essas reações apresentavam aspectos situados no campo da fobia. Temia que, embora sem desejos explícitos, a relação com sua mãe, com quem vivia, terminasse na consumação de um incesto. Dormira na mesma cama que ela até a juventude, desde a separação dos pais, quando era criança.

Nos primeiros tempos, mostrava dificuldade de vir à análise, de estar presente, uma angústia intensa o invadia, a ponto de, às vezes, manifestar-se por sintomas de despersonalização na sala, inclusive em nível corporal.

No terceiro ano de análise ainda se mantinha isolado, mas já havia feito progressos, marcadamente em relação à família. No início de uma determinada sessão, começou a andar na sala de um lado para outro. Dirigia-se à janela e a seguir, virando-se, voltava em direção à porta, passando pela frente de minha cadeira, bufando, arfando ruidosamente na sala. Ele não raro caminhava de um lado para outro, sentava, deitava-se no divã, de modo quase automático e que me fazia lembrar essas deambulações automáticas e sem rumo de alguns pacientes mais pronunciadamente psicóticos. Naquele dia a intensidade de sua angústia era tal que julguei que o paciente me dava a mensagem de que "não cabia em si". Sua angústia era maior do que podia conter; e também, quase concretamente, pareceu-me que "não cabia na sala". Não que não coubesse na análise, pois a relação era forte e importante para ele, e, francamente, para mim também. Não cabia no *setting*. Num momento limítrofe como esse o analista precisa se indagar quanto à elasticidade ao *setting*, pois o paciente não tinha condições de acolher qualquer interpretação. A rigor, qualquer tentativa de interpretar, na situação, seria mais defensiva para o analista do que de ajuda para o paciente. Decidi-me por "seguir o seu fluxo". Perguntei a ele se queria sair um pouco da sala. Não que isso fosse alguma estratégia preestabelecida. Ainda que a vivência com pacientes psicóticos e *borderline* me tivesse trazido flexibilidade em situações dessa natureza, esse tipo de proposta nunca me ocorrera no consultório. Mas, convicto de que minha proposta continha veracidade, arrisquei. Respondeu que sim, convidando-me a sair da sala com ele. Demos uma volta no quarteirão, em silêncio. Ele foi se apaziguando no decorrer da caminhada, a meu ver também pela minha aceitação de sua demanda. Numa sessão posterior, ele solicitou que caminhássemos novamente. Em vez de me deter nas interpretações possíveis, resolvi "pagar para ver". Novamente uma caminhada. A partir daí, quando havia solicitação explícita sua, o meu critério julgava se seria o caso de sairmos da sala. Meu critério baseava-se na intuição, e sempre concordava quando não via elementos manipulatórios na demanda. Estes a rigor eram muito raros. Fazíamos, então, a sessão caminhando pelas ruas, até uns dez minutos antes do final, quando retornávamos à sala e conversávamos sobre a experiência do dia. Havia, assim, um momento de encontro, um momento fora do consultório – "o consultório expandido", e, posteriormente, na volta, uma conversa mais específica sobre seu mundo interno. No interior da psicanálise situava-se uma ação, interpretativa, que mais adiante veio a se esclarecer um pouco mais. Era fruto de uma ação intuitiva, sem que eu pudesse compreender bem do que se tratava, embora estivesse seguro de que caminhávamos a favor de Roberto e de algo ainda a ser percebido por nós.

No início dos passeios, eu me posicionava com muito cuidado, sempre do lado do meio-fio, por preocupação, não descabida, de que ele pudesse atuar de modo a se jogar no meio do fluxo dos automóveis, ou mesmo ser acidentalmente atropelado por um deles. Era um misto de cuidado com uma criança e com um paciente com potencial para tanto. Várias vezes eu encontrava, nas ruas ou numa praça perto do consultório que costumávamos incluir no trajeto (escolhido por ele), um ou outro conhecido. Ele o cumprimentava e seguíamos em frente. Muito curiosamente, uma das experiências que ele posteriormente afirmou ter sido útil a ele era a de que, às vezes, transeuntes esbarravam nele e, como estava comigo, sentia--se protegido. Conversamos sobre isso depois, tinha a ver com intrusividade física, em nível corporal mesmo, como no si mesmo expandido psicodramático. Por seu turno, sentir-se protegido era certamente valorizado por ele e importante no contexto de seu mundo interno. Ele costumava me contar o seu dia a dia. Na época já tinha uma atividade de trabalho, atuava como cobrador dos aluguéis dos imóveis de sua família. Trazia frequentemente observações sobre as dificuldades ou satisfações consigo na abordagem dos inquilinos. Eu não costumava fazer interpretações transferenciais, parecia-me mais importante a relação de confiança, sintônica, do que trazer qualquer coisa para a transferência. Vez ou outra fazia pontuações referentes a nós, mas era raro. Propunha-me a conversar sobre nós somente se questões transferenciais estivessem atrapalhando. Aprendi isso em minha experiência pessoal de trabalho de supervisão, no passado, com Ronald Laing. Às vezes me é útil essa postura. Eu escutava mais e priorizava questões narcísicas, tendo sempre em mente a importância de sua autoestima crescente, aliada à amenização de ansiedades persecutórias. Isso possibilitava a apropriação de funções egoicas como uma discriminação mais fina de sua percepção, juízo a respeito da realidade, externa e interna. Com as caminhadas, parecia, mais que concretamente, que ele podia ver um mundo externo não tão perigoso ou hostil – as pessoas passavam a ser vistas menos ameaçadoramente, assim como, sem dúvida, seu mundo interno. A experiência de continência era básica. Sentia-se amparado nessa parceria, concretamente nessa jornada não através de si mesmo, mas como se fossem primeiros passos, seguros, revividos nos passeios em que ele, sem nenhuma dúvida, era o protagonista principal, único. A parceria era extremamente sintônica, e voltávamos a conversar no final das sessões. Às vezes caminhávamos em silêncio. Depois passou um tempo muito angustiado falando de sua relação com seu pai, naquela época operado de um carcinoma. Um dia pôde verbalizar que uma das coisas mais importantes naquelas jornadas se referia à possibilidade de recompor, para ele, uma relação que tinha com o pai, afetiva. O pai caminhava com ele, quando era criança, e depois saiu de casa e o contato mudou muito.

Na verdade, a questão dessa sintonia de ritmos, de presença compartilhada, está presente em todos os momentos, e de diferentes maneiras, na comunicação psicanalítica. Inclui um nível verbal e outro não verbal. A compreensão verbal é sempre acompanhada por um estado emocional revelado também em qualidades não verbais. Os graus de contato na relação estão em função relacional, o que depende do funcionamento mental do paciente e, sem dúvida, também do analista. Não excluo aqui questões de desenvolvimento emocional, embora esteja me referindo mais especificamente às diversas configurações dinâmicas, mutáveis conforme características de cada momento. Num extremo, observamos um nível quase corporal – Ogden (1997) fala do conceito de *rêverie* sendo estendido para as sensações corporais que o analista possa sentir desde determinada comunicação –, e no outro observamos elementos não discursivos apresentados como nuances (como no exemplo que descrevi), ou então conteúdos representacionais.

Para Fonagy (2008), "mentalização" é crescente e apresenta-se como denominador comum de todas as escolas psicanalíticas (Fonagy, Montagna). Diferentes escolas, no entanto, diferem em como tentam dar conta do não verbal.

238   NÍVEIS DE MUTUALIDADE

Ao longo da história do movimento psicanalítico, podemos observar autores que centram suas observações, quanto à utilização do método com vistas a mudanças psíquicas, na interpretação, e outros que dão grande importância à relação analista-analisando. No primeiro grupo, destacam-se Melanie Klein e os kleinianos. Usualmente, nesse grupo a neutralidade do analista está posta em evidência. No segundo grupo temos um *continuum* de autores, a começar por Ferenczi, que atribuem grande importância à experiência emocional na relação com o analista. A escola segue com Balint, depois Winnicott. Mais recentemente, Bollas (1987/1992) fala em objeto transformacional, numa experiência emocional transformadora. Essa nomenclatura sucede à tão polêmica "experiência emocional corretiva" de Franz Alexander, da década de 1950, que, ainda que extremamente esclarecedora, provocou muitas críticas dado seu posicionamento da psicanálise como uma experiência corretiva, posição muito pouco aceita na atualidade. Tanto Ferenczi quanto Alexander acreditavam no estabelecimento de relação interpessoal que contrastava favoravelmente com as relações traumáticas originais. A necessidade de gratificar os pacientes, entre outros motivos, levou Ferenczi a propor o que chamou de análises mútuas, mais horizontalizadas, em que o analista também se expunha, do mesmo modo que o paciente. Excessos levaram as experiências de Ferenczi ao descrédito, mas atualmente se discute, por exemplo, na literatura psicanalítica norte-americana, a exposição ou não do analista, a *self disclosure*. Mas a gratificação em psicanálise também é uma questão muito importante para Winnicott. Outros autores que privilegiam ou que estudaram mais a relação mutativa foram, nos Estados Unidos, Schwaber, Storolow, Loewald e, mais recentemente, Mitchell. Quanto a Bion, ainda que seu trabalho seja centrado na experiência emocional, a utilização do termo é mais específica, particular, compreendendo passos de evolução psíquica, e a utilização da experiência emocional da experiência analítica é posta com base na *rêverie* e na contratransferência. Se estendermos, como faz Ogden, a abrangência dos fenômenos da *rêverie* até qualquer sensação ou acontecimento que suceda com o analista em resposta à presença do paciente e seus estímulos, vamos chegar também à atenção a fenômenos muito primários no analista, corporal ou sensorialmente. A rigor, por necessidade clínica, dada a natureza dos pacientes da atualidade, a problemática psicanalítica contemporânea gira em torno do pré-verbal, não verbal, não representado ou irrepresentável. Hoje essa sintonia é central para o acompanhamento de nossos pacientes, cuja expressão se dá no vazio, *borderline* ou congêneres. Em nosso meio, Isaias Melsohn, por exemplo, trabalhou extensivamente os níveis não discursivos da comunicação (Melsohn, 2001).

Desse modo, uma discussão sobre mutualidade, ou mutualidades, remete aos mecanismos não verbais e não interpretativos do processo psicanalítico. Um extenso e relevante trabalho vem sendo desenvolvido pelo Grupo de Estudos do Processo de Mudança, de Boston, sob a direção de Daniel Stern (2000). Esse grupo percebe evidências de que a maioria dos pacientes, depois de terminar uma análise bem-sucedida, tende a se lembrar de dois tipos de experiência, do que eles chamam de "eventos nodais", que acreditam ter sido muito importantes para as mudanças que tiveram:

a) Uma das experiências que os autores chamam de interpretações-chave, que "reorganizam a paisagem interna" (Stern, 2000), é a que fornece suprimento cognitivo, de tal forma que surgem *insights* significativos. As situações de *insight* são promovedoras de mudanças, e a elas podemos trazer analogicamente a sensação de experimentar um novo aroma, nunca antes sentido, não conhecido. Quando agregamos esse novo aroma a nosso acervo de experiências e registros olfativos, a próxima experiência de um outro

240 NÍVEIS DE MUTUALIDADE

novo aroma já será realizada tendo aquele novo aroma anterior se agregado, já que a circuitaria neural olfativa terá se reconfigurado de tal modo que qualquer nova vivência já será recebida por uma circuitaria de nova configuração.

b) A segunda experiência mutativa referida pelos pacientes era a de momentos de encontro, momentos especiais de ligação pessoa a pessoa com o analista, momentos que alteraram a relação com o analista e, consequentemente, a autopercepção do paciente. Hoje sabemos, essas vivências processam-se num nível relacional implícito, não declarativo, de grande relevância. As análises podem ter sucesso ou fracassar nesse nível da relação interpessoal. E sabemos que qualquer interpretação será recebida de modos diversos, dependendo do lugar em que o analista é posto pelo paciente naquele momento. Depende, portanto, da relação.

O grupo estuda aspectos não verbais da interação, com apoio da teoria de sistemas não lineares e da teoria do desenvolvimento da relação mãe-bebê. Sabemos que, numa relação como a analítica, dois tipos de conhecimento serão construídos em conjunto. O primeiro é o conhecimento declarativo, explícito, que é representado de forma imagética ou verbal, material do conteúdo das interpretações, derivado da memória declarativa, que é a memória verbal, de fatos, acontecimentos. Torna-se facilmente consciente. Mas o que nos importa mais aqui é o segundo tipo de conhecimento: o conhecimento relacional implícito, ou processual. Opera fora da consciência e da experiência verbal, integra afeto, cognição e dimensões comportamentais. É essencial no desenvolvimento do bebê antes da aquisição da linguagem, registrado em forma não simbólica, pré-verbal, nas relações interpessoais. Na análise, um exemplo que pode ser dado é uma fala de Winnicott relatada por Guntrip (1975), no final de sua primeira sessão: "Não tenho nada a dizer, mas tenho receio de que, se não disser alguma coisa, você pensará que não estou aqui".

Stern propõe uma série de mudanças adaptativas na interação que se desenrolam na direção dos "momentos-encontro". Temos os "momentos-presente", os "momentos-agora" e os "momentos- -encontro". A interação dual cria conhecimento relacional implícito entre a dupla, em movimento constante, de busca de adaptação conjunta que inclui respostas novas e novos tipos de respostas que buscam sintonizar com o novo momento, o que caracteriza a mutualidade. A rigidez de respostas, sem respostas novas, a sucessão pela dupla de respostas e estímulos estereotipados cria um ambiente rígido, estático, que apenas na aparência está em sintonia de movimento. Pode-se chamar pseudomutualidade a modalidade de interação (Wynne, Ryckoff, Day, & Hirsch, 1958). Diversamente, a mutualidade é buscada nos movimentos intersubjetivos, conhecendo-se entre si. Assim, como a interpretação organiza o conhecimento declarativo, consciente, há momentos de organização do conhecimento implícito relacional, os momentos de encontro. Esses momentos implicam um reconhecimento mútuo, espontâneo, não programado – mas há momentos preparatórios. São esses os momentos-presente e os momentos-agora. Os momentos-presente seriam as unidades subjetivas que marcam as pequenas mudanças de direção quando se vai adiante. Chama-se momento-agora quando um momento-presente se torna "afetivamente quente". Quando esse momento-agora recebe uma resposta pessoal autêntica, chama-se momento de encontro (Stern et al., 2000, pp. 200-203).

O fato é que, para os autores, é na, ou com base na, relação implícita compartilhada que ocorrem os momentos-encontro e as mudanças na terapia. Esse compartilhamento é a área não simétrica da mutualidade, um pano de fundo vivencial de autenticidade no qual existem comunicações afetivas, um autêntico engajamento dos dois. Esse conhecimento implícito, mútuo, compartilhado permanece como base e se mantém ao longo das flutuações da relação.

Creio que os elementos conceituais descritos há pouco nos auxiliam a alicerçar alguma compreensão dos aspectos da interação com Roberto. Ou, ao menos, quem sabe nos ofereça uma continência conceitual, sejam as conceituações teóricas ficcionais ou não. Por exemplo, na aplicação técnica do conjunto teórico de transferência e contratransferência. Em algumas ocasiões, determinados pacientes convidam-nos à ação. Desde muito se distingue ação de *acting out*. No trabalho com crianças isso é parte do dia a dia. Trata-se de lidar com pacientes que, em determinado momento, não se encaixam numa técnica formal. O analista é convidado a atuar. Será uma atuação se ele der uma resposta curto-circuitada em termos de pensamento. Se a ação é fruto de uma opção intencional, consciente, não quer dizer que se exclua o inconsciente do analista, mas significa uma avaliação da melhor forma de contribuir naquele momento. O *setting* interno é o de mais importante preservação, nesses casos. Discuto isso em trabalho anterior (Montagna, 1991), realizado com paciente internado em hospital clínico. A capacidade do analista de manter sua identidade e sua função analítica é absolutamente fundamental para a preservação de seu fazer, seja em momentos de pressão, durante uma sessão psicanalítica usual, seja em situações não usuais, que não permitem a utilização de um enquadramento analítico tradicional. Após isso, seu grande desafio é, via de regra, entrar em sintonia com o nível em que o paciente está e de onde ele se comunica – de que nível de desenvolvimento libidinal, de que estado sexual da mente, com base em quê, de qual posicionamento objetal, e a quem ele se dirige, quem é o objeto, interno ou externo, ao qual ele comunica o quê. Essas são questões que não passam pela consciência na possibilidade, ou não, de uma relação de mutualidade. Podemos infantilizá-lo ou tratá-lo como igual, e isso é relevante. Não se trata, como diz Peña (1996), de hipertrofiar a subjetividade, mas, sim, de constatar a inevitabilidade de sua onipresença na relação dual psicanalítica. Nesse sentido, também concordamos com o autor quando afirma que o ponto fundamental da neutralidade e seu elemento central é exatamente a consciência da não existência de uma pura neutralidade.

A obra de Winnicott, da maneira aberta como o autor consegue lidar com condições profundas do psiquismo humano, abre a possibilidade de diálogo com diversas outras perspectivas psicanalíticas. Sua ênfase nos aspectos relacionais do processo, além da interpretação, prestam-se muito, como tentamos mostrar anteriormente, a uma aproximação com os trabalhos do Grupo de Estudos sobre Mudança Psíquica de Boston (Stern et al., 2000).

Abordei apenas elementos essenciais nessa experiência, sem entrar em detalhes quanto ao conteúdo das falas. Creio que aspectos vivenciais do compartilhar e escutar – muitas vezes o componente não verbal da parceria – oferecem uma perspectiva em que a dimensão da mutualidade se expressa de modo claro, além de exemplificar a questão do "além da interpretação" no contato psicanalítico. Há um momento em que não se trata de interpretar, mas sim de partilhar – muitas vezes sem falar.

Embora não tenha sido proposital, pensando acerca do tipo do acolhimento, de minha parte, que possibilitou as diversas trocas, verbais e não verbais, que se desenrolaram ao longo dessas sessões fora do *setting* usual, creio que o elemento de realização simbólica foi extremamente importante. A citação do início deste capítulo, do trabalho de Winnicott, aponta para Sechehaye em relação à técnica, a rigor largamente utilizada, por exemplo, no psicodrama moreniano. Ainda que não seja um procedimento que eu mesmo chamaria de analítico, no senso usual, o que desejo transmitir neste trabalho é que, às vezes, a serviço do paciente, intervenções que seriam postas fora do escopo daquelas ditas psicanalíticas podem, num *setting* analítico, ser de maior valia e até mesmo necessárias, dependendo da interação da dupla, num processo cuja principal meta é auxiliar o paciente. O *setting* é, principalmente, interno (Montagna, 1991). Autores como Taylor (2007) põem a importância de procedimentos não habitualmente considerados analíticos (encorajamento etc.) no trato com pacientes *borderline*. A questão da mutualidade, nesse caso, considera as identificações cruzadas, é claro que numa configuração vertical, assimétrica, ainda que o caminhar lado a lado possa compreender também o "estar no mesmo barco". Esse nível de mutualidade é uma produção de trocas múltiplas, numa vivência que recompõe impasses existenciais.

Vale ressaltar que o analista é posto num determinado lugar pelo paciente, e o paciente precisa encontrá-lo onde ele o põe. Um paciente pode nos colocar num limite entre o atuar e o não atuar. Deve-se entender como atuação não necessariamente aquilo que infringe uma determinada regra analítica. Uma intervenção analítica não necessariamente deve ser verbal. O mexer-se na cadeira pode, eventualmente, ser uma forma interpretativa. O que diferencia uma ação psicanalítica de algo que seja uma atuação pode ser visto também, até certo ponto, como a autenticidade da resposta, a passagem pelo aparelho de pensar, o não aprisionamento na contratransferência.

Ainda a respeito da mutualidade, concordo com Peña quando ele a associa a um ato de liberdade, em que o valor da experiência reside em vivê-la; não é um momento no qual o que importa é o que virá depois, a retribuição, ou não, pelo que você pode dar ou deu ao outro; importa é estar envolvido no aqui e agora. Penso que há um desprendimento pessoal, um desapego que provoca um encontro numa área que transcende o narcisismo, direcionando-se ao socialismo, mas com encontro numa área de interpenetração que pode se referir, *lato sensu*, à área transicional. Segundo Peña, a mutualidade ocorre quando é gerado um sentimento em que está implícita a liberdade de cada um, uma confiança não idealizada, um reconhecimento de que essa pessoa está com você e está numa situação de liberdade. O sentimento se refere ao fato de que estão sintonizados numa relação a dois, pois mutualidade significa que ambos estão compartilhando algo não apenas prazeroso, que é bem-vindo, mas também o sofrimento. É uma área em que nos situamos entre a ignorância e o saber, na qual podemos dizer algo. Nossa ação psicanalítica, afinal, busca o desenvolvimento, para aquela pessoa, de novos modelos em sua existência e de sua existência, cientes de que a vida é uma obra de arte em permanente construção, e uma obra aberta, no sentido de Eco (1971). A possibilidade de ações do tipo da do presente relato tem como eixo inicial a compreensão de que, na esfera da continência, há momentos em que, antes de interpretar, precisamos partilhar sentimentos e vivências. Ou seja, a interpretação é exatamente que a situação requer partilhamento. Essa não é uma decisão do tipo "agora é hora de partilhar"; mas, sim, descobrindo-se partilhar intuitivamente, pode-se dizer a si mesmo: sim, é o caso de eu estar fazendo isso, até que movimentos associativos nos tragam outra compreensão do que se passa.

O meu ponto de vista é que a possibilidade de uma situação de mutualidade facilita o trânsito entre o interno e o externo, o fora e a subjetividade. O enclausuramento de uma existência solitária, exilada, pode se revitalizar nos encontros e atos criativos.

Referências

Aron, L. (1997). Are we to have a meeting of minds? *Psychoanalytic Dialogues, 7*, 885-896.

Balint, M. (1968). *The basic fault*. London: Tavistock.

Bollas, C. (1992). *A sombra do objeto*. Rio de Janeiro: Imago. (Trabalho original publicado em 1987)

Botella, C., & Botella, S. (2005). *The Work of Figurability*. London: Brunner-Routledge.

Eco, U. (1971). *Obra aberta*. São Paulo: Perspectiva.

Ferenczi, S. (1990). *Diário clínico*. São Paulo: Martins Fontes.

Ferenczi, S. (1992). Confusão de língua entre os adultos e a criança. In S. Ferenczi, *Psicanálise IV* (A. Cabral, Trad., pp. 97-106). São Paulo: Martins Fontes. (Trabalho original publicado em 1933)

Fonagy, P. (2008, setembro). *Sobre o conceito de mentalização*. Palestra à Sociedade Brasileira de Psicanálise de São Paulo.

Guignard, F. (1997). *O infantil ao vivo*. Rio de Janeiro: Imago. (Trabalho original publicado em 1996)

Guntrip, H. (1975). My experience of analysis with Fairbairn and Winnicott. *Int. J. Psycho-Anal.*, *2*, 145-156.

Melsohn, I. (2001). *Psicanálise em nova chave*. São Paulo: Perspectiva.

Montagna, P. (1991). Interação psicanalítica com paciente terminal. *Ide*, *21*, 58-63.

Montagna, P. (2000). Além da transferência e da contratransferência: o encontro. *Revista Brasileira de Psicanálise*, *35*(3), 531-542.

Ogden, T. (1997). *Reverie and interpretation. Sensing something human*. New Jersey: Jason Aronson.

Peña, S. (1996). Naturalidade, mutualidade e o tânatos terapêutico. *Percurso*, *17*, pp. 108-113.

Stern, D. et al. (2000). Mecanismos não interpretativos na terapia psicanalítica. In *Livro Anual de Psicanálise*, *14*, 197-214.

Stewart, H. (1990). Interpretation and other agents for psychic change. *International Review of Psychoanalysis*, *17*, 61-69.

Taylor, D. (2007, março). *O funcionamento borderline*. Conferência ministrada na Sociedade Brasileira de Psicanálise de São Paulo.

Winnicott, D. W. (1994). A experiência mãe-bebê de mutualidade. In C. Winnicott, R. Shepherd, & M. Davis (Eds.), *Explorações psicanalíticas*. Porto Alegre: Artes Médicas. (Trabalho original publicado em 1969)

Wynne, L. C., Ryckoff, I. M., Day, J., & Hirsch, S. I. (1958). Pseudo--mutuality in the family relations of schizophrenics. *Psychiatry*, *21*(2), 205-220. Também publicado em Succar, I. (Org.). (2011). *Winnicott: ressonâncias*. São Paulo: Primavera.

PARTE III
Interfaces

Alma migrante[1]

A palavra alma, sede incorpórea do ser, cerne de sua sensibilidade, tão prenhe da própria qualidade humana, frequentemente é esquecida, até mesmo abandonada pela psicanálise e áreas afins, desde que James Strachey publicou *The standard edition of the complete psychologycal works of Sigmund Freud*, traduzidas do alemão para o inglês.

Habituamo-nos tanto ao uso do termo "mente" no dia a dia, do vocábulo *mind*, utilizado por Strachey como tradução do alemão *Seele*, que omitimos a lembrança de que Freud utilizou em toda a sua obra o vocábulo alemão *Seele* ("alma") como tradução do grego *psyquê* – ainda que, mencione-se, Strachey tivesse mantido o original grego nomeando a psicanálise como tal, e não "análise da alma".

---

1 O título deste trabalho me foi sugerido pela professora Sylvia Dantas, coordenadora do Grupo Diálogos Interculturais do Instituto de Estudos Avançados da Universidade de São Paulo (USP), ao me convidar para uma palestra, ali proferida em 2014. Uma versão anterior deste texto foi publicada em 2017 em *Revista USP*, 114, 109-118.

252 ALMA MIGRANTE

Quer seja utilizada como princípio espiritual do homem, em contraste com o corpo biológico, quer seja aplicada como sinônimo de indivíduo, a própria sonoridade da palavra ecoa como um convite à consideração do inefável, do transcendente da condição humana, conversação no âmbito da metafísica, ou das metáforas. De sublime leveza, a palavra "alma" nos remete ao reino do incorpóreo, do ascético, espiritual, religioso, em nosso idioma. Em alemão, *Seele* carrega mais estritamente a conotação de "princípio de vida", "afetividade" (Hanns, 1996).

De modo geral, nos idiomas latinos, o vocábulo "alma" (*âme, anima*, alma) não deixa de sugerir a tradição religiosa do cristianismo. *Seele* não coincide, precisamente, com a *anima* latina, porém *Seele* pode também se referir, do mesmo modo que alma, a algo interior mais fundamental, o âmago: a alma de um grupo, de um movimento (conotações também existentes nos idiomas latinos).

A leveza do termo nos transporta à conhecida historieta chinesa: Chuang-Tzu sonhou que era uma borboleta. Ao despertar, ignorava se era Tzu que havia sonhado que era uma borboleta ou se era uma borboleta e estava sonhando que era Tzu.

Essa fantasia metafísica sobre a identidade nos faz vislumbrar um sujeito escorregadio, lábil, de certo modo fugidio e líquido (Arrigucci Jr., 1998), propondo múltiplas perspectivas de percepção de nossa configuração, enquanto atores do nosso fazer psíquico, físico e social.

A brincadeira enigmática que essa historieta contém insinua uma contradição identitária insolúvel, carrega uma impossibilidade absoluta que, no entanto, se dissipa quando a olhamos pela lógica do sonho ou do inconsciente, em que podemos ao mesmo tempo ser Tzu ou borboleta, ou ambos. Porque o inconsciente, regido pelo processo primário, sob a égide do princípio do prazer, em que predominam condensações e deslocamentos, é atemporal e ignora contradições. As coisas podem ser e não ser ao mesmo tempo, é possível ser um e muitos, em muitos lugares e em lugar nenhum.

Somos, a rigor, compostos por múltiplos eus. Como poetou Mário de Andrade (1992), "eu sou trezentos, sou trezentos e cinquenta"; estejam esses eus em sintonia, cooperação ou conflito entre eles, somos constituídos por eus parciais, resultantes de introjeções de partes do mundo externo, partes estas que configuramos internamente de modo pessoal e particular, formando assim o nosso mundo interno. Neste encontramos uma realidade própria que Freud chamou de realidade psíquica. A escola kleiniana, posteriormente, propôs que ela é composta pelos chamados objetos internos, os quais são imagens mentais e emocionais de algo, um objeto externo que foi internalizado no *self*. Ou, dito de outro modo, denotam a experiência de elementos parciais introjetados no *self* que, dentro dele, "possuem seus próprios motivos e intenções para com o conjunto do eu, e os demais objetos internos, com os quais interagem" (Hinshelwood, 1992).

Saliente-se que essa introjeção pode ser, no dizer de Wisdom (1962), nuclear ou orbital. Será nuclear quando o elemento exterior internalizado integrar o próprio núcleo, a parte primordial e essencial do eu, transformando-o essencialmente, agora com a recém-incorporada aquisição. Será orbital quando se situa excentricamente, fora da parte central do eu, orbitando-a. A imagem que esse autor utiliza é a de um átomo com os elétrons, orbitais, girando ao redor do núcleo. Esses objetos orbitais internalizados funcionariam como elementos superegoicos, não fazendo parte da verdadeira e essencial composição central do eu.

É relevante retermos a perspectiva de que a introjeção do mundo externo, as incorporações pelas quais compomos nosso ser e nossa identidade, dão-se por meio de um filtro subjetivo muito particular, o que implica que cada um de nós introjeta o mesmo elemento da realidade externa de modo particular, único e pessoal. As neurociências demonstram que cada percepção é matizada por elementos pessoais, ou seja, representacionais. Não há uma percepção absolutamente pura e universal.

Os objetos internos como personagens de um teatro interior, cada um com maior ou menor autonomia e preponderância, formam um elenco cujo conjunto é regido por um diretor – o eu –, e compõem um conjunto maior que corresponde ao eu.

Assim, o eu é o diretor dos personagens no palco de seu mundo, que, no teatro da intimidade, tem sua trama urdida de acordo com sua experiência emocional na relação com o mundo externo, pessoas e situações significativas.

O eu terá maior ou menor contato com seus personagens internos, mais ou menos intimidade com eles, os quais foram criados de transformações próprias das internalizações de relações significativas que constituíram suas vivências. Podemos dizer que o eu é o maestro de seus músicos, os objetos internos. E que cada configuração é inteiramente individual.

Um grupo visita uma tribo indígena do Pantanal. Caminham pela mata, na companhia de um índio. Descontinuam a jornada para o exame de algumas árvores, aproveitam para descansar, sentados num tronco. Logo querem retomar o passo e chegar ao destino combinado. Levantam-se, mas o índio não se move. Ao ser convidado a continuar a jornada, o índio responde: "Preciso ainda sentar para esperar minha alma chegar".

Para o índio, a concreta dissociação entre alma e corpo, a enunciar o seu dualismo, se explicita nesse descompasso entre seu corpo e alma, mas que se pode pensar existir entre quaisquer diferentes aspectos internos, entre seus diversos eus participantes do mundo interior, de seu eu unificado.

Quando ele enuncia a dicotomia alma/corpo – precisa esperar o tempo de acomodação de sua alma, esperá-la chegar –, expõe também a temporalidade psíquica (*kairós*) diversa da temporalidade cronológica, bem como expande a espacialidade psíquica, ampliando-a até um espaço que transpõe sua corporalidade.

Por um lado, estão em jogo, por exemplo, integração e dissociação psíquicas. Por outro, metaforicamente, a frase contém uma apropriada percepção, por parte do índio, de seu estado de mente, apresenta pontos relevantes às questões psicológicas e psicossomáticas dos movimentos migratórios humanos.

Nossa identidade[2] se plasma no contato com o outro, se configura e reconfigura na interação com seu entorno, conforme suas circunstâncias e variações nas relações humanas e elementos não humanos. A obra de Bion mostra o quanto é importante encontrar um recipiente para nossos impulsos, ou, como aponta Berry, "nossos transbordamentos pulsionais, uma reserva onde derramar nossos afetos" (1987, p. 215).

Nessa interação surgem questões relacionadas, em sua essência, a comportamentos diante de mudanças ambientais, limites tolerados de mudanças ambientais, dos quais alterações desvantajosas podem nela sobrevir.

Para Berry, pode-se ter que o enraizamento num lugar e a possibilidade de retornar para lá parecem essenciais à constituição do sentimento de identidade. "Uma base onde levantar andaimes, um refúgio onde recolher consolo, uma morada onde viver, em

---

2 Refiro-me aqui à identidade como o sentir-se a si próprio como uma individualidade própria e única, capaz de permanecer o mesmo, com continuidade, diante de mudanças e, como aponta Mijolla, a soma das representações que cada um tem de si próprio (2002, p. 908). Note-se que há autores que atribuem à identidade a prioridade e importância que Freud atribuía à pulsão sexual (Grinberg & Grinberg, 1971).

256 ALMA MIGRANTE

surdina, os passos lentos ou precipitados do tempo . . . " (Berry, 1987/1991, pp. 216-217). Ela sugere que os lugares revisitados, redescobertos, revelam àquele que retorna, apesar das transformações, a identidade de seu ser.[3]

As mudanças relacionadas ao desenvolvimento, ou as mudanças sociais, podem resultar naquilo que se chama usualmente de crises de identidade, pontos cruciais de encruzilhada que funcionam como fonte de desorganização pessoal ou de desenvolvimento, dependendo de circunstâncias, qualidade do estímulo, qualidade da resposta e, em última instância, da resiliência de cada um.

Migrações eventualmente oferecem importante material para condições de efetiva desorganização mental, com grande potencial traumático. Quem migra está presente no novo espaço, no novo tempo. Não necessariamente sua alma acompanhou o corpo. Qualquer mudança mobiliza dispositivos de integração/dissociação corpo/alma, incluindo as mudanças que se dão no mundo interno do indivíduo. Leva algum um tempo após a mudança, para alguém se reconhecer, se apropriar do novo eu. Isso está sujeito a diversos fatores, do indivíduo e do grupo.

Na década de 1970, eu atendia pacientes do Serviço Nacional de Saúde na Inglaterra como parte de meu programa de pós-graduação naquele país. Tive a oportunidade de testemunhar e lidar com um fenômeno peculiar: um contingente migratório demograficamente expressivo desembarcava no Reino Unido, procedente da Jamaica, oriundo em sua maioria de áreas de pobreza urbana ou da zona rural. Em sua bagagem, os migrantes traziam uma série de crenças e superstições ligadas à religião que professavam, próxima

---

3 Alcançar a identidade é um processo ativo, não conferido automaticamente pela idade ou pela experiência. Os que não se envolvem ativamente nesse processo estão sujeitos a um estado de insegurança em relação a si mesmos e a seu lugar na sociedade.

do vodu, na qual especial importância era outorgada aos feiticeiros com poderes medicinais chamados *obis*. Sua ação era levada a efeito por meio de rituais, preces, banhos e ervas curativas, o alcance de suas atividades incluía os transtornos mentais.

Ora, no novo país, uma parcela significativa dessas pessoas, se doentes, resistia à procura de ajuda nas instituições de saúde inglesas. Preferiam as práticas dos *obis* lá instalados. Mas, à medida que o contato com a nova cultura se ampliava, a força e o poder deles iam arrefecendo, seus métodos perdiam a eficiência, suas técnicas tornavam-se inoperantes. A fé neles afrouxava. Era preciso se adaptar ao novo país, novas formas de tratamento tinham que ser buscadas. Kiev (1963) dedicou-se a estudar a situação. Os migrantes "se rendiam" aos novos valores e, assim, recorriam à medicina ocidental. Era como se a magia não resistisse aos milhares de quilômetros de distância entre a terra natal e a nova, quilômetros esses que demarcavam formas distintas de conceber o mundo e nele se inserir. Era preciso se adaptar ao novo país.

De todo modo, os pacientes chegavam até o ambulatório de psiquiatria após vencerem grandes barreiras. Uma jovem verbalizou: "Quando venho aqui, me sinto traindo meu povo". Sua identidade social tinha que ser preservada, às custas de um significativo abalo na identidade pessoal. Sua fidelidade a paralisava.

De fato, mudanças espaciais, ou outras, podem desequilibrar o indivíduo. A aculturação ao novo estado ou ao novo lugar só se dá às custas de ultrapassar as turbulências da jornada. Fenômenos de despersonalização, de desrealização podem entrar em cena. Uma tarefa contínua ao longo de todo o percurso da vida é trabalhar os desafios impostos pelas inevitáveis mudanças e migrações de toda ordem pelas quais passamos.

O desenvolvimento emocional representado se dá ao longo do trajeto entre as diversas etapas da libido humana. Migramos de uma fase oral para uma anal, depois fálica e genital, como propôs Freud. Importante dizer que mesmo em etapas posteriores persistem elementos de fases anteriores, de modo que, em certas circunstâncias, podemos sofrer uma regressão.

Atravessamos a infância, adolescência, juventude, idade adulta, maturidade e velhice. Todos esses passos implicam a elaboração de luto pelo que ficou perdido, requisito indispensável para que nos apropriemos dos aspectos positivos, dos ganhos de cada nova condição. Quando é possível o trabalho interno do luto de cada objeto ou de cada relação significativa, novos passos podem ser dados.

Além de outros obstáculos ao avanço a novas posições, uma força contrária, que Freud chamou de *adesividade da libido*, que se liga a uma posição e não a abandona, dificulta também as mudanças.

Sobre as migrações

Temos efeitos universais das migrações sobre os indivíduos, temos efeitos que dependem das condições que circundam o movimento migratório, temos efeitos absolutamente individuais, que dependem, dentro de seus contextos, das reações absolutamente singulares de cada migrante.

Lembremos que cada ser humano:

- é igual a todos os seres humanos,
- é igual a alguns seres humanos,
- é igual a nenhum outro ser humano.

Nossos conhecimentos e pesquisas se dirigem a cada homem, a grupos de homens e à sociedade.

Migrações acompanham o ser humano desde o início de sua existência, a rigor precedem a ela; assim como as migrações animais, em grupo, as migrações humanas são essenciais para a sobrevivência da espécie. Posteriormente, com o domínio do fogo, de instrumentos e da agricultura, o homem pôde se instalar de modo menos nômade, ainda que essa chama pudesse ter persistido. As migrações foram e são fundamentais na formatação da humanidade e de muitos de nossos comportamentos.

Lembremos, também, que miticamente a migração se faz presente no primeiro momento da criação da humanidade. A primeira migração terá sido a de Adão e Eva, relata a Bíblia. Movidos pela curiosidade, eles penetraram em área proibida do Paraíso, encontraram a árvore do conhecimento, comeram do fruto proibido e foram punidos com a expulsão, perdendo todas as benesses que tinham. Esse foi o subproduto do primeiro ato de livre-arbítrio do ser humano. Sob essa ótica, somos todos exilados do mundo ideal. E a busca desse paraíso perdido, recriado nas fantasias individuais e coletivas, já motivou muitas procuras, tantas utopias...

Ainda nesse âmbito, um migrante e exilado ilustre foi Édipo, cujo mito ocupa uma função estruturante fundamental no psiquismo humano.

As condições de uma migração dependem do significado e da importância daquilo que foi deixado para trás, da idade do migrante, do grupo que o acompanha, da voluntariedade, ou não, do movimento migratório, de sua liberdade ou imposição, da livre escolha, ou não, do local de destino, se foi abrupta ou se existiu planejamento antecipatório, daquilo que pode ser levado para o novo sítio, da diferença entre a cultura de origem e a nova, da intensidade e tipo de ligação com o local de origem, incluindo ambiente físico, diferenças linguísticas e, também, receptividade do novo ambiente. E, fundamentalmente, depende da resiliência do indivíduo.

Dentre os elementos resilientes necessários está a capacidade de suportar a separação e ter condições de realizar um trabalho intrapsíquico de luto satisfatório. O migrante busca recriar no novo ambiente quase uma réplica do antigo. Mas, muitas vezes, isso não é possível.

A combinação de todos esses fatores determina o quanto uma experiência migratória resulta fortalecedora ou traumática para cada um. Para alguns a migração é sempre traumática. O que podemos dizer é que existe um componente potencialmente traumático na migração.

O trauma é um afluxo de estímulos que ultrapassa a capacidade dos mecanismos de defesa do eu, criando um estado de desorganização que necessita ser recomposto por mecanismos restauradores.

Como já apontado, existe um enorme potencial de desorganização psíquica no deslocamento migratório. A desorganização egoica pode ser de diversos níveis e, às vezes, chega à psicose.

Atendi situações psicóticas de pacientes em trânsito no Brasil, a trabalho, e uma das questões era viabilizar um voo seguro de volta ao seu país. Muitas vezes ocorrem surtos psicóticos em indivíduos nas viagens. Viagens de intercâmbio, por exemplo, demandam especial atenção.

Migrações constituem os assim chamados "eventos vitais", fatores de risco para a saúde das pessoas, pelo estresse que causam, pela ansiedade que levantam.

As ansiedades mobilizadas pela migração podem ser de vários tipos.

Ansiedade de separação

Básica e onipresente na existência humana, manifesta-se da constituição do eu enquanto entidade destacada do seu primeiro objeto, o objeto materno. As formas que o indivíduo encontra para lidar com ela modulam suas relações interpessoais, sua segurança, sua suscetibilidade egoica.

O que conta na migração é a capacidade do migrante de trabalhar internamente seu luto por tudo aquilo que deixou. Entendemos aqui o trabalho de luto como um conglomerado de processos favoráveis, ainda que dolorosos, que se desenvolvem em face da perda. Compreende a aceitação da realidade e sua ressignificação. Implica a aceitação da vulnerabilidade humana relacionada à perda e limitações próprias. A dor que o contato e a percepção dessa reação à perda causam é tão forte que, às vezes, impossibilita a pessoa de elaboração do processo interno de luto para dar sequência livre à sua vida.

O trabalho de luto é necessário, pois nos permite renunciar a apegos e/ou a atitudes que perderam sua utilidade, possibilitando o investimento em outros objetos, facilitando, assim, crescimento e desenvolvimento. Freud (1914/1975a) define o resultado do luto: "A tarefa do luto é a de libertar do morto as memórias e esperanças do sobrevivente".

A separação se dá em relação às pessoas e, também, ao ambiente e seus elementos, sejam objetos pessoais ou a casa, e até mesmo paisagens, arquitetura e o que está à vista. O ambiente exterior pode funcionar como uma mãe, abrangente (Akhtar, 2008). Um exemplo disso é a busca de ambientes familiares no novo ambiente, amigos da mesma origem – comunidades que se ajudem, uma forma de recriar aquilo que existia antes, mas em novos moldes.

A constância no ambiente reassegura a sensação de segurança do indivíduo, entretece pilares de sua consciência, de como ele se reconhece, de sua identidade.

Ansiedade frente ao encontro com o novo e desconhecido

Relacionada, até certo ponto, à elaboração do tipo anterior, implica a possibilidade do abandono de posições conhecidas para a aventura no desconhecido. Os excessos, que podem beirar a patologia, variam entre a necessidade básica de agarrar-se a algum objeto, na ilusão de que o contato seguro manterá o sujeito a salvo (ocnofilia), e a incapacidade de manter proximidade com o objeto, visto como ameaçador (filobatismo).

Ansiedade superegoica a respeito de lealdades e valores quando confrontados com os novos

Toda mudança, na vida, implica deixar de lado elementos constituintes do sujeito, implica suportar a ação de abandonar aquilo que de algum modo deve ser abandonado. Alguns indivíduos não podem despojar-se absolutamente de nada, são conhecidos como "acumuladores".

Ansiedade depressiva que ajuda o surgimento do luto em relação ao que foi deixado para trás e às partes perdidas do *self*

As ansiedades depressivas, no sentido kleiniano, implicam a consideração para com o objeto, seja o novo ou o deixado, e, até mesmo, para com os objetos internos abandonados. Referem-se a movimentos reparativos, em que prevalecem os impulsos amorosos, construtivos.

Ansiedade confusional pela dificuldade de discriminação entre o velho e o novo

Implica desorganização do ego, perda de suas funções de discriminar esses elementos, para a manutenção de um bom contato com a realidade, tanto a interna como a externa.

Integração do migrante

O migrante deixa possessões pessoais, deixa seu entorno, seu ambiente etc. Quando a migração é voluntária o cenário é mais ameno, mas se ela é involuntária as perdas se revestem de maior intensidade emocional. Objetos com significado próprio, uma lembrança, um presente, podem se revestir do caráter de objetos intermediários de ligação com pessoas queridas. Se a migração é involuntária, como num exílio, as tensões emocionais podem ser maiores.

A capacidade de adaptação de cada um dimensiona a possibilidade de encontrar conforto no novo ambiente. O enfrentamento e a suplantação de períodos de desorganização pessoal, dor, frustração, se forem bem conduzidos, podem, evidentemente, trazer crescimento ao indivíduo.

Jerry Kozinski, escritor judeu polonês migrado para os Estados Unidos, autor da novela *O pássaro pintado*, conta nesse livro que quando criança morava num bairro católico de Varsóvia e, por ser judeu, moreno, de nariz adunco, num lugar de católicos de olhos azuis, foi espancado diversas vezes, sofria castigos e era torturado quando ocorriam desgraças com as quais não tinha nada a ver. Em certo momento, o menino conheceu um caçador de passarinhos, que usava uma armadilha para caçar aves as quais, depois, vendia aos povoados da Polônia. Foi o caçador que mostrou ao menino o fenômeno que dá título ao livro. Quando apanhava um pássaro, o resto do bando voava de modo que, antropomorficamente, poderíamos chamar parecer um protesto do grupo, um clamor para que se libertasse o preso. Se ele libertava o pássaro, este voltava a se unir aos outros e fugia. Mas, se antes de libertá-lo, o caçador pintasse o bico do pássaro de azul, ou uma asa de amarelo, ou a cabeça de verde, assim que ele se juntava aos semelhantes, estes o bicavam e arrancavam as penas, os olhos, despedaçavam-no o corpo e ele morria em poucos instantes.

A desgraça do pássaro é uma característica fundamental que compartilhamos, ao menos, com alguns animais: a rejeição ao diferente, relacionado ao narcisismo das pequenas diferenças (Freud, 1914/1975b). O ser humano constitui-se do outro, do diferente, e assim ele afirma sua identidade. Para tornar-se sujeito, alguém deve amá-lo e investir nele. A necessidade do outro desperta sentimentos de amor e ódio, amor pela gratificação e ódio pela percepção da própria incompletude.

Pelo vértice mais amplo da migração, em movimento contínuo de mudanças, internas e externas, destacamos nosso incessante movimento de nos ajustar a cada momento, a cada novo presente, único tempo em que efetivamente vivemos. Se consideramos que a cada minuto somos outros, somos sujeitos cambiantes que ao passado não podemos voltar, temos que considerar que nos constituímos todos, em quaisquer circunstâncias, como almas migrantes, sendo este um inexorável elemento da condição humana.

Referências

Akhtar, S. (2008). Introduction. In M. T. S. Hooke & S. Akhtar (Eds.), *The geography of meanings: psychoanalytic perspectives on place, space, land, and dislocation*. London: Karnac.

Andrade, M. (1929). Eu sou trezentos... In M. Andrade, *Remate de males*. São Paulo: Martins Fontes.

Arrigucci Jr., D. (1998). Teorias da narrativa; posições do narrador. *Jornal de Psicanálise, 31*(57), 9-43.

Berry, N. (1991). *O sentimento de identidade*. São Paulo: Escuta. (Trabalho original publicado em 1987)

Freud, S. (1975a). Mourning and melancholia. In S. Freud, *The standard edition of the complete psychological works of Sigmund Freud* (Vol. 14, pp. 239-260). London: Hogarth Press. (Trabalho original publicado em 1914)

Freud, S. (1975b). On narcisism: an introduction. In S. Freud, *The standard edition of the complete psychological works of Sigmund Freud* (Vol. 14, pp. 73-102). London: Hogarth Press. (Trabalho original publicado em 1914)

Freud, S. (1975c). Fixation to traumas – The unconscious. Lecture XVIII. In S. Freud, *The standard edition of the complete psychological works of Sigmund Freud* (Vol. 16, pp. 273-285). London: Hogarth Press. (Trabalho original publicado em 1917)

Grinberg, L., & Grinberg, R. (1971). *Identidad y cambio*. Buenos Aires: Kargieman.

Hanns, L. (1996). *Dicionário comentado do alemão de Freud*. Rio de Janeiro: Imago.

Hinshelwood, R. (1992). *Dicionário do pensamento kleiniano*. Porto Alegre: Artes Médicas.

Kiev, A. (1963). Beliefs and delusions of West Indians immigrants to London. *British Journal of Psychiatry, 109*, 356-363.

Kosinski, J. (1984). *O pássaro pintado*. São Paulo: Abril Cultural.

Mijolla, A. de (2002). *Dicionário internacional de psicanálise*. São Paulo: Imago.

Wisdom, J. (1962). Comparison and development of the psycho--analytical theories of melancholia. *International Journal of Psychoanalysis, 43*, 113-132.

Subjetivação contemporânea na metrópole[1]

> *Quando eu morrer quero ficar,*
> *Não contem aos meus inimigos,*
> *Sepultado em minha cidade.*
> *Saudade.*
>
> Mário de Andrade, *Lira Paulistana*, 1944

Tomo as metrópoles como sítio por excelência em que se materializa a contemporaneidade em suas expressões mais concretas, aclimatadas histórico-culturalmente na pós-modernidade, na extraordinária jornada da globalização que se desenha no mundo desde fins do século XX, cercada posteriormente por movimentos contrários a esta.

Nelas se cristalizam as tecnologias transformadoras do mundo nas últimas décadas. Suas praças são os lugares onde trocam-se

---

1 Uma versão anterior deste capítulo foi publicada em 2001 em E. T. O. Tassara (Org.), *Panoramas interdisciplinares para uma psicologia ambiental do urbano* (São Paulo, Educ/Fapesp, pp. 71-86).

imagens e narrativas possíveis, segundo as quais organizamos nossas vidas, onde se fabrica a opinião pública (Calligaris, 1996). Ao mesmo tempo que nelas se interage, elas inauguram e modulam as expressões de nosso mundo psíquico, consciente e inconsciente.

Produzem "aquilo que de melhor e de pior a civilização nos traz" (Castells, 1999, p. 20), pois geram o máximo de inclusão na contemporaneidade e no grupo social aos quais pertencemos, ao mesmo tempo que exclusão e desnível são colossais.

Como globalização entendo "a intensificação das relações sociais em escala mundial, que liga localidades distantes, de tal maneira que acontecimentos locais são modelados por eventos acontecidos a muitos quilômetros de distância, e vice-versa" (Giddens, 1990, p. 69). Trata-se de um processo dialético cujo resultado não se apresenta como um conjunto de mudanças uniformes. Compreende tendências mutuamente opostas, por exemplo, crescimento econômico em um local às custas de desemprego e empobrecimento do outro.[2] Sua marca registrada é a simultaneidade dos eventos em múltiplos locais, num movimento resultante da condensação espaço/tempo. Considerem-se aqui locais em que se dão trocas significativas entre os participantes. A própria tecnologia as possibilita e estimula, em maior ou menor grau. Marc Augé (1992) denominou "não lugares" aqueles em que se alastra a impessoalidade, aqueles que têm a mecanicidade do estar em trânsito sem nenhum apego, em que as trocas servem apenas como passagem, sem interações humanas significativas.

Esses são os contextos dos fenômenos de fundo que permeiam este texto e norteiam nosso interesse aqui. O clima que eles desencadeiam, seus impactos, o modo como contribuem para plasmar subjetividades nos importam, e a eles dedicarei algumas

---

2 O que, evidentemente, não é prerrogativa só da globalização.

considerações. Assim, a metrópole nos concerne na medida em que se constitui no ambiente físico em que se explicita de modo palpável a globalização.[3]

A globalização desdobra-se também na "descentralização" da função metropolitana. O ambiente, como um todo, passa a funcionar como uma metrópole amplificada. Em última instância, a metrópole hoje é virtual. Um espaço eventualmente circunscrito é sobrepujado pela virtualidade sem fronteiras. O espaço paradoxalmente se alonga, se estende, e ao mesmo tempo se contrai, se abrevia e encurta. Se estamos em São Paulo, nos sertões ou na China, isso pode não fazer a menor diferença no mundo virtual, à parte os fusos horários, mas estes também podem constituir apenas um mero detalhe. Um fato acontece e se faz presente no exato momento de sua ocorrência, concomitantemente, em qualquer lugar do mundo e, eventualmente, de outros mundos, caso estações espaciais também estejam conectadas. As incríveis impressoras 3D dão luz à concretude de determinados elementos insólitos de modo quase inacreditável, impensável há pouco tempo.

Aceleração do tempo e integração/contração do espaço delineiam a feição da contemporaneidade e, retornando ao espaço físico, particularmente o modo como se explicitam na metrópole. A aldeia global tornou-se uma realidade incontestável, com todas as suas implicações,[4] para o bem e para o mal.

Lidamos com fenômenos centrípetos e centrífugos de alta complexidade, de funcionamento ditado por elementos exteriores,

---

3 A delimitação da metrópole no espaço físico faz-se necessária para os propósitos de nossas reflexões neste capítulo. Mas, a rigor, poder-se-ia estender o conceito, propondo o próprio ciberespaço como uma metrópole virtual sem fronteiras ou contornos.

4 Atender online, como eu e alguns outros colegas psicanalistas fazemos, pacientes que estão na Austrália, ou numa pequenina cidade do interior do Brasil, ou em Lima, era obviamente inimaginável tempos atrás.

do ambiente em que cada um deles está inserido. Esse ponto não pode deixar de ser levado em conta pela psicanálise. Aquilo que se costuma apontar como a busca radical da singularidade e da individualidade, e que constitui sua marca registrada, é demarcado externamente por uma dimensão macrossocial e outra microssocial que balizam as suas possibilidades efetivas. "Eu sou eu e minhas circunstâncias", apontava Ortega y Gasset (1961). É no contato com o outro, com o grupo exterior, que se plasmam e se movimentam as identidades pessoais. Um homem não vai além dos limites de seu tempo.

Ainda que alguns psicanalistas circunscrevam seus horizontes à clínica, nutrindo-se quase exclusivamente daquilo que ocorre (ou não) numa sessão, não raro excluindo o grupo social ao redor do indivíduo, as incursões de Freud na cultura são seminais em sua obra, e a maior parte dos profissionais de hoje entende a presença inexorável do mundo externo na intimidade de cada relação e, portanto, na sessão.

Harris (2017) realça essa condição de modo contundente em seu trabalho "Intimidade – O tanque no quarto". Trata-se, pensamos, de restaurar a autonomia do indivíduo para que se evite a invasão de uma possível e excessiva intrusão traumática, ou traumatizante, dos estímulos do meio exterior.

Como influi uma metrópole, ou um ambiente metropolitano, na subjetivação e na subjetividade de um indivíduo?

Entendemos subjetividade como o espaço íntimo do indivíduo, seu mundo interno com o qual ele se relaciona com o exterior, numa interação que imprime marcas singulares no próprio indivíduo bem como no ambiente externo, como crenças, valores compartilhados na cultura, os quais formam as experiências históricas e coletivas. Sua etimologia, do latim, traz: *subjectivus* (*subicere*: "colocar sob", mais *jacere*: "atirar, jogar, lançar").

O processo de subjetivação compreende "a construção, por parte do indivíduo ou do grupo de si mesmo como sujeito" (Touraine, 2006, p. 166). Na apreciação dos fatores que fundamentam seu engendramento e sua instauração, além de fatores intersubjetivos, grupais, sociais, culturais, estão em jogo aqueles referentes ao ambiente físico, incluindo geografia ou urbanização.

A utilização de um instrumental bifronte é necessária: tanto voltado à dimensão sociogrupal de pertinência como à puramente individual do sujeito. O fazer analítico, por seu turno, é curioso. Ao mesmo tempo exclui o meio externo para a observação do indivíduo único e não pode perder de vista a contextualização ambiental na qual sua subjetividade é explicitada.

O externo apresenta-se como uma "virtualidade" que se contrapõe à "atualidade" da presença, que a influencia sem no entanto ser protagonista. O contexto possibilita a visão da floresta para além da árvore. A riqueza de uma perspectiva interacional, intersubjetiva, está na observação do funcionamento do indivíduo em sua efetiva relação com o outro, que pode ser também o caso do analista, tomando-a como o modelo de seu funcionamento amplo.

À subjetividade plasmada nas interações sociais e na cultura se somam os efeitos identitários do entorno material, da geografia física e econômica, dos espaços e ambientes urbanos, tipos arquitetônicos, de moradias e de suas composições.

Freud, em "O futuro da ilusão" (1927/1975c), discute as necessidades humanas para a criação de Deus. O espaço interno e o externo seriam criados pelo próprio indivíduo de acordo com uma dinâmica de "incorporar-atirar para fora", primeiramente em nível oral; ou seja, engolir ou cuspir.

Para Fenichel (1946), as instituições sociais teriam surgido dos esforços das pessoas para satisfazer suas necessidades. Ele reconhece que, quando constituídas, instituições sociais se tornam realidades externas reais e independentes, ou relativamente independentes, que passam a influir no mundo interno do indivíduo, modificando-o ou influindo na manutenção de uma dada condição.[5]

Por mais que os espaços externos, as instituições, as religiões, possam ser criados pelas necessidades interiores das mentes dos grupos humanos, obviamente eles ganham realidade própria, movem-se independentemente das subjetividades que os criaram, influenciando-as a seu modo. Operam como um conjunto gestáltico, em que o todo é maior que as partes.

Tomando o modelo topográfico de Freud, nossa geografia interior se reflete nas diversas áreas de uma cidade/metrópole, projetando-se em áreas de maior ou menor visibilidade, mundo *underground* etc.

O mundo intersubjetivo e o das relações dinâmicas indivíduo/entorno físico constituem os espaços dos mitos, da religião, do imaginário compartilhado que configura o universo cultural humano. E, nesse mundo transicional, no qual se entrecruzam o interno e o externo, deitam-se as raízes da subjetividade compartilhada. No modelo epistêmico winnicottiano, como sabemos, o bebê é quem cria o objeto externo, mas essa criação depende da presença efetiva, real e disponível, deste. A relação do indivíduo com a cidade também pode ser pensada dentro desse modelo.

A rigor, Winnicott foi o psicanalista que até hoje mais iluminou a problemática da interação eu-mundo externo. Suas formulações sobre o caminho à individuação permitem acepções não somente úteis para a metapsicologia, mas também, como um todo,

---

5 Otto Fenichel foi analista de Adelheid Koch, primeira analista didata intitulada pela International Psychological Association (IPA) a praticar psicanálise no Brasil, em São Paulo em 1936, com quem diversos dos pioneiros da Sociedade Brasileira de Psicanálise de São Paulo (SBPSP) se analisaram.

para a epistemologia. Ocupa-se do espaço de origem do jogo, da cultura, da espontaneidade – e do conhecimento. O mundo só passa a existir para o bebê à medida que ele próprio o cria, e ele só pode criá-lo à medida que ele passa a existir, é sua proposição. Essa assertiva dá conta da intrínseca complexidade interacional e, principalmente, da relação inextricável de dependência/independência simultâneas de sujeito e objeto, propiciando a subjetivação com base numa realidade externa palpável, mas que só existe na medida em que, de maneira particular, autor e personagem a compõem ativamente – ao mesmo tempo que sofrem passivamente suas histórias pessoais (Winnicott, 1988). A representação da realidade é, assim, um processo que necessariamente contém uma distorção desta. Ela nos remete às fantasias e, consequentemente, ao estrato psicobiológico das pulsões. A neurociência confirma que toda percepção contém, intrinsecamente, uma interpretação, comporta uma dose inevitável de subjetividade.

Podemos dirigir o foco de atenção a famílias ou grupos, considerando-os unidades com dinâmicas internas que Bion (1962/ 1970) descreve como uma *cultura grupal*, autônoma, maior que as partes representadas pelos indivíduos que compõem o conjunto, a soma dos indivíduos com poderosa influência em relação ao comportamento de cada um. A influência profunda do coletivo no individual, condicionando-o, encontra-se em Freud, em "Psicologia das massas e análise do ego" (1921/1975d), texto que trata dos fenômenos de identificação. Ali, Freud mostra como as massas influenciam o comportamento individual até "des-individualizá-lo", tornando sua capacidade de pensar e discernir elementarmente desmantelada.

Captamos assim, no bojo da psicanálise, elementos para o movimento do grupal para o particular. Nem todas as construções teóricas fundamentais da psicanálise se originaram de *insights* de um *setting* clínico. Ao contrário, diversos destes advieram da observação psicanalítica de elementos da cultura.

Instrumento central da técnica psicanalítica, a *atenção flutuante* nos permite não fazermos prejulgamentos ou seleções *a priori* com relação àquilo que chega a nós a partir do analisando(a). É uma espécie de ignorância cultivada que propicia uma melhor observação dos fenômenos com os quais nos deparamos.

Retornemos à consideração da metrópole e ao espaço urbano. Lócus de encontro e trocas sociais concretas, físicas, por vezes sobrepujadas por aquelas do espaço virtual, as metrópoles testemunham e moldam as histórias pessoais de seus habitantes, muitas vezes intrinsecamente conectadas com suas dinâmicas.

Uma cidade como São Paulo, por exemplo, tem como uma de suas conflitivas a dinâmica preservação/destruição como condição de existência, conforme aponta Freire: "O vazio e o cheio, o pequeno e o grande, a proximidade e a distância, as cores e as luzes ganham um sentido ao se integrarem à linguagem dos objetos" (1997, p. 32). Não é irrelevante assinalar o contexto histórico-social em que tal conflito se dá, pois essa perspectiva tem a ver com a geração de nossa intimidade.

A cidade tal como existe hoje se estabeleceu nos últimos dois séculos. Em 1820, início do século XIX, a população da cidade de São Paulo girava em torno de 20 a 22 mil habitantes, população que permaneceu estável por aproximadamente cinquenta anos, fato não usual para aqueles tempos, relata Lemos (comunicação pessoal, 2017).

Nos cinquenta anos seguintes, com o ciclo do açúcar e com toda a imigração estrangeira, a população decuplicou, atingindo 250 mil habitantes na virada do século XIX para o XX, até 1910. Número espantoso para qualquer lugar em qualquer época. Desses

250 mil habitantes, 41% eram italianos, outros 9% imigrantes de outras origens (alemães, húngaros, japoneses, portugueses, espanhóis etc.). Cada um guardava a memória de sua cultura, não de São Paulo. A fonte de referência cultural eram os locais de origem, não a nova terra.

O contingente de imigrantes estrangeiros na população quase se igualava àquele representado pela população local, diversamente da inserção das colônias estrangeiras de uma cidade como Nova York. Em outros lugares, a recepção aos italianos e outros estrangeiros foi muito diversa; a cultura em São Paulo quase foi refundada.

Uma hipótese é que essa circunstância configure um menor zelo pela preservação daquilo que existe, do patrimônio local histórico, arquitetônico, cultural. Demolições dificultam a preservação das raízes, a memória urbana se esvai. A identificação com a cidade se faz de modo diferente daquela, por exemplo, de uma cidade europeia, não destruída pela guerra e que há muitos anos permanece quase inalterada, ou na qual o novo não abole o já existente.

No fim do século XX, São Paulo se dispõe, no dizer de Canevacci,

> *como um híbrido urbano, um sincretismo topológico territorial no qual se sobrepõem elementos de uma intensa pós-modernidade aos dolorosos – e, às vezes, mesmo perigosos e tristes – aspectos... terceiro-mundistas. Nele, as comunicações polifônicas se inserem de uma maneira desordenada. (1993, p. 17)*

A subjetivação num centro urbano dessa natureza, em que os espaços públicos não são universalmente acessíveis, em que a ocupação é pouco adensada e as pessoas não têm, a rigor, um espaço definido para se encontrar e trocar suas experiências, possivelmente tem como consequência uma subjetivação diversa daquela, por exemplo, de uma cidade como o Rio de Janeiro, onde a praia é, por excelência, o espaço universalmente democrático.

Estabelecidas as bases primordiais de interdependência e autonomia dialética da relação eu-mundo externo, a tarefa seguinte é a de trabalhar os caminhos intermediários dessa relação. Isso será levado em conta aqui, embora não seja nosso escopo específico. Uma proposta metodológica possível encontra-se em aproximar-se da subjetividade pela articulação da psicanálise com a sociologia. É o que faz, por exemplo, Minerbo (1997) quando focaliza a subjetividade na "cultura do narcisismo", mostra a sociedade de consumo como sistema simbólico determinante de subjetividade e do inconsciente de uma época, e a crise de representação da modernidade.

A consciência de que existimos como indivíduos se desdobra na possibilidade de nos reconhecermos como nós mesmos enquanto sujeitos de nossa atividade; de reconhecermos nossa unidade (sou eu mesmo e só eu num momento), nossa identidade ao longo do tempo (sou eu mesmo sempre), nossa individualidade diante do outro, e de todos os outros (Jaspers, 1913/1971). Refere-se a sentirmos que ocupamos um lugar no mundo, que é só nosso. Essa continuidade de nosso ser, acompanhada de um sentimento próprio, consolida a força do ego e nos fortalece, mostrando-nos que vivemos inapelavelmente nossas vidas, nós mesmos; ninguém mais pode vivê-la por nós. Evasões eventuais dessa dimensão solitária da existência podem ser observadas em fantasias de duplo, sósias, clones, como apontei em outro trabalho (Montagna, 1996). Falhas em nossas defesas podem dar margem a fenômenos de despersonalização.

Nosso sentimento de identidade, cerne e substância de nossa subjetivação, define nossa unidade resultante de todos os processos identificatórios pelos quais passamos (e continuamos a passar), tendo, portanto, uma natureza intrinsecamente dinâmica e relacional. Freud nos mostra que o estado edípico apresenta-se como uma solução substituta que faz o menino abandonar o objeto de desejo libidinal para se identificar com seu pai interditor. Com o abandono da catexia de objeto e a identificação com o pai interditor, criam-se condições para o núcleo do superego (Freud, 1924/1975a). O superego torna-se assim, para ele, o herdeiro do complexo de Édipo. Essa identificação será estabelecida por uma renúncia à mãe e uma aproximação identificatória com o pai, o que implica a aceitação de uma proibição universal instalada na dimensão da cultura.

É assim que o processo cultural, por meio de introjeções e projeções, plasma, consolida e trabalha incessantemente nossa subjetivação, por meio de nossa identidade. A troca incessante com o meio externo nos delimita por uma camada virtual, um envelope de transicionalidade, realçando a plasticidade e o dinamismo implícito em nossa adaptação ao mundo. E espera-se que não nos cristalizemos, mumifiquemos, petrifiquemos, mas sim que nos mantenhamos vivos na acepção ampla da palavra, embora essas ameaças pairem sobre o ser desde o nascimento. Para nos mantermos nós mesmos, manter nossa identidade, faz-se necessário que a percamos no fora de nós, que nos mesclemos com o mundo exterior, fundindo-nos com ele para nos modificarmos; só assim podemos saber quem somos, saber em que nos diferenciamos; mas o paradoxo é que, a partir daí, não seremos mais o que somos, seremos outros, novos.

Por extensão, nossa apropriação de um espaço urbano implica um movimento análogo.

O antropólogo italiano Massimo Canevacci (1993) tem uma interessante narrativa sobre sua chegada a São Paulo, sem conhecer ninguém e sem dinheiro nacional, permitindo-se explorar a cidade "perdendo-se" nela qual um *flâneur*, em contato direto e inusitado. Propõe essa manobra como método para conhecer "estranhando toda familiaridade com ela e, ao mesmo tempo, familiarizando-se com suas múltiplas diferenças". Essa perspectiva oblíqua e polifônica também pode nos ajudar, enquanto analistas, em nossa empreitada.

Isso coincide com a postura do psicanalista, que se permite flanar por sua escuta e associações, perder-se no objeto, o quanto for necessário, até encontrar alguma integração dentro de si, ainda que parcial, que dê sentido à sua vivência e à comunicação do analisando. A seguir, verbalizando algo de sua nova posição, uma integração se dá na mente do paciente, para logo o ciclo recomeçar.

O sentimento de identidade é absolutamente fundamental para o ser humano. Ser reconhecido enquanto pessoa faz parte de seus anseios básicos. Muitas vezes até, o sentimento de ser reconhecido sobrepõe-se à necessidade de prazer. Ele se diferencia do sentimento de existência propriamente dito, de estar vivo, também, que é um dos componentes do sentimento de identidade (Berry, 1987). Quantas vezes não vemos condutas cuja finalidade é sentir-se vivo, ou reconhecer-se a si mesmo enquanto uma identidade própria, ou, então, ser reconhecido pelo outro, ou, às vezes, ser aceito, levando até mesmo a autoviolentações ou automutilações. Até o flertar com a morte pode, em determinadas configurações psíquicas, alimentar a sensação de estar vivo. No adolescente, em grupos, essa é uma questão relevante. As marcas a serem impressas podem se dirigir não à própria mente, ou ao próprio corpo, mas ao mundo exterior. Quanto mais fraco o sentimento de existência, maior a necessidade de afirmá-la, por exemplo, imprimindo marcas no ambiente.

A apropriação de si mesmo confere ao ser humano o grau de liberdade essencial de sua existência. Certos "aprisionamentos" dão-se nessa área. Patologias narcísicas ocorrem nessa esfera, por exemplo, o falso *self* de Winnicott, as personalidades "como se" de Helen Deutsch etc.

O entorno ambiental serve de continente para nosso mundo externo, as transgressões o modificam. Objetos inanimados podem servir também como continentes, ou depositários, de nossas projeções pessoais. Uma casa, uma cidade, um bairro, a cidade natal, como lembra Berry, a casa natal, nosso bairro familiar passam a fazer parte de nosso "ego expandido", e a ele dão suporte. Esse entorno compõe uma espécie de componente material, concreto, chamado de nosso "envelope psíquico". São paredes para abrigar mágoas, proteger felicidades, uma casa natal à qual se possa retornar, espaços livres para explorar (Berry, 1987). Assim o outro significativo, com suas infinitas variações, vai auxiliando na composição e preservação de nossas identidades, de acordo com as simbologias individuais. Os processos de identificação são corolários dos de individuação-separação, delimitação de contornos, reconhecimento de limites que nos definem. A identidade se estabelece e se desenvolve, sem dúvida, no contato com o outro.

A marca dos ideais e de sua construção também é importante no processo de amalgamento da identidade e, portanto, da subjetivação. Modela a formação do ego, cuja construção principia na esteira da incorporação e da identificação (Montagna, 1996), passando pela imitação. Defesas contra a fragilidade da construção poderiam ser, como denomina Figueiredo (1996), *defesas contra a contingência*, que se podem pensar como defesas contra o contato emocional com a experiência. Figueiredo toma o modelo da

280 SUBJETIVAÇÃO CONTEMPORÂNEA NA METRÓPOLE

história da arte, do amaneiramento à feição de uma cópia excessiva, estilizada, quase caricata; exemplifica com Dom Quixote uma "imitação no vácuo", imune à experiência.

Inversamente, plasticidade, flexibilidade e mobilidade são necessárias para o ego fazer face às diferentes circunstâncias em que é imerso sem se desfigurar e, por outro lado, sem se fragmentar, "quebrar" pela rigidez. No contato com a cidade na pós-modernidade, em que o esperado é a mudança permanente, a impermanência, essas características compõem instrumento de grande relevância para o ego.

Alguns fatores ligados ao ambiente representam fatores de continência para o sujeito. Berry assinala a importância do enraizamento num lugar, da possibilidade de aí retornar, da construção de um tempo pessoal,

> uma base onde levantar andaimes, um refúgio onde recolher consolo, uma morada para viver, em surdina, os passos lentos ou precipitados do tempo, uma casa onde instalar seu desgosto do mundo, ou, ao contrário, sua avidez admirativa, . . . *os lugares revisitados, percorridos, . . . ao longo de uma análise, revelam, àquele que retorna, apesar das transformações aparentes e secretas que o constituem, a identidade de seu ser. (1987, pp. 215-230, grifo nosso)*

Esse ambiente pode ser também a cidade toda.

A felicidade consiste em encontrar testemunhos da perenidade nas coisas, lugares familiares que resistem ao sujeito, nas reviravoltas da vida e incertezas de seu ser,

PLINIO MONTAGNA 281

o sentimento de sua identidade . . . Caminhamos em direção aos muros da cidade, e no tremor da memória, não se sabe quem era a criança que ali brincava, que prazeres encerram. Então, o súbito desígnio das casas, das ruas, das formas, do espaço dá às lembranças um contorno e consistência. É assim que o espaço ajuda a estruturar o tempo e que o olhar vem em socorro da memória. O olhar que outrora desempenhou um papel de suporte narcísico . . . é reconhecido e aí o ego reconhece suas fronteiras. O retorno à casa natal é um movimento de identificação consigo mesmo . . . A visita aos lugares de outrora é sempre comandada por um sentimento de perda, de uma confusão, um momento de crise, uma guinada na vida. Ela é então utilizada como referência a uma identidade da qual se duvida. (Berry, 1987, p. 217)

Aqui se acentua a necessidade de um isolamento autorreflexivo no contato com um meio significativo, com objetos estruturantes do eu, localizados no meio externo da cidade. Já em 1939, Hartmann (citado por Akhtar, 2007, p. 166) apontava que as propensões humanas necessitam de "liberadores ambientais" para se atualizarem, o que significa, aponta Akhtar (2007), a existência do ambiente não humano na mente humana; a dimensão espacial da existência humana, tanto em sentido metafórico como não metafórico.

A necessidade de interiorização, tornada possível pela capacidade de estar só, desdobra-se na perspectiva de manutenção de nossa humanidade.

Necessitamos de refúgios que nos auxiliem a mantermos nossa individuação diante dos variados estímulos exteriores,

282 SUBJETIVAÇÃO CONTEMPORÂNEA NA METRÓPOLE

assegurando uma área de relativa tranquilidade e proteção contra tensões e ameaças externas. Trata-se de um retraimento temporário perfeitamente compreensível em condições, por exemplo, de crise.

A incessante estimulação externa bombardeando e deslocando o eu, que ultrapassa muito a capacidade de dar conta desses estímulos, representa um dos desafios centrais de nossa inserção contemporânea. Nossa capacidade seletiva, em relação aos estímulos exteriores, desde o âmbito da percepção, é instrumento de sobrevivência mental. Encontrar uma medida adequada de abertura e fechamento protetor com relação ao exterior, preservando a autonomia necessária, é elemento-chave de uma relação saudável com o mundo externo. Tem relação, de certo modo, com a capacidade de estar só, de Winnicott. No universo da patologia temos extremos como, por um lado, a exposição e a vulnerabilidade total do ego, do esquizofrênico produtivo num delírio de influência, caricatura da adaptação pós-moderna, e, por outro, o encistamento autístico, que pode servir de defesa contra neuroses ou pode nos incapacitar.

O desafio, portanto, é como permanecer na medida adequada de interiorização e exteriorização diante do excesso de estímulos. Pois um dos obstáculos evidentes ao desenvolvimento é o uso excessivo de uma "organização defensiva", em esfera patológica, de evitação do contato, tornando a personalidade, contrariamente à plasticidade conveniente, extremamente rígida.

"Onde está a poesia quando uma pluma cai?", indaga Clarice Lispector. Como preservamos essa poesia, tão intrinsecamente humana?

A permanente mudança rotineira que nos cerca desafia nosso sentimento de identidade, provoca nossa capacidade adaptativa à contínua renovação fisiologicamente requerida para a pura sobrevivência do sistema (Vattimo, 1985/1996). A realidade pode se reduzir a uma simples sequência de imagens, na qual o conteúdo não parece ter muita importância, em que ninguém encontra ninguém, em que a constância está na ruptura e não na continuidade, e é essa a condição para a continuidade (da ruptura) existir em sua condição plena. *Mutatis mutandi*, precisamos não esquecer que a proposição "fim da história" não representa o fim da história, mas a transmutação da história em *estória*, na qual finda de fato a verdade única como versão verdadeira, em que agora é uma *estória* e, de fato, comporta muitas versões, não mais somente aquela dos vencedores. As certezas se abalam, é essa a nova certeza. A subjetivação se transfigura, a interpretação dá lugar à desconstrução, aquilo que desfaz a construção refaz seus caminhos, tentando congregar o relevante de cada versão.

Nos marcos urbanos que se sucedem, observamos as substituições sem certeza, o que se encerrou foi a verdade única. Mais uma vez tomando São Paulo como exemplo, os espaços das raízes vão minguando, sendo substituídos por um "progresso", no qual frequentemente nos sentimos espoliados exatamente em nossa "humanidade". O trabalho *Além dos mapas*, de Freire (1997), aponta que importa ao sujeito conservar sua capacidade de registrar e manter seus referenciais em um nível muito mais simbólico que concreto, nível das atribuições abstratas mais do que físicas. O local importa mais do que a substância ali visível, nossa postura passa a ser compreensivelmente "arqueológica", mais do que de observadores diretos e concretos. Em outras palavras, o que importa são os usos da fantasia, com seus efeitos de filtro, que o indivíduo tem sobre a influência da cultura e da sociedade em relação à experiência psíquica. Assim como utilizamos antes, para exteriorização do mundo interno, a proposição de Fenichel de que as exteriorizações se tornam independentes e se desgarram do mundo interno, agora, no referencial kleiniano, podemos ver que as fantasias, bem como o ego e o superego, interiorizações não automáticas do

284 SUBJETIVAÇÃO CONTEMPORÂNEA NA METRÓPOLE

mundo exterior, encontram uma autonomia que, às vezes, é um contraponto espetacular das instituições internalizadas que se tornam alienantes, e compõem processos internos desvinculados da realidade externa, apropriações alienadas do mundo externo. A articulação criativa da fantasia, enquanto mediadora entre espaço interno e externo, cria uma relação harmônica entre a cidade e o mundo interior.

Na pós-modernidade, a configuração das relações de objeto sugere um modo de fantasia no qual "o espaço reflexivo é mais central para a identidade, e a política consiste na criação de espaços abertos para abarcar a pluralidade, a ambiguidade, a ambivalência, a contingência e a incerteza" (Elliot, 1997, p. 192).

A fluidez no tempo nos confere uma contínua alteração de nossos olhares. Nosso sentido de permanência se assenta em areia movediça, a qual atinge também nossa identidade. Tal como a história, descentramo-nos. A ideia de coexistência de diversos eus está longe de ser estranha à psicanálise. Longe disso, foi a psicanálise a introdutora da noção dessa virtualidade interior policêntrica, enquanto constituinte básica do ser humano.

A subjetivação na contemporaneidade da metrópole deve lidar psicologicamente com fragmentações. A incerteza da tradição e dos costumes e a anulação da visão de mundo segundo a qual uma ordem interna, linear, rege o progresso, são a base da subjetivação atual. O sem-número de ideologias possíveis representa nossa época, fragmentada e, paradoxalmente, ao mesmo tempo, integralmente conectada. A contemporaneidade rechaça as fronteiras fixas tradicionais, o que, se de um lado enseja o desenvolvimento dos distúrbios fronteiriços (condições *borderline*), de outro, realça a virtude da plasticidade na configuração de um ego saudável e integrado.

É muito importante na subjetivação do tempo atual a ideia de que cada indivíduo tem uma capacidade interna, pessoal, subjetiva, ímpar de organizar significados de suas vivências, de imprimir o seu contato com a "realidade externa" de acordo com o recorte que faz, de organizar vivências de acordo com seu mundo próprio de fantasias, intransferível.

Ainda tempo e espaço

Curiosamente, a celeridade do tempo é de tal ordem que ele parece cancelar-se, apoiado em realidades concretas e palpáveis realçadas pela metrópole. Vivemos mais, e parece que em todos os lugares. Elimina-se a noite. Advogados e outros profissionais, não só os médicos, podem estar de plantão 24 horas por dia. Elimina-se a noite, que no passado vinha carregada de seus fantasmas e terrores, e também com seus "espaços vazios" para pensarmos, espaços ocos, de repouso, uma dialética semelhante à de ruídos e silêncio das artes plásticas, ou da música, tendo os repousos papel fundamental na composição. É do repouso, do silêncio, ou, psicologicamente, da ausência que vamos passar de um universo sensorial a um universo psíquico, da esfera do prazer, da realidade (Freud, 1911/1975b) e do pensamento. Precisamos deles, e o que se receberia sem eles, em extremo, seria o mundo da excitação permanente. E pensar que há muito não convivíamos com a noite e o silêncio. A iluminação sempre foi, e de certa forma ainda o é, uma espécie de festa e de celebração. Em francês, fogos de artifício eram chamados de *feu de joie*, "fogos de alegria". Só a eletricidade democratizou o acesso à iluminação. Antes, somente os muito ricos tinham acesso à luz artificial. Uma vela era acesa, apenas uma noite. Mesmo no início do século XIX, as velas de sebo eram caras (Alvarez, 1996), a família se postava perto da vela acesa, cada um com sua necessidade. Mais longe, era uma sombra dos que só queriam companhia até o momento de deitar-se. E lembra que era assim, figuras emergindo da escuridão, em torno de uma única fonte de luz, o tipo de cena que inspirou pintores como De la Tour, Caravaggio. Era a noite, para nós, perigosa, misteriosa, envolvente. Dos personagens de Shakespeare, Polônio, Macbeth, dos fantasmas de Hamlet etc. Lembremos também que Londres teve iluminação a gás em 1807, Paris em 1819, Berlim em 1826.

Para Giddens (1990), o tempo era referido em relação a um fenômeno natural, o nascer do sol, por exemplo. Com o relógio mecânico isso mudou, o tempo é referido ao relógio, mudamos as horas no verão. A isso ele chama de *tempo vazio*. O espaço também é vazio, o ano 2000 chegou globalmente, antes os eventos eram mais regionalizados geograficamente. Hoje temos mais uma confiança de que algo vai ocorrer, não mais a certeza religiosa da crença. O pós-moderno é a época das incertezas do relativo. Nenhum conhecimento é visto como absoluto, nunca se teve tanto a dimensão da temporalidade de um saber. Como a história não tem teleologia, uma pluralidade de histórias pode ser escrita.

Como escrever a individualidade e a autonomia próprias, preservá-las na multiplicidade possível? Para Simmel (1950), a base psicológica do tipo metropolitano de individualidade consiste na "intensificação dos impulsos nervosos, com alternação brusca e abrupta de estímulos exteriores e interiores. Pensamos com ele que esse estado de alerta é conveniente e é criado pela metrópole".

O caipira pode ser desconfiado do novo. O cidadão metropolitano também aprende a desconfiar. Para sobreviver na metrópole, pode ser útil ser paranoide, mais do que maníaco, embora a mania possibilite, por seu turno, uma comunicação muitas vezes também benéfica ao indivíduo. O estado de alerta e o pensar rápido, pelo fluxo de estímulos, se positivo, pode ser fator de diferenciação entre o cidadão metropolitano e o de fora.

Um outro aspecto da individuação vem da possibilidade de lidar com a esfera afetiva da personalidade, de encontrar continência para afetos. O homem da metrópole, nessa série incessante de estímulos, deve aprimorar sua capacidade e agilidade intelectual e pragmática para lidar com eles. Digamos que o intelecto seria mais estimulado a vicariar, em detrimento de uma afetividade que, dada até mesmo na nova composição familiar, não pode se expressar *in toto*. Na Idade Média, trabalho e lazer eram feitos no mesmo lugar, e, com o advento da sociedade industrial, separou-se o "lugar do afeto" (casa) do lugar do trabalho, no qual afeto não deveria entrar. A família passou a funcionar como para-choque afetivo da sociedade, passou, via de regra, a exercer função de receptora por excelência dos sentimentos e suas descargas.

Mas essas questões passam por transformações. Hoje, na cultura em que a família tradicional se esboroa, um dos meios de escoamento de sentimentos, de angústia, vem a ser corporal. Aumenta a incidência de patologias de origem psicossomática. Aqui, não somente conta o aumento do estresse devido ao acúmulo de fatores estressores, mas também as vias de defesa, com relação cultural indubitável. Resta ver, por exemplo, que na Primeira Guerra, nas frontes de batalha, o diagnóstico principal era de histeria, enquanto na Segunda Guerra Mundial, nos exércitos ocidentais também nas frontes de batalha, aumentou a prevalência de patologias psicossomáticas em detrimento da histeria.

Áreas internas de segurança poderão ser encontradas por um tipo de afastamento dos estímulos, a fim de que o indivíduo não se deixe tragar por eles. Numa cidade grande não podemos nos envolver afetivamente com todos os cidadãos, nem os conhecer, estamos sob a égide do anonimato. Esse é um mecanismo de sobrevivência.

288 SUBJETIVAÇÃO CONTEMPORÂNEA NA METRÓPOLE

Para Simmel (1950), a atitude mais típica da metrópole seria uma atitude *blasé*. Diz ele:

> *uma vida em perseguição desregrada ao prazer torna uma pessoa blasé porque agita os nervos até seu ponto mais forte de reatividade por um tempo tão longo que eles finalmente cessam de reagir. Surge assim aquela incapacidade de reagir a novas sensações com a energia apropriada. Isto constitui aquela atitude* blasé *que toda criança metropolitana demonstra quando comparada com crianças de meios mais tranquilos e menos sujeitos a mudanças.*

Vale notar, então, que a atitude *blasé*, nessa ótica, seria também um sinal de estresse, fruto da ultrapassagem de um limiar seguro de possibilidade de domínio do indivíduo. A cidade reúne características físicas próprias para estimular o fenômeno, acrescendo-se então os fatores específicos, também favoráveis, da globalização. Note-se o espaço em que não há descanso, não há ausência, o estímulo visual é constante.

A psicopatologia dos estímulos excessivos traz questões específicas. Em primeiro lugar, é preciso considerar que hoje a psicanálise faz-se mais necessariamente ampla como possibilidade de resgate de um contato reflexivo com a emocionalidade profunda. Um desafio à subjetivação contemporânea consiste na utilização do jogo. Esse, na acepção freudiana do jogo do carretel (Freud, 1927/1975c), na configuração winnicottiana do espaço transicional, que de certo modo coincide com o jogo visto como necessário antropologicamente por Huizinga (1971), é fator constituinte de um meio propício ao desenvolvimento emocional, é um artifício e uma qualidade do psiquismo para lidar com e integrar o externo e o interno a caminho da simbolização. É a virtualidade componente do real a serviço da configuração de um psiquismo íntegro. Na realidade virtual eletrônica, o que pode acontecer é um estímulo ao que Joyce McDougall (1995) chama de "neorrealidade", ou seja, perversões em que o objeto transicional se transforma em fetiche, em que as realidades passam a ser alienantemente realidades substitutas a serem vividas e assimiladas como abolição de espaços de reflexão. Toda a série de trabalhos que consideram a vertente de influência social que propicia a configuração de expressões e personalidades narcísicas se potencializa nesse fenômeno ímpar, atual, paradoxal, da globalização. A psicanálise, dessa maneira, se torna uma peça de resistência fundamental em relação a uma crescente desumanização social.

Referências

Akhtar, S. (2007). Prologue. In M. T. S. Hooke & S. Akhtar (Eds.), *Geography of meanings* (pp. 1-4). London: International Psychoanalytical Association.

Alvarez, A. (1996). *Noite. A vida noturna. A linguagem da noite.* São Paulo: Escuta.

Andrade, M. de. Lira paulistana. *De Pauliceia Desvairada a Café (Poesias completas).* São Paulo: Círculo do Livro. (Trabalho original publicado em 1944)

Anzieu, D. (1985). *O eu-pele.* São Paulo: Casa do Psicólogo.

Augé, M. (1992). *Não-lugares – Introdução a uma antropologia da sobremodernidade.* Lisboa: Letra Livre.

Berry, N. (1987). *O sentimento de identidade.* São Paulo: Escuta.

290 SUBJETIVAÇÃO CONTEMPORÂNEA NA METRÓPOLE

Bion, W. R. (1970). *Experiências com grupos*. Rio de Janeiro: Imago. (Trabalho original publicado em 1962)

Calligaris, C. (1996). *Crônicas do individualismo cotidiano*. São Paulo: Ática.

Canevacci, M. (1993). *A cidade polifônica*. São Paulo: Studio Nobel.

Castells, M. (1999). Entrevista. *Revista Urbs*, II(14), 20-26.

Elliot, A. (1997). *Sujetos a nuestro próprio y múltiplo ser*. Buenos Aires: Amorrortu.

Fenichel, O. (1946). *Teoria psicanalítica de las neurosis*. Buenos Aires: Paidós.

Figueiredo, L. C. (1996). *A invenção do psicológico. Quatro séculos de subjetivação*. São Paulo: Escuta/Educ.

Freire, C. (1997). *Além dos mapas*. São Paulo: Annablume.

Freud, S. (1975a). A dissolução do complexo de Édipo. In S. Freud, *Edição standard brasileira das obras psicológicas completas de Sigmund Freud* (Vol. 19). Rio de Janeiro: Imago. (Trabalho original publicado em 1924)

Freud, S. (1975b). Formulations on two principles on mental functionning. In S. Freud, *The standard edition of the complete psychological works of Sigmund Freud* (Vol. 12). London: Hogarth Press. (Trabalho original publicado em 1911)

Freud, S. (1975c). The future of an illusion. In S. Freud, *The standard edition of the complete psychological works of Sigmund Freud* (Vol. 21). London: Hogarth Press. (Trabalho original publicado em 1927)

Freud, S. (1975d). Group psychology and the analysis of the ego. In S. Freud, *The standard edition of the complete psychological works of Sigmund Freud* (Vol. 18). London: Hogarth Press. (Trabalho original publicado em 1921)

Giddens, A. (1990). *As consequências da modernidade*. São Paulo: Unesp.

Harris, A. (2017). Intimidade – O tanque no quarto. *Revista Brasileira de Psicanálise, 51*(3), 151-166.

Huizinga, J. (1971). *Homo ludens*. São Paulo: Perspectiva.

Jaspers, K. (1971). *Psicopatologia general*. Buenos Aires: Beta. (Trabalho original publicado em 1913)

McDougall, J. (1995). *The Many Faces of Eros*. London: Free Association Books.

Minerbo, M. (1997). *A relação psique-mundo através de um caso de compulsão a comprar: uma matriz de desconstrução* (Tese de doutorado). Escola Paulista de Medicina, Unifesp, São Paulo.

Montagna, P. (1996). Alguns aspectos da interação mente-corpo e a função do analista. *Revista Brasileira de Psicanálise*, 30, 463- -478.

Montagna, P. (1998). *Individualidade e clonagem*. Trabalho apresentado à Bienal da Sociedade Brasileira de Psicanálise de São Paulo (SBPSP), São Paulo.

Ortega y Gasset, J. (1961). *O que é filosofia*. Rio de Janeiro: Livro Iberoamericano.

Simmel, G. (1950). A metrópole e a vida mental. In K. Wolff (Ed.), *The sociology of George Simmel*. Illinois: Free Press.

Touraine, A. (2006). *Um novo paradigma: para compreender o mundo de hoje*. Petrópolis: Vozes.

Vattimo, G. (1996). *O fim da modernidade*. São Paulo: Martins Fontes. (Trabalho original publicado em 1985)

Winnicott, D. W. (1954). On transitional phenomena and transitional objects. In D. W. Winnicott, *Playing reality*. London: Routledge.

Winnicott, D. W. (1956). On transference. *Int. J. of Psychoanal.*, 36, 386-388.

Winnicott, D. W. (1971). *O brincar e a realidade*. Rio de Janeiro: Imago.

Winnicott, D. W. (1988). *Human nature*. London: Free Associations Books.

(Multi)parentalidade e subjetivação[1]

Introdução

Um diálogo eficaz entre psicanálise e direito demanda mais do que uma simples justaposição dos conhecimentos gerados por ambos; é necessária a existência de uma real interpenetração entre eles, ao mesmo tempo perturbadora e criativa.

O primeiro requisito é superar o obstáculo representado pelo fato de que a psicanálise busca revelar a singularidade radical de cada ser humano, enquanto o campo da lei se concentra na realidade externa, nos requisitos e normas que regem as relações entre os homens.

A interpenetração deve levar em conta o contexto histórico-cultural que existe como seu substrato e as conexões de suas problemáticas.

---

1 Publicado originalmente em espanhol em 2016 como "Parentalidad socio-afectiva y las familias actuales" na *Revista de Derecho*, *77*, 219-233, da Faculdade de Direito da PUC, Lima, Peru.

294   (MULTI)PARENTALIDADE E SUBJETIVAÇÃO

O aumento do número de divórcios e as mudanças na família, nos últimos anos e em muitos países, colocam questões comuns aos campos da psicologia, psicanálise e direito, como paternidade socioafetiva, multiparentalidade etc.

A discussão psicanalítica das funções materna e paterna, que transcendem à questão estreita de gênero, está na origem do conceito de parentalidade, abordado neste trabalho.

De uma ilustração tomada da clínica, contextualiza-se a noção de parentalidade, discutindo-se sua desbiologização. Propõe-se que, se o trabalho interior de luto resultante do divórcio dos pais ocorreu satisfatoriamente, a multiparentalidade pode ter um lado rico na subjetivização individual.

I. Hélio

"Eu tenho dois pais", foi a primeira frase de Hélio em nosso contato inicial. Assim principiou a conversa, seguida de um silêncio intrigante. No decorrer de nosso trabalho ele dedicou um tempo, não desprezível, a ordenar em seu mundo interno sua composição familiar, deslizando entre o que sentia como intangível instabilidade de sua mãe e a confiabilidade de seu pai adotivo, até o dia em que este sofreu um infarto. Numa posição quase marginal, situava-se seu pai verdadeiro, a quem dirigia notável ambivalência. Uma parte de sua análise dizia respeito à assimilação de sua origem, buscando trabalhá-la a seu favor.

Dita como foi, a frase poderia soar como a confissão de um "defeito", ou ao menos de uma excepcionalidade da qual ele não podia dar conta sozinho. Mas não, não era assim. Mais do que sua percepção de excepcionalidade na história pessoal (se comparada com "a gente comum que só tem um pai"), indicava a importância de seus laços identificatórios com ambos os pais, o biológico e o "adquirido". Sentia-se particularmente grato ao que o criou, afinal de contas, de igual para igual com os próprios filhos biológicos. Era capaz de expressar, à sua maneira, autêntica gratidão.

De todo modo, acompanhava-o a indagação sobre "o que fazer" com o fato, cabendo ao analista acompanhá-lo em sua procura.

Com o tempo tornou-se claro que essa questão era relevante na própria estruturação de seu psiquismo, que passava por um trabalho elaborativo das respostas adequadas às indagações que ele formulava a respeito de sua condição essencial.

Inteligente e perspicaz, resiliente, recém-saído do mundo das drogas, debatia-se com conflitos de lealdade em relação aos dois, preocupado em não alijar o mais distante deles, o pai biológico, de sua vida. Questionava-se sobre como lidar com a irmandade que passou a fazer parte de seu mundo ao ter seu sobrenome de origem acrescido do patronímico do padrasto, como símbolo de que era para ele tão querido como seus filhos verdadeiros, como lidar com ciúmes e possessão, onde colocar cada um deles dentro de si após o segundo divórcio da mãe?

Hélio sentia-se diferente por "ter dois pais"; ao mesmo tempo "azarado" e "felizardo". Sua capacidade de ultrapassar frustrações o levava a extrair as eventuais vantagens desse fato. E, de fato, algumas vantagens ele poderia encontrar.

Mas para ele – como para qualquer outra pessoa em circunstância semelhante – poder usufruir de qualquer benesse porventura ofertada a ele pela vivência de *multiparentalidade* seria preciso uma boa elaboração do seu *luto* pela separação dos pais, e no fundo era essa uma das razões, ainda que inconsciente, para ele me procurar e por que era tão importante iniciar a análise.

296 (MULTI)PARENTALIDADE E SUBJETIVAÇÃO

Não me estenderei em descrições clínicas, mas posso dizer que à medida que Hélio foi ampliando a possibilidade de elaboração do luto e efetivamente trabalhando, na análise, a separação dos pais, pôde usar sua capacidade *resiliente* para "transformar sua família, de ambos os lados, numa espécie de *família extensa*", que se estende além da unidade do casal. Quando um dia celebrou o batizado de um filho que teve com uma namorada de uma cidade do interior, conseguiu a proeza de reunir os parentes de todos os lados para viajar àquela cidade e comemorarem, todos juntos, o evento que configurou a partir daí uma reaproximação de toda a família, em nova feição.

II. Família extensa

Uma das coisas que aprendi, desde o meu trabalho com "emoções familiares e evolução de transtornos mentais", ainda na década de 1970, desenvolvido com o programa de pesquisa na Universidade de Londres, "é que eventualmente pacientes psicóticos inseridos nas assim chamadas *famílias extensas* podem ter *evolução mais favorável* do que aqueles inseridos numa *família nuclear*" (Montagna, 1982). Essa linha de pesquisas mostrou claramente que, quando as cargas emocionais nas relações familiares podem ser diluídas por um ambiente em que convivem mais pessoas em posições-chave de apego, as evoluções, por exemplo, de depressão ou de esquizofrenia são mais favoráveis (Vaughn & Leff, 1976).

Ao longo do tempo, minha experiência clínica foi sistematicamente sugerindo que esses resultados favoráveis em famílias extensas não se restringem a pacientes psicóticos, nem mesmo a pacientes neuróticos. Um ambiente em que as cargas afetivas são mais diluídas, diversificadas, e assim abrandadas, também pode beneficiar indivíduos fora de qualquer classificação psicopatológica.

É um ambiente no qual laços afetivos fortes se distribuem por diversas pessoas, objetos significativos de apego.

Num caso como o de Hélio, verifico que, quando é possível um trabalho psíquico, interior, de elaboração do luto pelas separações, pode-se dar um grande benefício para a vida emocional da criança, se comparada à vivência anterior num ambiente de turbulência deletéria.

Mencione-se aqui a história da família que nos conta o historiador francês Philippe Ariès (1975/1978), desde a mudança que se dá na instalação da diferenciação entre lugar de moradia e de trabalho, com a burguesia e a Revolução Industrial, quando a família passou a ser por excelência o lócus social da expressão da afetividade. Na era pré-industrial, a família tinha outras funções (conservação de bens, ajuda mútua cotidiana, prática comum de um ofício), mas não tinha função afetiva; as trocas afetivas e as comunicações sociais eram realizadas fora da família, num meio composto por vizinhos, amigos, amos, criados, crianças, velhos, em que a comunicação afetiva podia manifestar-se livremente. Com a industrialização, a urbanização da sociedade e a nuclearização da família, esta adquiriu uma função afetiva, isto é, as trocas afetivas deveriam ser efetuadas dentro da família, e não, por exemplo, no local de trabalho, onde tal evento poderia perturbar a produção e o lucro consequente. Assim, a composição nuclear pode adensar as cargas afetivas dirigidas a um membro da família.

Hélio passa a relatar sua história familiar, que compreende separação e novo casamento da mãe, seguido por um segundo divórcio. Efetivamente criado pelo segundo marido da mãe, junto com seus meios-irmãos, foi "adotado" como filho e ganhou um segundo pai.

A esse paciente o destino ofereceu vivenciar a *multiparentalidade, no contexto de uma parentalidade socioafetiva.* No caso,

298 (MULTI)PARENTALIDADE E SUBJETIVAÇÃO

apenas os genitores masculinos eram múltiplos, já que seu pai biológico permaneceu solteiro após seu divórcio.

Ele poder extrair o eventualmente positivo nessa possibilidade implicava a necessidade (e ele assim intuía) de uma satisfatória *elaboração emocional do luto* pela separação do casal parental biológico. Se não fosse assim, poderiam prevalecer as assim chamadas defesas maníacas, não favorecendo a integração psíquica. Sempre que não houver um casal parental real, haverá a vivência da perda, ainda que relacionada a um pai ou mãe "potenciais".

A rigor, qualquer mudança, para qualquer pessoa, exige uma elaboração de luto pela perda daquilo que não é mais. As dimensões desse conjunto, é claro, variam imensamente. Mas a necessidade de elaborar a passagem para o novo existe.

As sociedades, os grupos sociais, também devem elaborar lutos.

III. Desbiologização da paternidade

Fruto de maleabilidade social em relação ao sistema familiar, iniciada na segunda metade do século XX, passam-se a reconhecer, inclusive juridicamente, vínculos de paternidade ou maternidade além da biologia. O afeto passa a ser o paradigma da parentalidade (Amarilla, 2014).

As novas configurações familiares propulsionam uma *desbiologização* da paternidade e da maternidade, na medida em que "hoje as relações de afeto parecem caminhar à frente nos projetos familiares, por isso conduzindo à assunção da responsabilidade pela constituição das famílias" (Hironaka, citado por Cassettari, 2013, p. 11). Esse "programa" dá-se também pelos extraordinários avanços, paradoxalmente, da própria biologia, que permite que, em dadas condições, um bebê tenha até cinco genitores: os dois que oferecem espermatozoide e óvulo, dois pais adotivos e eventualmente uma mulher que albergou o óvulo em seu útero. Há ainda a possibilidade de um óvulo ser modificado geneticamente pelo uso de outro, de outra mulher também doadora – o que faz chegar a um número possível de seis genitores.

Essas configurações se instituem no bojo das transformações que têm como componente destacado a descoberta da pílula anticoncepcional. A libertação da mulher da maternidade inevitável contribuiu para movimentos como o *feminismo*. Passou-se a defender a igualdade entre os sexos, respeitando-se (ou não) as *assimetrias*, cujo paradigma se vincula às especificidades de cada sexo.

As novas configurações familiares têm favorecido a questão (afora essas assimetrias) da inexistência de invariantes biológicas, antropológicas ou simbólicas, como pondera Arantes (2014), de modo que o "espírito inventivo da humanidade" (p. 124) formula papéis múltiplos a seus componentes, podendo apresentar considerável diversificação. Pode até ser difícil, às novas figuras, algumas vezes, serem chamadas de *família*. Lembramos que etimologicamente o vocábulo família vem de *famulus*, "servidor", com uma conotação econômica, que indica em Roma a quantidade dos *famuli*, os escravos ligados à casa central e, em seguida, todos os que vivem sob o mesmo teto, na autoridade do *pater familias,* portanto ligados a ele.

No Brasil, até as últimas décadas do século XIX, a família era instituída por parentesco indissolúvel. A mera parentalidade (paternidade) dissociada do matrimônio não constituía família. Isso se modificou a caminho do século XXI.

Antes das novas configurações, o século XX ensejou a primazia da *família nuclear,* basicamente composta por pai, mãe e filhos, sem a presença de outros membros da parentela na moradia.

300 (MULTI)PARENTALIDADE E SUBJETIVAÇÃO

Muitas vezes, por dissolução do núcleo conjugal, um dos pais e filho(s) é que permaneciam na residência.

Cada momento histórico, sabemos, tem um determinado modelo de família socialmente construído, que muitas vezes se apresenta como natural. O século XX, em sua primeira metade, carregava, em seu imaginário, a fantasia de ter conseguido uma forma ideal e definitiva de família, não se supondo, então, as extraordinárias mudanças sociológicas e psicológicas que estavam por vir.

Nessa composição, o homem constituía o "cabeça da família", provedor, dono da palavra final, trabalhava fora e dirigia o carro. A mãe era "do lar"; para amenizar a situação chamavam-na de "rainha do lar", cuidava dos afazeres domésticos e das crianças.

As configurações familiares que entram em cena a seguir vão "des-sexualizar" e desbiologizar os papéis familiares, "apagar a diferença entre os sexos e deixar apenas a diferença entre gerações" (Arantes, 2014, p. 125), fazendo a autoridade paterna e eventualmente cuidados maternos darem lugar à *parentalidade, ou funções parentais*, que sofreram modificações consideráveis. Valoriza-se o casal de educadores. Com a parentalidade afirmam-se diferentes funções, mas não hierarquizadas. Está aberta a possibilidade da *homoparentalidade* e da *multiparentalidade*.

A multiparentalidade se reconhece como um *parentesco* constituído por múltiplos pais, isto é, quando um filho estabelece uma relação de paternidade/maternidade com mais de um pai e/ou mais de uma mãe (Pereira, 2014).

Com a desbiologização, abre-se o caminho para a *parentalidade socioafetiva*, fundamentada pelos laços afetivos, com ou sem vínculo biológico.

Reciprocamente a *filiação socioafetiva* é aquela que resulta não da biologia, mas do vínculo afetivo. Compreende o ser tratado efetivamente como filho, inclusive no que tange às obrigações diante da sociedade.

A afetividade, que não deve ser confundida somente com amor, passa não só a ocupar um papel relevante na perspectiva jurídica da composição familiar, bem como pode fundamentar uma relação de parentesco.

Esse posicionamento adotado por nosso sistema jurídico na atualidade tem uma relação estreita com desenvolvimentos da psicanálise, além de pesquisas e observações oriundas da própria psicologia. Um corpo de trabalho pioneiro a inspirar o debate psicojurídico relacionado à valorização do afeto e de aspectos psicológicos na relação pais-filhos foram as publicações de Anna Freud em conjunto com A. Solnit, S. Goldstein e J. Goldstein, professor de Direito da Universidade de Yale.

Partem da crescente aceitação da tese de que deve prevalecer o *melhor interesse da criança* na estipulação de sua guarda em caso de divórcio litigioso dos pais. Na esteira dessas mudanças, formulam o conceito de *paternidade (ou maternidade) psicológica (psychological parenthood)*, que se baseia na ideia de que uma criança pode estabelecer relações próximas com um adulto que não o pai (mãe) biológico. O adulto vai se tornando pai psicológico pela convivência diária e compartilhamento com a criança. Um pai ausente, inativo, não preenche as necessidades da criança em relação à paternidade (Goldstein, Goldstein, Solnit, & Freud, 1973).

Assim, o conceito de *paternidade psicológica (psychological parenthood)* se refere a uma pessoa que tem uma relação parental com uma criança, esteja ou não ligada a ela biologicamente. O termo é utilizado basicamente nos discursos jurídicos, em litígios por guarda. Os autores sugerem que se dê importância, ao discutir e julgar a custódia, aos vínculos estabelecidos de paternidade psicológica da criança.

Está claro para eles que relacionamento próximo é crucial para o desenvolvimento da criança. Os autores chegam a se questionar se o que se deve avaliar, nesse sentido, é a *qualidade da relação* entre a criança e o adulto quando se tem em questão o afastamento judicial da criança em relação ao pai psicológico, o que pode ser extremamente doloroso e penoso para a criança.

Vistas essas questões básicas da paternalidade e da maternalidade, vamos ao conceito de *parentalidade*, para então chegarmos ao de *multiparentalidade*.

Parentalidade é neologismo no idioma português, derivado de um também *neologismo* do idioma *francês* criado pelo psiquiatra e psicanalista Paul-Claude Racamier (Racamier, Sens, & Carretier, 1961), que juntou as palavras *maternalité* e *paternalité*. Em inglês, *parenthood* refere-se ao estado de ser pai, e *parenting* ao exercício do conjunto, maternidade e paternidade.

Paul-Claude Racamier, psiquiatra e psicanalista francês, estudioso de psicoses, em um trabalho sobre psicoses puerperais (Racamier et al., 1961), apoia-se nos trabalhos dos psicanalistas anglo--saxões Bibring e Benedek, *que acentuaram os aspectos dinâmicos* da experiência de tornar-se mãe, comparando-a à adolescência, ou seja, uma fase da existência na qual o sujeito é confrontado com transformações identificatórias profundas, revivendo conflitos antigos na passagem a uma nova fase da vida (Fortineau, 2004).

Note-se que também o pai pode sofrer processos psicofisiológicos relacionados com a instalação da paternalidade, dos quais os mais conhecidos são síndrome de Couvade, distúrbios de conduta, psiconeuroses de paternidade.

Em francês, *parent* pode significar pai ou mãe ou ter sentido de membro da família, da *parentèle*, conjunto de parentes, parental, relativo aos pais. *Apparenter* é se tornar parente, se aliar por matrimônio, e, a partir do século XVII, ter uma semelhança (Baumgartner & Menard, 1996).

A palavra francesa *parent* foi então exportada para o inglês *parent*, com o mesmo significado (Ayto, 2008), alguém que dá vida a outro, incluindo em seu universo etimológico as palavras *parturition* e *puerperal*.

Em português (Silveira Bueno, 1966), o termo *parente* não tem a conotação de pais, restringe-se ao conjunto da parentela, significando consanguíneo, da mesma família. Quando o pertencimento à família é por casamento e não por afinidade, diz-se *parente afim*, sendo que o termo *parentesco*, o qual pertence à mesma família, tem a conotação de consanguinidade.

Parentalidade se refere à função parental, seja a de maternidade ou paternidade, ao envolvimento dos pais com os filhos e à relação dos filhos com os pais nas questões comuns de filiação (Montagna, 2015). Seu caminho *etiológico* inicia-se no latim *parens, pai ou mãe*, por sua vez relacionado com o verbo *pario, parere*, parir, dar à luz, cujo particípio passado é *partum*, parido, que também significa a ação de dar à luz. *Parens* pode, em sentido figurado, significar: criador, autor, inventor, fundador. Também utilizado no plural como os pais, os antepassados, os parentes (MEC, [s.d.]).

A parentalidade se constitui como um processo psíquico, que se inicia com o desejo de ter a criança, se desenvolve durante a gravidez e continua após o nascimento da criança (Solis-Ponton, 2004).

Implica uma transformação psíquica, assim como, *mutatis mutandi*, o nascimento da criança transforma o psiquismo da mãe, criando a *preocupação materna primária*. Essa é a denominação que Winnicott dá às transformações operadas no psiquismo da mãe, quando do nascimento de seu bebê, como ingrediente de sua

304 (MULTI)PARENTALIDADE E SUBJETIVAÇÃO

preparação para a maternidade, uma fase especial em que ela se identifica de perto e intuitivamente com o bebê, para suprir suas necessidades corporais e emocionais, permitindo o início de sua integração e desenvolvimento egoico (Winnicott, 1987). É parte necessária para a instalação de um "ambiente suficientemente bom"; a mãe suficientemente boa responde à criança, permitindo uma ilusão de onipotência.

Na preocupação maternal infantil, o bebê é o centro de toda a atenção no mundo da mãe. As tarefas maternais se sobrepõem a qualquer investimento fora do âmbito da relação mãe-bebê; em particular, a vida conjugal fica com menor atenção; há um auge da grande permeabilidade maternal ao contato com o inconsciente do bebê e suas manifestações.

Lebovici (2004) concebe a *parentalidade*[2] como produto do parentesco biológico mais a parentalização do pai e da mãe. Começa na gravidez e inicia com o desejo de ter a criança. Não equivale à paternidade ou maternidade biológicas, mas desenvolve-se por parentalização, que implica a ação da criança. De certo modo, é a criança que parentaliza os pais. Há uma interação, de ação e *feedback*, que resulta no cuidado e desenvolvimento da criança que parentaliza os pais, os quais agem estimulando o desenvolvimento da criança. A representação interna do pai e da mãe não é propriamente do pai e da mãe, mas sim dos cuidados parentais recebidos. Estamos no âmbito das funções paterna e materna. Para Lebovici, parentalidade diz respeito à transmissão intergeracional e compreende um trabalho psíquico interior de aceitação de que herdamos algo de nossos pais. Está em questão a qualidade parental – o envolvimento com os filhos, a relação com o par. Assim, parentalidade compreende o processo pelo qual se promove

---

2 O sufixo "dade" é acrescido a adjetivos para formar substantivos que expressam a ideia de estado, situação ou quantidade.

o desenvolvimento físico, emocional, intelectual e social da criança até atingir a idade adulta (Montagna, 2015, p. 776). Trata-se de uma construção na mente dos envolvidos.

É um processo que se constrói na relação entre pais e filhos e, também, intrapsiquicamente. Seu exercício prático se dá por meio da proteção, educação socialização e integração das gerações mais novas. No início o pai é ajudante e protetor da mãe, o que é importante porque ele "contextualiza" o cuidado materno. Depois, é aquele que separa a fusão mãe-bebê.

Funções paterna e materna

Algumas questões interessantes têm surgido da pesquisa psicológica contemporânea a respeito da especificidade das funções, materna e paterna.

Talvez com exceção da proposição winnicottiana da preocupação materna primária, a psicanálise há muito tempo se refere a funções maternas e paternas, enquanto tais, sem circunscrever sua prática especificamente ao pai ou à mãe biológicos.

Lembremos que apenas existem, inicialmente no puerpério, as modificações psicofisiológicas que ocorrem com a mãe e que permitem a sintonia emocional fina da mãe com as necessidades do bebê. O bebê permite à mãe uma plena dedicação a ele. A relação é de tal forma mútua que o bebê não existe sozinho, diz Winnicott, mas sim existe a unidade mãe-bebê, fundamental para a criança. Essa é a maternalidade.

O conceito de parentalidade vem na direção da priorização das funções, sem hierarquizá-las ou especificar gêneros. Genitor e pai, genitora e mãe, são conceitos diferentes.

O pai, por seu turno, tem uma função primeiramente de criar condições para a mãe exercitar sua função, ou seja, sua função inicial é a de proteger a mãe, desenvolvendo-se, posteriormente, a necessidade de colaborar para o "rompimento" dessa unidade fusional mãe-criança, agindo na direção de mostrar a existência do mundo externo ao bebê. A rigor, o pai, ou a função paterna, faz-se responsável pela instalação, no mundo da criança, da *lei*. É a lei paterna.

A psicanálise nos coloca diante de *funções*, naturalmente desempenhadas por um ou por outro. Mas parece mais natural, e de fato é, que certas funções sejam exercidas pela mãe e outras pelo pai. Reafirme-se que nem sempre é esse o caso.

Estudos desenhados para a pesquisa efetiva dessas funções são relatados por Michael Lamb (1987).

Pesquisas contemporâneas são unânimes em realçar a importância do pai em todos os aspectos envolvidos nos cuidados e na criação de crianças pequenas.

Hoje dispomos de interessantes estudos a respeito das possibilidades de envolvimento do pai nos cuidados e na educação dos filhos. Vários deles foram desenhados para quantificar o tempo que o pai passa com os filhos e as atividades que têm nesse tempo.

Lamb (1987) aponta que o envolvimento paterno pode se dar em três níveis: comprometimento (*engagement*), disponibilidade (*acessibility*) e responsabilidade (*responsibility*), dependendo do envolvimento do pai com a criança. O primeiro supõe que o pai possa alimentar, ajudar a dar de comer e, mais tarde, fazer lição de casa etc. O segundo é menos intenso, por exemplo, a criança fica brincando na sala enquanto ele cozinha, ou ele mesmo senta na sala enquanto ela brinca. O terceiro tem a ver com tomar responsabilidade pelo bem-estar e cuidado, por exemplo, fazer arranjos, arrumar roupas etc.

É relevante no grupo de pesquisas abordado por Lamb que, embora as mães sejam usualmente associadas a cuidados com a criança e os homens ao brincar, diversos autores apontam que não podemos afirmar que os homens são menos capazes de cuidar das crianças.

Lamb aponta que pesquisas mostraram que, no período de recém-nascido, as habilidades (para cuidar da criança) são semelhantes, não havendo diferenças de competências entre mãe e pai. E, contrariamente à noção de "instinto maternal", as pesquisas mostram que as habilidades são adquiridas no trabalhar (*on the job*), tanto por mães como por pais.

Em geral, a diferença entre mãe e pai situa-se no fato de que as mães estão *on the job* com mais frequência do que os pais, assim, não é surpreendente que se tornem mais sensíveis em relação à criança. Sua tese é que isso pode ser revertido se o pai passar a se responsabilizar por esses cuidados.

O que usualmente ocorre é que os pais, com sua falta de experiência, se tornam menos sensíveis e se sentem menos seguros em relação a suas habilidades e cedem espaço às mães, de modo que elas vão assumindo mais e mais as responsabilidades, inclusive porque sentem que é sua função.

Esse seria o processo devido ao qual a discrepância de cuidados entre pais e mães é grande. Mas, *quando os pais são colocados no papel de cuidador primário, por exemplo, desempregados ou viúvos, são perfeitamente capazes de adquirir as habilidades necessárias.*

Esse conjunto de dados operam corroborando a perspectiva da parentalidade e desbiologização das funções parentais. Essas, de modo geral, podem ser exercidas tanto pelo pai como pela mãe – ou outro cuidador.

Retornando ao psicanalista Donald Winnicott, este é conhecido por concentrar-se no e enfatizar o papel da mãe nos cuidados com o bebê, conforme delineamos anteriormente. O autor toma por suposta a necessidade da proteção desta pelo pai, sendo esta uma função da maior relevância a ser exercida por ele. O ambiente protetor inicial inclui mãe e pai (Lamb, 2004, pp. 1-32), sendo este o suporte para aquela. Podemos, por outro lado, pensar aqui que estamos falando de funções, papéis, não necessariamente vinculados ao biológico, embora a preocupação materna primária seja psicofisiologicamente feminina. Para ele, a falha do pai (da função paterna) pode causar dificuldades no crescimento emocional da criança (Reeves, 2012/2013, p. 364).

Este conjunto formado por pai e mãe, nessas condições, é necessário para a instalação de um "ambiente suficientemente bom". A mãe suficientemente boa responde à criança, permitindo uma ilusão de onipotência, realização de alucinações, proteção contra as ansiedades não pensáveis que ameaçam o ego imaturo num estágio de dependência absoluta (Winnicott, 1956).

A sintonia é excepcionalmente fina, o sono é leve etc. Há uma transformação na relação da mãe com sua própria mãe, uma oportunidade de trabalhar antigos conflitos eventualmente ainda em suspensão.

Mas há um outro conjunto de dados, pesquisas contemporâneas que se desenvolvem em torno das (in)especificidades das funções.

Trata-se de outro aspecto importante: a pesquisa psicológica contemporânea mostra que a criança pequena é capaz de estabelecer relações de apego com mais de uma pessoa. Embora um deles seja a figura primária de apego, as crianças se tornam tipicamente apegadas a ambos os pais.

O que se afirma com ênfase no conceito de parentalidade é a priorização das funções, em detrimento de uma diferença de essência entre eles. Diferenciamos genitor e pai, genitora e mãe. Pôr uma criança no mundo, evidentemente, não transforma os genitores em pais. O nascimento (fato físico) tem que ser transformado em filiação (fato social), "para que, inserida numa organização simbólica (fato psíquico), a criança se constitua como sujeito" (Cecarelli, 2015). Cecarelli aponta que cada modo de filiação (englobando homopaternidade, adoção, famílias "tradicionais" etc.) tem suas configurações específicas, incluindo as de angústia. Do ponto de vista da diferença de configuração do psiquismo nos contextos, há muito a se aprender ainda, mas, como diz ele, *a priori* não podemos apontar nenhuma evidência de maior ou menor patogenicidade de um modelo. O que se pode traçar é – como centro de um projeto eudemonista de família pós-moderna, como característica central – a disposição do afeto.

A importância maior, no estabelecimento das relações com os filhos, é a capacidade de estabelecer trocas e exercer as funções de parentalidade. McDougall (1995) aponta para a importância da vitalidade, que o sujeito seja ativo, dinâmico, que ame a liberdade e desenvolva a sexualidade. De pais que possam se identificar no filho em seus desejos, necessidades e que desejem abri-los ao mundo e a suas necessidades. Que sejam homo ou hetero não tem importância, argumenta McDougall (1995).

Essas diversas evoluções auxiliam na compreensão da perspectiva e possibilidade da assim chamada "paternidade socioafetiva".

Assim, pais conscientes de que não existe uma organização familiar ideal, apenas existem as mais harmônicas em determinados momentos sociais. A parentalidade, do ponto de vista psíquico, é sempre construída, e os laços familiares com os filhos são pautados por organização afetiva.

Referências

Amarilla, S. D. A. (2014). *O afeto como paradigma da parentalidade*. Curitiba: Juruá.

Arantes, U. (2014). A agonia de Édipo: notas de leitura sobre pais e parentalidade. *Ide, 37* (58), 123-131.

Ariès, P. (1978). *História social da criança e da família*. Rio de Janeiro: Zahar. (Trabalho original publicado em 1975)

Ayto, J. (2008). *Word origins*. London: A&C Black.

Baumgartner, E., & Menard, P. (1996). *Dictionnaire étymologique et historique de la langue française*. Paris: Librairie Générale Française.

Cassettari, C. (2013). *Multiparentalidade e parentalidade socioafetiva. Efeitos jurídicos*. São Paulo: Atlas.

Cecarelli, P. R. (2015). Novas configurações familiares: mitos e verdades. *Jornal de Psicanálise, 40*(72), 89-102.

Erikson, E. H. (1966). *Enfance et societé*. Neuchâtel (Switzerland): Delachaux et Niestlé.

Farias, C. de (2015). A família parental. In *Tratado de Direito das famílias*. Belo Horizonte: IBDFAM.

Fortineau, J. (2004). Prefácio à edição francesa. In D. Ponton (Org.), *Ser pai, ser mãe : parentalidade*. São Paulo: Casa do Psicólogo.

Freud, S. (1975). Totem and tabu. In S. Freud, *The standard edition of the complete psychological works of Sigmund Freud* (Vol. 13, pp 1-74). London: Hogarth Press. (Trabalho original publicado em 1913)

Goldstein, J., Solnit, A., Goldstein, S., & Freud, A. (1973). *The best interests of the child. The least detrimental alternative.* New York: Free Press.

Hironaka, G. D. A. (2014). Prefácio. In S. D. A. Amarilla, *O afeto como paradigma da parentalidade.* Curitiba: Juruá.

Hironaka, G. D. A. (2015). O conceito de família e sua organização. In Instituto Brasileiro de Direito de Família, *Tratado de direito das famílias.* Belo Horizonte: IBDFAM.

Houzel, D. (2004). As implicações da parentalidade. In L. Solis- -Ponton (Org.), *Ser pai, ser mãe: parentalidade, desafio para o próximo milênio.* São Paulo: Casa do Psicólogo.

Lamb, M. E. (1987). Introduction. The emergent American father. In M. E. Lamb (Ed.), *The father's role: cross cultural perspectives* (pp. 4-23). New Jersey: Lawrence Erlbaum Associate Publishers.

Lamb, M. E. (2004). The role of the father: an introduction. In M. E. Lamb (Ed.), *The role of the father in child development* (pp. 1-31). New Jersey: John Wiley and Sons.

Latin concise dictionary (1997). New York: Harper Collins.

Lebovici, S. (2004). Diálogo Leticia Solis-Ponton e Serge Lebovici. In L. Solis-Ponton (Org.), *Ser pai, ser mãe: parentalidade, desafio para o próximo milênio* (pp. 21-28). São Paulo: Casa do Psicólogo.

McDougall, J. (1995). *The many faces of Eros.* London: Free Associations.

Ministério da Educação e Cultura. ([s.d.]). *Dicionário escolar latino-português.* Recuperado de http://www.dominiopublico.gov. br/download/texto/me001612.pdf.

Montagna, P. (1982). *Emoções expressas no ambiente familiar e evolução da esquizofrenia* (Dissertação de mestrado). Faculdade de Medicina da Universidade de São Paulo, São Paulo.

Montagna, P. (2015). Parentalidade. In C. Lagrasta Neto & J. F. Simões, *Dicionário de direito de família* (pp. 776-780). São Paulo: Atlas.

Pereira, R. C. (2014). *Dicionário de direito de família e sucessões.* São Paulo: Saraiva.

Racamier, P., Sens, C. de, & Carretier, R. (1961). La mère, l'enfant dans les pshychoses du postpartum. *Evolution Psychiatrique, XXVI*, 525-570.

Reeves, C. (2013). On the margins: the role of the father in Winnicott's writings. In J. Abram (Ed), *Donald Winnicott today.* London: Routledge. (Trabalho original publicado em 2012)

Silveira Bueno, F. (1966). *Grande dicionário etimológico prosódico da língua portuguesa.* São Paulo: Saraiva.

Skolnik, A. ([s.d.]). Beyond the best interests of the child. In *Encyclopedia of Children and Childhood in History and Society.* Recuperado de www.faqs.org/childhood/Ar-Bo/Beyond-the-
-Best-Interests-of-the-Child.html.

Solis-Ponton, L. (2004). A construção da parentalidade. In L. Solis-
-Ponton (Org.), *Ser pai, ser mãe. Parentalidade: um desafio para o terceiro milênio* (pp. 29-40). São Paulo: Casa do Psicólogo.

Vaughn, C., & Leff, J. (1976). The influence of family and social factors on the course of psychiatric illness: a comparison of schizophrenic and neurotic patients. *British Journal of Psychiatry, 129*, 125-127.

Winnicott, D. W. (1956). On transference. *International Journal of Psychoanalysis, 36,* 386-388.

Winnicott, D. W. (1987). *Babies and their mothers* (C. Winnicott, R. Shepherd & M. Davis, Eds.). Reading, MA: Addison Wesley.

Sobre história e construção da subjetividade

I

Há algum tempo, um açougueiro morou em nosso vilarejo. Sua casa ficava na esquina de uma rua íngreme. Havia uma base militar próxima ao vilarejo. Uma vez, a esposa do açougueiro estava trocando a roupa da cama e um tanque bateu contra a parede da casa e invadiu o quarto, porque a rua estava coberta de gelo e escorregadia. A frente da casa ficou um tanto danificada, mas não muito. A mulher ficou também um pouco danificada, mas não muito. Quando eu me encontrei com o açougueiro depois do acidente, perguntei a ele o que havia acontecido. "A história veio até nós" – ele respondeu.[1] (Gyorgy Konrad, citado por Harris, 2017, p. 152)

---

[1] Harris traz essa grotesca história em seu trabalho "Intimidade – O tanque no quarto" (2017), no qual ressalta a vivência da perda de um espaço seguro, co-

Esse trecho de Konrad apresenta uma situação-limite. A característica fundamental de uma situação dessa natureza é evidenciar o já prenunciado, existente nas situações que não são limite que a antecedem ou a sucedem. Ou seja, explicita aquilo que existe em estado latente nas condições usuais. Nos dá a oportunidade de conhecer, de forma amplificada, o que pode passar despercebido no contexto do usual "não limite".

A história está inexoravelmente presente em cada momento de nossa vida, e aqui escancara sua existência. Impossível não a levar em conta nesse momento; na invasão do quarto pelo tanque ela passa a ser protagonista.

"Eu sou eu e minhas circunstâncias", dizia Ortega y Gasset (1967, p. 52), sejam elas individuais ou coletivas, somos "fruto de" e vivemos num *Zeitgeist* que nos circunda, delimita nossas perspectivas e, também, as formas de subjetivação de determinada época.[2]

Com Hegel, o homem é fruto de seu tempo e não pode ir além dele. Ele faz sua própria história, mas em condições determinadas.

A história representa a substância da sociedade (Heller, 1970), carrega consigo e deslinda a essência do ser humano. Por outro lado, também contém o não essencial, o mutável, a heterogeneidade das formas de expressão no contexto de histórias pessoais, da própria história, das estruturas sociais com suas diversas esferas.

O não essencial e o superestrutural em conjunto – representados por estrutura sociopolítica, vida cotidiana, moral, ciências, arte, relações familiares próprias de cada época – modelam nossa existência e, em última instância, a subjetivação de cada época e de diferentes subculturas numa mesma época.

---

nhecido, familiar, no contexto *umheimlich* da Europa Central do século XX, após a Segunda Guerra Mundial.

2　Estas podem incluir a presença de tanques e baionetas.

Não se trata, na relação sujeito/história, de uma vinculação genético-historicista (Schaff, 1983), mas, sim, de um elo que conecta o indivíduo às transformações contínuas, as quais criam diferentes representações do mundo exterior no âmago do eu. O mesmo se dá na relação do sujeito com sua história individual no meio microssocial em que vive.

Podemos dizer que cada homem é igual a todos os homens, cada homem é igual a alguns homens, cada homem é igual a nenhum outro homem.

II

Comparemos agora esse trecho de Konrad com o que Freud escreveu em 1917, quando, esclarecendo a construção do aparelho mental, diz "o ego não é senhor em sua própria casa" (Freud, 1917/1975a, pp. 141-142).

> *Em certas doenças... o ego sente-se desconfortável... surgem repentinamente pensamentos sem que a pessoa saiba de onde eles vêm ou possa fazer algo para expulsá-los. Esses hóspedes estrangeiros parecem mesmo ser mais poderosos do que os que estão no comando do ego. Eles resistem a todas as medidas bem comprovadas de aplicação da lei, permanecem impassíveis pela refutação lógica e não são afetados pelas afirmações contraditórias da realidade. Ou os impulsos que parecem ser os de um estrangeiro, de maneira que isso o ego renega... O ego diz para si mesmo: Isto é uma doença, uma invasão estrangeira. (Freud, 1917/1975a, p. 143, grifo do autor)*

318 SOBRE HISTÓRIA E CONSTRUÇÃO DA SUBJETIVIDADE

É exatamente esse estrangeiro interno que interessa primeiramente à psicanálise. Para Laplanche, trata-se "de uma gravitação originária do homem em torno do outro – o outro interno e o outro externo" (1997, p. 140). Trata-se da "estrangeiridade interna sustentada pela estrangeiridade externa" (p. 146), diz ele, propondo ainda o modelo da revolução copernicana para a consideração dessas questões. A estrangeiridade externa seria sustentada pela relação enigmática do outro com seu próprio estrangeiro interno.

Bion formula, a respeito da possibilidade de nossa mente ser tomada por elementos estranhos, seja de fora ou mesmo de nosso mundo psicótico, algumas possibilidades, relacionadas à vida mental, a partir do vocábulo inglês *break* (romper, quebrar, pausar):

- *break up* – rompimento;

- *break in* – assalto;

- *break into* – invasão;

- *break down* – colapso;

- *break through* – avanço, ruptura das linhas inimigas, importante descoberta.

Se o estrangeiro interno considerado por Freud reside basicamente no id, o psicanalista inglês John Wisdom (1961) traz mais complexidade a essa discussão quando apresenta um modelo metapsicológico de incorporação do mundo externo que aponta para um grau de estrangeiridade no próprio ego.

Wisdom propõe nomear de *introjeção nuclear* o processo em que os introjetos são incorporados pelo *self*; quando o introjetado é meramente "trazido para o mundo interior" como objeto interno, permanecendo como *objeto para o self*, o processo pode ser chamado de *introjeção orbital*. Nesse caso, o objeto é tratado como um objeto externo ainda que pertença ao mundo interno, como é o caso de um superego ameaçador.

Podemos estender o modelo, observando que existe alguma *estrangeiridade* nos introjetos orbitais, os quais acomodam-se dentro do ego de uma maneira não totalmente egossintônica, embora as duas formas de introjeção possam oscilar e se intercambiar, ou seja, uma pode tornar-se a outra. A incorporação de elementos histórico-culturais pelo sujeito não fugirá a esse retrato. O "salto para o novo" que o sujeito dará na introjeção nuclear resultará numa nova configuração egoica, com modificação efetiva do núcleo do ego, pela incorporação realizada.

As introjeções orbitais, quando fora do núcleo, não trazem uma modificação estrutural, mas se acomodam ao ego como apostos que o influenciam, porém sem genuína mudança. São apêndices do eu.

Um tempo pode decorrer até que uma incorporação orbital possa se transformar em nuclear. Esse é um fenômeno que podemos observar nas migrações humanas, ou nas paulatinas mudanças quantitativas que, num momento, se tornam qualitativas, muitas vezes, nos processos psicanalíticos.

III

Na incorporação do mundo exterior, o ego se serve inicial e fundamentalmente das *representações*, mas, talvez, como questiona Laplanche (1997), elas não sejam, de forma alguma, suficientes para sozinhas fazer frente à complexidade da questão. Ele pergunta: "Pode-se reprovar Freud e tantos outros por não ter à sua disposição um conceito, um domínio, um campo que permitisse ao sujeito que o outro não fosse reduzido pela subjetividade daquele

320 SOBRE HISTÓRIA E CONSTRUÇÃO DA SUBJETIVIDADE

que o recebe; de manter-se a sua estrangeiridade?" (Laplanche, 1997, p. 145).

As representações compõem a primeira peça do mundo interno, constituindo-se, pela sua própria formação, num elo entre o interior e o exterior, sabendo-se que todo elemento incorporado ao nosso interior passa por algum grau de filtragem, até que faça parte do sujeito. A sensopercepção humana jamais é desprovida de elementos subjetivos.

Desde a origem do eu, no processo de seu nascimento, na sua continuidade, no fluir do sentimento de identidade, as relações outro/eu são assimétricas, ocupando um papel preponderante, conforme lembra Laplanche (1997). As construções, do sujeito e do outro, se dão numa espiral de transações dialéticas crescentes em complexidade e em diferenciação. Essa espiral vai evoluindo no contato entre o eu e o exterior assimétrico na polarização pequeno/grande, na formação do eu e do outro. "Há ingestão, digestão, metabolização, realimentação, comunicação e reestruturação" (Harris, 2017, p. 156).

Essa assimetria é assegurada pelo fato de que o "outro está em todo lugar; sexualidade, subjetividade ligada ao gênero e intimidade não são apenas pessoais e independentes", continua Harris. São ligadas a e condicionadas pelo outro, entendendo-se como tal o vasto entorno que compreende a história microssocial do indivíduo, bem como a história que se desenrola em seu contexto macrossocial.

Não se pode mais ver a privacidade e a intimidade como um refúgio do sujeito com relação à alteridade, à História ou ao Estado; o indivíduo só é compreensível dentro de um campo de forças conscientes e inconscientes, a história está instalada nas moléculas da experiência humana, estratificada dentro de espaços oníricos. *(Harris, 2017, p. 152, grifo nosso)*

Deve ficar claro que as próprias noções de interioridade, de privacidade, de intimidade, são datadas, não podem ser tomadas como dados universais, relativas a qualquer essencialidade do ser humano.

Philippe Ariès, em *História social da criança e da família* (1973), mostra que antes da Revolução Industrial a família tinha funções de conservação de bens, ajuda mútua cotidiana, prática comum de um ofício, mas não tinha uma função afetiva. As trocas afetivas eram realizadas fora da família, num meio denso e quente, composto de vizinhos, amigos, crianças e velhos, amos e criados, mulheres e homens, em que a inclinação (afetiva) podia se manifestar livremente. Isso mudou com a industrialização. As famílias tornaram-se mais nucleares e, cada vez mais, passaram a exercer uma "função afetiva". As manifestações afetivas passaram a ter que ser efetuadas fora do local de trabalho e, por consequência, no próprio ambiente familiar. O lugar de trabalho deveria se manter afetivamente asséptico, para que a produção e o lucro consequente sobreviessem adequadamente. Essa foi a lógica que imperou após a Revolução Industrial.

Uma composição da família mais nuclear, como passou a ser aquela do século XX, chamada em alguns meios de "a família burguesa", densifica as cargas afetivas dirigidas aos membros da família, com importantes implicações na subjetivação de nosso tempo, incluindo-se a evolução de algumas condições psicopatológicas (Montagna, 1981).

Assim é que, evidentemente, o nascimento do sujeito dá-se num ambiente histórico em que a família nuclear predomina,

322 SOBRE HISTÓRIA E CONSTRUÇÃO DA SUBJETIVIDADE

ainda que tantas modificações tenham se dado nas composições familiares a partir do terceiro quarto do século XX.

Assim como na história individual não importam simplesmente os fatos, mas sim a maneira pela qual eles são apropriados por cada indivíduo, também na história (Jasmin, 2011) é preciso levar em conta não apenas o acontecido, mas aquilo que se sabe e que se diz sobre ele. A apropriação desta última também implica, como na sensopercepção de cada indivíduo, uma mimese particular, imperfeita, uma recriação subjetiva daquilo que se encontra fora.

A história era vista pelo romano Cícero como um ramo da retórica, já que põe o acento na voz do orador para conferir imortalidade à história, testemunha dos tempos, luz da verdade, vida da memória, mestra da vida.

No campo psicanalítico desenvolveu-se, particularmente, a partir da década de 1980, a discussão entre verdade histórica e verdade narrativa por meio das discussões acerca dos trabalhos de Donald Spence. Esse autor acentuava a força de verdade que a narrativa continha por meio de reconstruções que preenchiam os vácuos com coerência.

> *Não há dúvida que uma história bem construída possui uma espécie de verdade narrativa que é real e imediata, carregando consigo um significado importante para o processo de mudança terapêutica. Embora Freud arguisse posteriormente que toda interpretação efetiva devesse conter também um pedaço de verdade histórica, a verdade narrativa parece ter, por si mesma, um impacto significativo no processo clínico. (Spence, 1982)*

A escuta de uma sessão analítica, das associações das ideias do analisando, como se ouvíssemos um sonho, está em sintonia com um posicionamento desse tipo, que leva em conta nossa memória como um ente dinâmico, vivo, que se refaz a cada momento. Ela não é composta por arquivos fixos, como os arquivos e pastas de um computador, que permanecem os mesmos a cada novo acesso, a não ser que ativamente os modifiquemos. Nossa memória é continuamente sujeita a revisões e reinterpretações, na medida em que não somos os mesmos a cada momento novo. Amanhã não seremos o que somos hoje, mesmo biologicamente. A questão essência/existência retorna à pauta.

Também no processo analítico, a memória e, particularmente, a apropriação do mundo (interno e externo) pode ser reformulada a cada novo *insight* terapêutico. A comparação a ser feita é com a circuitaria olfativa do ser humano. Temos um acervo de aromas, odores, que somos capazes de sentir e identificar, por já os termos experimentado anteriormente. Quando sentimos um novo odor, ainda não reconhecido, ele passa a fazer parte de nosso acervo e nosso circuito olfativo se amplia, passando a contar com essa nova perspectiva. Assim como um novo aroma que se apresenta diante de nós passa a fazer parte de nosso arsenal, para o reconhecimento daquele que ainda não foi provado.

O sujeito humano está em constante transformação, assim como o seu entorno e contexto histórico em que ele primeiramente se engendra. O autoconhecimento e o conhecimento do tempo em que se vive formam variáveis cruciais nas transformações que ele atravessa no decorrer do tempo. Mais do que uma história de vida, cada um possui "histórias de vida". Ainda que versões diferentes do mesmo presente possam ser propostas, no entanto, há algo em comum, externo, que circunda essas possibilidades, engolfando-as no mesmo invólucro psicossocial.

Assim, os modos de apresentação da subjetividade guardam inexorável relação com o tempo histórico em que acontece, seja a respeito da subjetivação que os fenômenos históricos culturais abarcam ou da patoplastia de determinadas manifestações psicopatológicas de um contexto.

Vale a pena apontar que os fenômenos psiquiátricos encontradiços em soldados das trincheiras da Primeira Guerra Mundial, de 1914 a 1918, diziam mais respeito a manifestações histeriformes do que outras. Já na Segunda Guerra Mundial as formas do adoecer psíquico estavam mais próximas das manifestações mais interiores, psicossomáticas propriamente ditas, do que das histéricas (Alonso Fernandez, 1968).

As formas de subjetivação e de padecimento psíquico da contemporaneidade, por exemplo, revestem-se de características próprias e modificaram substantivamente, por exemplo, a prática analítica, como vimos no capítulo "Subjetivação contemporânea na metrópole".

Freud já apontava e proclamava a existência de uma continuidade entre a psique individual e a coletiva, em "Psicologia das massas e análise do ego" (1921/1975b). E Fabio Herrmann pondera a esse respeito:

> *Se a psique nasce do real e este continua a ser uma estrutura produtora de sentidos, mesmo depois da invenção do homem moderno, devemos considerar com seriedade a existência de um continuum psíquico, do qual a interioridade do sujeito singular seria uma porção sequestrada mas sempre em diálogo com o todo. (Herrmann, 1979, p. 32)*

E, prosseguindo, a continuidade entre o interno e o externo só pode se dar por meio de uma dialética, não uma via de mão única. É isso que permite trabalhar com os conceitos de identificação projetiva, de "transidentificação projetiva", de Grotstein (2009). O inconsciente não se comporta mais numa verticalidade, mas numa horizontalidade espacial, podendo eventualmente estar localizado no mundo externo, no outro.

IV

Permanecendo no campo do temporal, do histórico, a ideia de que possuímos uma subjetividade, um *self*, conforme Laplanche (1997), é uma questão tão óbvia para cada um de nós que pode ser comparada à ideia de que temos um coração, um fígado, ou cabeça, tronco e membros. É como se fosse evidente por si mesma. Não questionamos que nosso pensamento está dentro da cabeça, ou nossas percepções. Quando isso se altera, significa que estão ocorrendo alterações psicopatológicas significativas.

Mas não é bem assim a forma de a psicanálise enxergar o inconsciente. Temos outros modelos além do inconsciente freudiano. Este, de certo modo, está localizado no espaço intrapsíquico, com a verticalidade que pressupõe "aprofundamento", ou seja, elementos mais primitivos, mais distantes do pré e do consciente localizar-se--iam "metaforicamente" em instâncias de maior profundidade. Tal é a disposição cerebral, em que o paleoencéfalo situa-se em maior profundidade, no cérebro, do que o neocórtex, por exemplo.

A espacialidade do inconsciente kleiniano apresenta alguma diferenciação. O processo psicanalítico kleiniano confere importância fundamental, em seu desenvolvimento, à reapropriação, à reintegração de elementos do eu que estão espalhados fora, no

326 SOBRE HISTÓRIA E CONSTRUÇÃO DA SUBJETIVIDADE

"espaço exterior", por mecanismos de projeção e identificação projetiva. O inconsciente pode estar "fora" do eu, pode estar "no outro".

No mundo bioniano a relação interno/externo é central, com a questão do continente/contido. Aqui o inconsciente pode estar no infinito, com os pensamentos em busca de um pensador, por exemplo.

A outra questão é que essa linguagem dentro/fora, de que ideias ou emoções estão dentro, enquanto os objetos do mundo externo com os quais elas se relacionam estão fora – somos criaturas com interiores em que o inconsciente está dentro, tendo em sua profundeza não ditos, elementos indizíveis, inexplorados e sombrios –, por mais que pareça inerente ao ser humano, como ponto pacífico, vem a ser, a rigor, característica de nosso mundo ocidental moderno (Taylor, 1994, p. 76), que de algum modo se disseminou para o resto do globo. Por exemplo, culturas xamanistas alegam acreditar que a pessoa humana tem três almas e que uma delas pode sair e permanecer fora durante algum tempo (Eliade, citado por Taylor, 1994, p. 151).

Laplanche (1997) aponta que cabe à psicanálise "a tarefa de descobrir o outro lá, em seu ponto de maior alteridade, na sua estrangeiridade, na alteridade do inconsciente" (p. 139). A "alteridade interna" se funda sobre a externa, é fundadora, uma dimensão que jamais pode ser abolida, mesmo que, às vezes, seja encoberta (p. 139). Ele invoca a "revolução cosmológica do pensamento de Copérnico, da passagem de um sistema gravitacional autocêntrico para um heterocêntrico" (Laplanche, 1997, p. 140).

A resposta ptolomaica à pergunta "o que gira em torno de quê?" é narcísica; Laplanche acredita que não é só a questão de geocentrismo ou heliocentrismo, mas a questão de que o mundo, a rigor, não tem centro. Acrescentamos que tampouco a psicanálise tem centro, nem mesmo o centro é só a psicanálise. Nem o conhecimento, de modo geral, tem centro, esse está em toda parte.

A psicanálise compõe uma metodologia que permite o desenvolvimento de observação e pontos de vista privilegiados, os quais não podem, evidentemente, prescindir de outros saberes.

Mas o eu tem um centro, que é gerado graças às experiências que o foram constituindo e lhe deram sentido e coerência, dentro do contexto no qual se configura.

Desse modo, a exterioridade e a interioridade vão se constituir simultaneamente; quando o eu se constitui, o outro também. Primordialmente, como teoriza Loewald (citado por Harris, 2017, p. 155), traz o conceito de densidade primitiva, quando experiências precisam de objeto para suceder, mas são essencialmente pré-objetais. Em consonância com Winnicott, o ser precede o fazer.

Não são só os fatos históricos que vão moldar um substrato para a especificação das subjetividades, mas também o imaginário social e individual em relação a eles. O modo como são vivenciados é, com certeza, fator da maior relevância. Nesse sentido, a subjetividade é plasmada também pela mitologia, universal ou de determinada época, na qual se assenta a própria história de um povo. Permanece a questão: se são os mitos que estruturam as singularidades ou são estas que inventam os mitos, que perseguem respostas a indagações humanas fundamentais.

Mito e personalidade, personalidade e mito, interatuam num contínuo que mantém alguns pontos de contato. O mito contém elementos essenciais do humano, e se coloca como estrutura hipertextual a que recorremos quando necessário.

A influência dos mitos no âmago das subjetivações pessoais é discutida, com exemplos, por Kitayama, em artigo apresentado à Sociedade Brasileira de Psicanálise de São Paulo (SBPSP) em 2017.

328 SOBRE HISTÓRIA E CONSTRUÇÃO DA SUBJETIVIDADE

Um dos elementos usualmente acordados como componentes particulares da cultura japonesa em comparação com a ocidental é que a primeira se estriba, para seu lastro emocional, no sentimento de vergonha, ao passo que na segunda, ocidental, o pano de fundo se encontra no sentimento de culpa.

Quanto a nós, brasileiros, podemos traçar, à guisa de exemplo, as peculiaridades de uma perspectiva histórica em São Paulo e que tem a ver com a geração de nossa intimidade.

A cidade de São Paulo contava, por volta de 1820, portanto no início do século XIX, com cerca de 20 mil a 22 mil habitantes. De modo inusual para aquele tempo, a população permaneceu estável por aproximadamente cinquenta anos, de modo que em 1860 o número de habitantes era de 25 mil (Lemos, comunicação pessoal, 2017). Nos cinquenta anos seguintes, com o ciclo do açúcar e com toda a imigração estrangeira, a população decuplicou, atingindo 250 mil habitantes na virada do século XIX para o XX, até 1910 – um número espantoso para qualquer lugar. Desses 250 mil, 41% eram italianos natos, outros 9% era imigrantes de outras origens (alemães, húngaros, japoneses, portugueses, espanhóis etc.). Cada um guardava a memória de sua cultura, não de São Paulo. Por isso nossa subjetivação sem apreço à cidade. Isso não ocorreu em lugar nenhum do mundo, 50% de estrangeiros morando numa cidade. E em outros lugares a recepção aos italianos e outros estrangeiros foi muito diversa da nossa; aqui, a cultura quase foi refundada.

A relação indivíduo/meio urbano se caracterizou por longo tempo, nessa cidade, por não apreço à salvaguarda de elementos da memória da cidade. O cidadão pode se vincular com o seu meio como se estivesse apenas de passagem, e inversamente, configurando-se uma perspectiva de idealização do futuro, da criação do novo, uma desvalorização do já existente.

É claro que exceções existem.

Outro dia assisti a um filme biográfico sobre o professor de literatura russa da Universidade de São Paulo Boris Schnaiderman, feito como uma homenagem à sua figura de importante intelectual participante da cultura paulista nos últimos cinquenta anos.

Boris foi voluntário e herói guerra. Lutou contra a Alemanha na Segunda Guerra. Voluntariou-se para tal e teve comportamento "heroico".

Consultado sobre sua escolha de voluntariar-se, ao ouvir a insinuação de que era herói numa entrevista, respondeu: "Não há heroísmo nenhum, eu fiz o que precisava ser feito".

Como se dá a subjetivação?

Além das intensas modificações da família desde o último lustro do século XX, com a multiparentalidade, as famílias monoparentais, homossexuais etc. (Montagna, 2016), note-se que, concomitante a elas, a revolução tecnocultural se impõe como o fato histórico precípuo para se considerar o meio cultural em que se processa a construção de subjetivações em nossa época.

O impacto das novas tecnologias no desenvolvimento do funcionamento mental é visível para todos, a cada momento – é só observar as crianças com que lidamos hoje em dia. Estamos na segunda geração de um fenômeno que passa a ter influências não só duradouras, mas permanentes, e cabe a nós, analistas, lidarmos com essa nova situação (Guignard, 2014).

Para Guignard, vivemos numa era em que a globalização da comunicação virtual traz consigo duas consequências maiores:

1) expectativas de realização instantânea de desejos e vontades;

330 SOBRE HISTÓRIA E CONSTRUÇÃO DA SUBJETIVIDADE

2) risco aumentado de que o controle da mente seja assumido por um dos três supostos básicos de Bion (luta/fuga, acasalamento ou dependência), e que um deles tome o controle no lugar do pensamento.

A procura pela psicanálise mudou. Como sabemos, hoje em dia temos mais pacientes *borderline*, patologias do vazio, irrepresentabilidade, fronteiras pobres entre eu/outro, interno/externo, pensamento/ação, estruturação pobre do *self* e psicossomáticos. As diferenças entre gêneros e gerações, tanto nas relações familiares como nos laços sociais, são menos pronunciadas nas duas últimas gerações.

Em vez do esfriamento dos impulsos relacionados ao período de latência proposto por Freud, as crianças entre 6 e 12 anos de idade, no lugar de defletir seus impulsos sexuais em atividades sublimatórias, são tão excitáveis quanto as crianças de 3 a 5 anos. A hiperatividade aumenta, trazendo consigo problemas de simbolização.

O hedonismo é priorizado, assim como a utilização dos processos primários, de princípio do prazer. Os videogames, por exemplo, podem sugerir a idealização da ação em contraposição à reflexão. E as relações superficiais podem ignorar a alteridade do outro e impedir o desenvolvimento de relações mais aprofundadas e/ou duradouras.

Os sociólogos fazem uma distinção entre os nascidos antes e depois de 1995, estes últimos usuários digitais inatos.

Na subjetivação moderna, em contraposição à pós-moderna, vida interior era mais privilegiada, desempenhando papel fundamental na configuração da subjetividade. O que era categorizado como "enganosa exterioridade do eu", visibilidade e aparências, agora é balizador do sujeito (Sibilia, 2008, p. 90).

Na Primeira Guerra Mundial, os soldados que sofriam avarias psíquicas por trauma eram levados às enfermarias com sintomas neuróticos, histéricos, como amaurose. Na Segunda Guerra predominavam sintomas mais interiorizados, psicossomáticos. Se observarmos, por exemplo, um livro como *Anna Karenina*, de Tolstói, verificaremos uma subjetivação da época em que estão presentes desmaios e outras manifestações mais próximas às histeriformes – o fim do século XIX –, o que não ocorre no fim do século XX.

Desse modo fica claro que o contexto histórico molda, inevitavelmente, aspectos gerais da subjetivação humana.

Referências

Alonso Fernandez, F. (1968). *Fundamentos de la psiquiatria actual.* Madrid: Paz Montalvo.

Ariès, P. (1973). *História social da criança e da família.* Rio de Janeiro: Zahar.

Corra, G., & Rincón, L. (2005). Mito y personalidad psíquica. Quién estructura quién? In G. Corra (Ed.), *Mitos y psicoanalisis* (pp. 21-28). Buenos Aires: Lugar.

Freud, S. (1975a). A difficulty in the path of psychoanalysis. In S. Freud, *The standard edition of the complete psychological works of Sigmund Freud* (Vol. 17). London: Hogarth Press. (Trabalho originalmente publicado em 1917)

Freud, S. (1975b). Group psychology and the analysis of the ego. In S. Freud, *The standard edition of the complete psychological works of Sigmund Freud* (Vol. 18). London: Hogarth Press. (Trabalho original publicado em 1921)

Grotstein, J. (2009). *"... But At The Same Time and On Another Level..."*: *Clinical Applications in the Kleinian/Bionian Mode* (Vol. 2). London: Karnac.

Guignard, F. (2014). Psychic development in a virtual world. In A. Lemma, *Psychoanalysis in the technoculture era* (pp. 62-74). London/New York: Routledge.

Harris, A. (2017). Intimidade – O tanque no quarto. *Revista Brasileira de Psicanálise, 51*(3), 151-166.

Heller, A. (1970). *O cotidiano e a história.* São Paulo: Paz e Terra.

Herrmann, F. (1979). *Andaimes do real.* São Paulo: EPU.

Jasmin, M. (2011). *As armadilhas da história universal.* In A. Novaes, *A invenção das crenças* (pp. 377-404). São Paulo: Edições Sesc.

Kitayama, O. (2017, 31 de julho). Apprehension of ambiguity. Trabalho apresentado à Sociedade Brasileira de Psicanálise de São Paulo (SBPSP).

Laplanche, J. (1997). A teoria da sedução e o problema do outro. *Livro Anual de Psicanálise, 78,* 653-666.

Lichtenberg, J. D., Lachman, F. M., & Fosshage, J. L. (2017). *Narrative and meaning.* New York: Routledge.

Montagna, P. (1981). *Emoções expressas no ambiente familiar e evolução da esquizofrenia* (Dissertação de mestrado). Faculdade de Medicina da Universidade de São Paulo, São Paulo.

Montagna, P. (2001). Subjetivação contemporânea na metrópole. In E. T. O. Tassara (Org.), *Panoramas interdisciplinares para uma psicologia ambiental do urbano* (pp. 71-86). São Paulo: Educ/Fapesp.

Montagna, P. (2016). Parentalidad socio-afectiva y las familias actuales. *Revista de Derecho, 77,* 219-233.

Ortega y Gasset, J. (1967). *Meditações do Quixote.* São Paulo: Livro Ibero-Americano.

Perelberg, R. J. (2015). Sobre o excesso, trauma e desamparo: repetições e transformações. *Livro Anual de Psicanálise, 31*(2), 271-295.

Schafer, R. (1979). The appreciative analytic attitude and the construction of multiple histories. *Psychoanal. Contemp. Thought, 2*(1), 3-24.

Schaff, A. (1983). Historicismo e relativismo. In A. Schaff, *História e verdade* (Cap. 3, pp. 187-200). São Paulo: Martins Fontes.

Sibilia, P. (2008). *O show do eu: a intimidade como espetáculo.* Rio de Janeiro: Nova Fronteira.

Spence, D. P. (1982). Narrative Truth and Theoretical Truth. *Psychoanal. Quarterly, 51,* 43-69.

Taylor, C. (1994). *As fontes do self.* São Paulo: Loyola.

Wisdom, J. O. (1961). A methodological approach to the problem of hysteria. *Int. J. Psycho-Anal., 42,* 224-237.

Sobre instituições, inclusive as nossas[1]

I

Uma instituição envolve a existência de uma estrutura com propósitos definidos que, de algum modo, ordena comportamentos dos indivíduos que dela fazem parte. Identifica-se com determinada função social, para a qual contribui. Pode se relacionar aos campos de saúde, educação, ciência, trabalho, religião, sistemas culturais, defesa coletiva etc. Pressupõe certa permanência e é identificável por seus códigos interiores. Tem como ação alguma ordenação das condutas dos indivíduos que a compõem, ou eventualmente a sociedade como um todo. Organiza interações e implica estruturas e mecanismos. Está dotada de normas reguladoras, organizadoras, transformadoras e de transmissão (Kaës, 2004). Apresenta, aponta Castoriadis (1975/1982), movimentos antagônicos: o do desejo instituinte, inovador, e da ordem instituída contra a qual este se choca e gera relações de poder, políticas, de

---

1 Uma versão anterior deste capítulo foi publicada em 2009 na *Revista Brasileira de Psicanálise, 43*(4), 41-50.

336   SOBRE INSTITUIÇÕES, INCLUSIVE AS NOSSAS

hierarquia, cultura, economia, regulando-se pelo Poder Jurídico. Assim, é de sua natureza uma conflitualidade essencial entre ordem e transgressão (Kaës, 2004).

O termo instituto, do francês de fins do século XVIII, passou a significar "uma organização que promove uma causa ou uma finalidade particular" (Ayto, 2008, p. 289). Origina-se do latim *statuere*, pôr de pé, estabelecer, levantar, erigir, construir, resolver, decidir, cujo particípio passado é *statutum* somado ao prefixo *in*, que indica: em, dentro de, à maneira de, conforme. Aparentado etimologicamente tanto a prostituta – estabelecer diante de, em frente, em público[2] (nesta se afirma mais a exposição pública) – como a estatuto, estátua, próstata. Instituição significa também o ato de instituir, criar, ou então a própria criação, estabelecimento.

As instituições operam como *continentes* de *contidos* diversos, sendo que a qualidade da interação dialética entre ambos, na vigência da necessidade de mudanças, configurará seu modo de permanecer. Uma estrutura/função continente pode ser suficientemente sólida para albergar um amplo espectro de movimentos do contido (incluindo os pulsionais), mas será instada a mudanças se a pressão do contido for muito forte, ou se este fizer transbordar, ultrapassar a possibilidade de conter do continente. Entra em jogo a plasticidade da estrutura/função continente. O raciocínio se inverte se tomamos a instituição como contido e os indivíduos como tendo que dar continência a ela. Eventualmente, seus desenvolvimentos internos podem pressionar mudança naqueles que a compõem. No âmbito de suas dinâmicas, sucedem elementos de transferências, deslocamentos, projeções, identificações projetivas, clivagens etc. Não raro, eventos localizados num determinado ponto delas estendem-se e eventualmente contaminam outros pontos.

---

2   A ideia de sexo por dinheiro não está na origem da palavra.

Esse modelo é adequado para se pensar as nossas instituições psicanalíticas em suas relações com a International Psychoanalytical Association (IPA, Associação Psicanalítica Internacional), individualmente ou em conjunto, ou então as relações da própria comunidade psicanalítica como um todo, com sua associação mãe, de pertinência. Ora um, ora outro pode funcionar como continente, ou como contido.

É interessante notar que, se a IPA esteve muitas vezes a reboque de avanços societários, o contrário também pode suceder, não apenas na teoria como na prática institucional. Observam-se, particularmente nos últimos anos, avanços institucionais da IPA estimulando mudanças em sociedades que se movem mais vagarosamente. A relação continente-contido dá-se de uma forma tal que desejo instituído e ordem instituída podem se situar ora num, ora noutro dos polos.

A instituição psicanalítica propicia a seus integrantes a afirmação de uma identidade profissional necessária, reconhecimento, pertinência, trocas de ideias, associação. Em seu trabalho, o psicanalista serve-se do consciente e do inconsciente de seus pacientes, e de si próprio. A ausência de marcadores objetivos e a particular solidão em que se desenvolve acarretam uma situação movediça, na qual é inevitável a "primazia da incerteza", como assinala Epstein (2004). Seus objetivos ou metas não são claramente compartilhados com os pacientes e eventualmente tampouco são claros e consensuais entre seus pares (Epstein, 2004). Qualquer possibilidade de existência de um algoritmo norteador da ação é evidentemente mero devaneio.

Isso resulta na necessidade de continência da pessoa do analista, ainda mais ao levar em consideração que as interações deste, no dia a dia, requerem algum eclipsamento de sua pessoa, seus desejos e emoções. Até mesmo sua própria identidade pode vir a ser questionada, quando entram em pauta questões de poder intra ou interinstitucionais, nas dinâmicas institucionais psicanalíticas. Desse modo, a necessidade do analista de lidar com suas angústias, de diversas ordens, encontra amparo nas suas instituições, que oferecem "defesas sociais" (Menzies, citado por Epstein, 2004) para tal fim.

Os dois conjuntos mencionados – indivíduo e instituição (e, nas instituições psicanalíticas a que pertencemos, sociedades componentes e IPA) – inserem-se num metaquadro sociocultural que, da mesma maneira, mantém relações de continente/contido, de duas vias, com eles. Kaës (1997/2002) sugere que a instituição precede a seus integrantes, inscreve-os em suas malhas e discursos, e com isso descentra o sujeito, afetando seu narcisismo, sendo que, por outro lado, este estabelece um tipo de relação com ela que o ajuda a sustentar algo de sua identidade. Essa duplicidade supõe que, ao lidar com ela, ele enfrenta, ao mesmo tempo, fatores constitutivos de identidade e de alienação, já que partes do seu *self* "estão fora de si mesmo", como diz ele, de modo que, ao mesmo tempo que engendra identidades, a instituição dessubjetiviza, dispersa, aliena, exteriorizando um espaço interno, fazendo-o germinar fora do sujeito. Para esse autor, isso é necessário para a realização das funções capitais da instituição, que são fornecer matrizes comuns e identificadoras, dar *status* às relações das partes e do conjunto, unir estados não integrados, indicar limites e as transgressões, dramatizar movimentos pulsionais.

A meu ver, esse engendrar/descentrar identidades constitui o paradoxo maior das instituições e das relações interpessoais dentro dela. Decerto surgirão individualmente núcleos anti-institucionais a serem trabalhados. Esse paradoxo também afeta o entorno institucional, fora da instituição propriamente dita ou de suas extensões. Na psicanálise, ainda que um indivíduo tenha um percurso de formação fora da instituição (eu me refiro a um instituto ligado a uma sociedade da IPA), ele provavelmente se relacionará a esta, que sem dúvida é referencial na área.

O "descentramento alienante" do indivíduo pela instituição inclui ação de restos superegoicos e pulsionais e toda e qualquer espécie de fragmento projetado no sistema social, aliado aos mesmos elementos egoicos das demais alteridades. Opõe-se a uma autonomia à medida que forças obscuras que em mim dominam agem por mim, "atuam-me", como pontuou Groddeck (1923/1984). Castoriadis (1975/1982, p. 124) contrapõe a autonomia ao discurso do outro. Aqui, "meu discurso toma o lugar do discurso do Outro, de um discurso que está em mim e me domina". É preciso destacar, como aponta ele, que o Outro de início é o casal parental. Para esse autor, esse é um discurso que serve à instituição social, de modo geral.

Penso que o "ego institucional" é mais amplo que a instituição propriamente dita. Assemelha-se ao espaço do "si mesmo corporal", tão enfatizado pelo psicodrama. Se por exercício alguém se aproximar de nosso corpo e ficarmos atentos ao momento em que nos sentimos tocados ou invadidos pela presença corporal alheia, verificaremos que esse momento dar-se-á antes de haver um contato real no corpo propriamente dito, ou seja, há uma zona externa ao corpo que tomamos como delimitação de nosso espaço corporal, ou nosso si mesmo corporal (ou *self* corporal).

Freud, em "Psicologia das massas e análise do ego" (1921/1961c), afirma: "A oposição da psicologia individual à psicologia dos grupos, que pode nos parecer muito significativa à primeira vista, perde sua acuidade quando examinada mais profundamente" (p. 69). Seguindo, ele afirma que a psicologia individual só raramente, em condições excepcionais, consegue abstrair as relações do indivíduo com outros indivíduos. Na vida psíquica, diz ele, "o

340 SOBRE INSTITUIÇÕES, INCLUSIVE AS NOSSAS

outro intervém regularmente, como modelo, aliado e adversário e é por isso que a psicologia individual sempre foi desde o início uma psicologia social, nesse sentido ampliado, mas totalmente justificado" (p. 70).

De todo modo, há uma contradição inevitável, nas instituições, entre a instituição e as individualidades que a compõem, e isso é aguçado nas instituições psicanalíticas, particularmente na formação, na medida em que a psicanálise refere-se à radical busca do singular, implicando isso também a singularidade ímpar de cada psicanalista. Para isso, é preciso que se estimulem a liberdade e a criatividade, a busca pelo novo em cada percurso, em cada psicanálise individual. Há que se cultivar a instituição como auxiliar do ego, não como estrutura superegoica. Para isso operar de modo mais produtivo, é necessário eclipsar a instituição dentro de cada um de nós, o que só pode se dar, de fato, com o desenvolvimento integrado, saudável, de uma identidade psicanalítica própria. Ou, em outras palavras, na ótica winnicottiana, é preciso matá-la para poder utilizá-la com propriedade.

II

É interessante estender a observação sobre funcionamentos institucionais.

Se um grupo está operando cooperativamente com uma finalidade comum, preservando primordialmente a tarefa para a qual ele está constituído, com a capacidade de estabelecer contato com a realidade com vistas a seu desenvolvimento, ele está, naquele momento, funcionando tal qual Bion (1961) descreveu como *grupo de trabalho*. Ele opera centrado na tarefa, de modo análogo ao ego, como postulado por Freud (1911/1961a). A comunicação verbal impera e seus métodos são racionais.

Mas, como diz Bion (1961/1970), "a atividade do grupo de trabalho é obstruída, desviada (e ocasionalmente ajudada) por outras atividades mentais que possuem em comum o atributo de poderosos impulsos emocionais" (p. 134). Aí ele pode estar controlado pelo que o autor chama de "suposições básicas", caso em que se configura outro tipo de funcionamento, dominado por essas "complicações" involuntárias, inevitáveis e automáticas. Nesse funcionamento, Bion propõe três tipos de configurações usuais: os supostos básicos de dependência, luta e fuga e acasalamento, dependendo do tipo prevalente de emoções presente, as quais agem como um "cimento" que mantém o grupo unido. Nesses casos, o grupo funciona com algumas características da posição "esquizo-paranoide". O grupo funciona com preconceitos específicos que obstaculizam seu desenvolvimento.

A tarefa aí é procurar trazer de volta o grupo a um funcionamento operativo. Na prática grupal ou institucional, é frequente a observação de fenômenos afetivos que podem emperrar um desenvolvimento de trabalho. Sonegação de informações, evidente dificuldade ou negatividade a se entregar, rancores e ressentimentos, temores fundados ou infundados, não verbalizados, modos dúbios de comunicação etc. podem ser paralisantes.

Uma das angústias mais fundamentais do ser humano, como sabemos, está relacionada à polaridade *inclusão/exclusão*. Isso é tão marcante que são descritas mortes concretas, algumas vezes, posteriormente a mortes sociais, por exclusão grupal. Essa é também uma das questões mais fundamentais na relação dos indivíduos com as instituições e notadamente com as instituições psicanalíticas. Tanto na formação como na dinâmica da pertinência a uma instituição que por muito tempo primou pela normatização, facilitando condutas muitas vezes de primazia superegoica, e não egoica, de características de falso *self* e não de verdadeira expressão

342 SOBRE INSTITUIÇÕES, INCLUSIVE AS NOSSAS

de si mesmo, de identificações orbitais e não de incorporações nucleares, conforme a descrição de Wisdom (1961). Automatização e pasteurização de condutas são fenômenos frequentes. Um interessante trabalho de Sandler (2001) postula o binômio "alucinose de exclusão/pertinência" como um quarto pressuposto básico, agregando-o aos três originais de Bion. Pode-se dizer que também para as instituições, para usar o objeto, é preciso "matá-lo" para assim fazer uso dele como um objeto externo, com o qual a relação permanece viva.

Para a existência de uma área institucional de segurança e conforto que dê suporte a movimentos conjuntos expansivos, vitalizantes, outro fator grupal é a *confiabilidade*. A confiança na instituição e entre seus membros é da maior importância para a coesão e o crescimento, manifesta-se liminar ou subliminarmente ao exterior dela, transcendendo os limites da instituição, como uma vitrine da própria confiabilidade institucional. Isso se dá porque a confiabilidade deve parear comunicações verdadeiras.

Nessa condição, o lúdico terá espaço natural. Por outro lado, um dos fatores mais frequentes e desgastantes nas relações intrapessoais dentro de uma instituição se refere à ideia de que aquilo que é dito não é exatamente aquilo que a pessoa está pensando, querendo, que existe um jogo por trás de uma afirmação, de forma que o que se oculta é o que, a rigor, importa e corresponde à verdade. A presunção de ocultamento e de mentira, de engodo, de que o não dito é mais real do que o dito, torna-se causa de paranoias institucionais bastante deletérias. Esse tipo de asserção se assenta em qualquer situação em que um jogo político está em questão, mas, por outro lado, um entendimento só pode ocorrer caso se tome aquilo que se coloca na mesa como algo confiável. Nessas situações um tanto paranoides, quando elas existem, há uma suposição de que aquilo que não é dito é deliberadamente ocultado por intenções outras do interlocutor. É claro que o tipo de liderança pode contribuir para acentuar ou diminuir uma qualidade paranoide na atmosfera institucional.

Sob outra ótica, os elementos referidos relacionam-se também a maior ou menor grau de fundamentalismo da instituição em si, de grupos dentro dela ou de membros com influência marcante. Do mesmo modo que no exemplo anterior de limite de ego corporal, todos nós temos um sistema de valores, crenças fundamentais, hábitos, que, se ameaçado, nos perturba. Atravessado esse umbral, não há discussão ou racionalidade possível. Isso se dá com qualquer pessoa e se refere a qualquer que seja o tipo de valor ou crença que lhe seja fundamental. É um espaço religioso, dependendo do modo como usamos o termo. O fundamentalista propriamente dito, assim como costumamos concebê-lo, é o indivíduo que acredita, literal ou metaforicamente, na infalibilidade literal da sua escritura (Phillips, 2008). Mas, a rigor, este difere em grau e não em qualidade daquele que não consideramos fundamentalista, por exemplo um democrata, que também não negocia seus princípios. Desse modo, discorre aquele autor, o fundamentalista e o não fundamentalista acreditam que o outro se recusa a ver aquilo que ele considera verdadeiro.

A amplitude do espaço não fundamentalista, que a meu ver em parte coincide com o espaço lúdico, numa instituição, bem como numa relação bipessoal nas trocas intrainstitucionais, oferece a margem de segurança no funcionamento das instituições. Nesse sentido, a negação da pluralidade no campo psicanalítico e a noção de que há apenas uma psicanálise verdadeira e uma forma de difundi-la e organizá-la negam a possibilidade de reflexão e reflexividade transformadoras, próprias de uma sociedade aberta (Leal, 2008).

344   SOBRE INSTITUIÇÕES, INCLUSIVE AS NOSSAS

Espera-se de uma instituição equilibrada, na área psicanalítica, que congregue recursos humanos e outros, devidamente organizados, para a promoção de desenvolvimento de seus membros, contatos com informações necessárias e interações humanas dentro de um marco de cooperação, num movimento de sinergia que confere aos participantes algo que não seria possível de outra maneira.

As estruturas institucionais, então, não são externas aos indivíduos, na medida em que estes é que as compõem e que as modelam. Mas, como o todo é maior do que as partes componentes, o que ocorre é esse movimento de duas vias, de ir e vir entre os indivíduos e a estrutura gestalticamente diferente da soma deles, de modo que nesse interjogo se constitui a identidade institucional.

A resiliência das instituições psicanalíticas pode ser vista como a capacidade de permanecerem vivas como organismo, confiáveis como elemento de referência científica e de atendimento, preservando suas finalidades diante das transformações macro e microculturais e sociais com que têm que se deparar, enfrentando crises sem se fragmentar. A capacidade de lidar com o imprevisto, com crises, faz parte dessa perspectiva. Temos discutido informalmente com colegas, particularmente Alfredo Colucci (comunicação pessoal, 2009) e Humberto Menezes (comunicação pessoal, 2009), algumas noções institucionais e finalidades que hoje em dia se colocam como missão da Sociedade Brasileira de Psicanálise de São Paulo (SBPSP). Pensamos que a finalidade (missão) precípua de uma instituição psicanalítica é favorecer as melhores condições a seus membros para a prática de psicanálise Isso inclui aspectos científicos, institucionais, profissionais, relacionais etc. É importante tentarmos conciliar as demandas dos membros sem perder o foco e levando em conta a necessidade de tomar decisões em situações de incerteza, riscos, procurando alguns parâmetros para enfrentar os desafios.

Reason (citado por Wood, Danatt & Marshall, 2006) descreve fatores que contribuem para a resiliência institucional, por exemplo de companhias que têm que preservar uma cultura de segurança, e propõe o compromisso, o conhecimento e a competência como fatores que se entrecruzam com princípios, filosofia, procedimentos e prática para a navegação num espaço que minimize vulnerabilidades de todos os âmbitos.

Uma outra ameaça potencial que põe à prova a resiliência das instituições psicanalíticas é o risco de cisão. Atualmente, estuda-se na IPA a criação de um comitê que possa trabalhar nas sociedades quando houver indícios de uma dinâmica nessa direção, ainda em estágio inicial e se houver solicitação. A detecção precoce do potencial fragmentador pode evitar desagregações.

As motivações para as cisões em instituições são várias. É melhor pensá-las como somatória, conjunto em que há um ou diversos fatores predominantes. Sempre se trata de movimentos complexos, de pluricausalidade. Disputa por poder, líderes carismáticos e/ou autodestrutivos, fundamentalismo de uma facção, incompatibilidade teórico-conceitual, lideranças narcísicas, questões de realidade externa como econômicas, discordâncias ideológicas, políticas, éticas, ações desastradas da própria IPA no passado, necessidades de buscar novos espaços, oxigenação de ideias e horizontes, busca de espaço próprio etc., podem estar em jogo. Combinações múltiplas de todos os fatores citados estão em questão. Um outro fator a ser levado em conta é a impossibilidade de suportar, dentro da instituição, o crescimento, vivido como ameaça de catástrofe. Descrita por Bion em diversos momentos, a mudança catastrófica é uma mudança que desarranja os estados anteriores, provoca profunda mobilização de inúmeras emoções, como raiva, dor, tristeza, frustração, alegria, perplexidade, culpa, remorso, euforia, orgulho, e representa uma espécie de traição ao *status quo* anterior. A origem

346 SOBRE INSTITUIÇÕES, INCLUSIVE AS NOSSAS

do termo vem de *cata* (novo) mais *estrofe* (estrofe), que era uma cena nova àquela apresentada pelo coro no teatro grego (Rezende, 1993). Às mudanças existe sempre resistência que pode emperrar o desenvolvimento, ou pode favorecer a perspectiva de uma ação levada a cabo num marco de pensamento, de exame mais minucioso da propriedade das modificações. Princípios como verdade, bondade, utilidade são bons referentes (Lisondo, 2004). Verdade e utilidade seriam parâmetros dentro de perspectivas diversas – moral, ética, religiosa, mística, ideológica.

III

Eventualmente uma instituição não resiste e se cinde. Há cisões benignas ou malignas, separações que favorecem ou dificultam o crescimento das partes. Às vezes não é tão fácil distinguir entre aquelas em que predomina Eros ou, ao contrário, Tanatos. Vou dar um exemplo simples, de uma vivência curiosa. No encontro dos presidentes de sociedades no último Congresso da IPA em Chicago, esse foi o tema em discussão. Três trabalhos em plenária – Aisenstein (2009); Perdigão (2009); Ungar (2009) – iniciaram o encontro, que seguiu com a reunião de três subgrupos compostos pelos presidentes presentes. Participei de um deles. Após as apresentações iniciais, passamos a discutir experiências próprias ou não de cada sociedade sobre fatores que podiam levar à cisão, além de o que ocorria após a cisão. A discussão corria ainda em fase inicial, 20 ou 25 minutos de encontro, quando um dos participantes, um colega de uma sociedade europeia, pequena, apontou que aquele grupo, composto de 25 pessoas, não teria um tamanho bom para a discussão. Disse que ganharíamos muito se nos dividíssemos em dois subgrupos menores, aí sim de tamanho que favoreceria o aprofundamento da discussão. Eu me surpreendi com essa fala, ponderei que aquela era uma proposta curiosíssima face ao tema da discussão, e que talvez fosse o caso de, em vez de elencarmos fatores de cisão em nossas experiências em cada instituição de origem, nos dedicarmos àquela situação grupal naquele momento. Confesso não ter recebido nenhum apoio, fora um esboço de apoio por parte de uma colega americana, embora mais adiante dois ou três outros participantes tenham retornado a essa fala para concordar que de fato era curiosa a situação e que poderíamos ter tomado aquele rumo. Mas o que seguiu foram argumentos a favor e contra a divisão propriamente daquele grupo. Alguém observou que não haveria outras salas vagas no local do congresso, ao que se respondeu que, sendo aquela sala bem grande, cada subgrupo poderia ocupar uma extremidade dela e conversar sem que o som perturbasse o outro. Afinal o grupo decide votar. Curiosamente, por treze votos contra doze, o grupo decide se manter como está, sem se dividir. Uma discussão de *splitting* na qual em vinte minutos quase se dá um *splitting* grupal. Podem-se conjecturar muitas possibilidades, mas ali uma consideração óbvia na votação era: onde estaria o lado mais construtivo operativamente? Ou, talvez, qual seria a decisão a favor de Eros e qual aquela a favor de Tanatos? Treze a doze. Ganhou Eros?

Às vezes, na vida, numa psicanálise ou nas instituições, só temos uma apreensão mais ampla de uma situação quando ela ocorre em seu limite. Situação-limite é um termo utilizado por Karl Jaspers, e ultimamente por Roussillon (2006), para se referir a uma situação

> *que funciona como reveladora da experiência. Ou de questões que não são apreensíveis em sua plenitude existencial a não ser num modo certo de passagem no limite. Reciprocamente, ela permite recuperar de outro*

> *modo certos registros de funcionamento mais "típicos", ou considerados como tais, dos quais faz aparecer alguns aspectos mantidos em estado latente nas situações normais. (Roussillon, 2006, p. 257)*

Mais do que um *après coup*, essa noção lembra nosso vivenciar do tempo presente, a rigor apreendido também por retrospecção (Montagna, 2008).

Numa instituição, as situações-limite podem se dar tanto numa dimensão de expansão quanto de encolhimento. Se excessiva pode estourá-la e, ao contrário, se retrativa pode "murchá-la". Esse é também um dilema de nossas instituições, que precisam funcionar num espaço de segurança, mas que deve ser povoado por tensão suficiente para seus movimentos vitais. É como uma corda de violão: há que haver tônus para a música soar, tensão muito grande a rompe, muito pouca resulta em frouxidão que não toca. É a questão do fazer analítico também. Tanto os polos do positivo como os do negativo estão em pauta.

Nas mudanças, cria-se um espaço "trans", por vezes muito difícil de ser atravessado sem grandes perdas. Por outro lado, pode ser um momento ímpar para aprendizado comum, e, se o grupo sobrevive, pode ter amadurecido com as turbulências. Por outro lado, o encolhimento pode levar à burocracia, e esse limite de sinal menos (–) cai, por vezes, na burocracia.

O conflito dentro da estrutura da IPA tem sido forte entre esses dois polos, sendo que a adoção dos três modelos de formação abriu espaço para uma expansão, a meu ver, de outras funções com mais vigor, que vão muito além da normatização. A pertinência à IPA passa hoje também por discussão das subjetividades.

A IPA, sabemos, é o corpo por excelência regulatório e de acreditação para a psicanálise. Sua missão é assegurar vigor e desenvolvimento da psicanálise, por meio de atividades em várias áreas e serviços a seus membros. Para brevemente mencionar sua história cronológica, seguirei três categorias de informação, como propõem Young-Bruehl e Dunbar (2009). Fundada em 1910, com a reunião de um grupo de psicanalistas em torno de Freud, compôs-se, até 1914, de cinco sociedades-chave (Viena, Budapeste, Berlim, Londres e Nova York). "Em moratória" (*sic*) durante a Primeira Guerra, ressurgiu com força nos anos 1920, acompanhando a obra de Freud, expandindo-se dentro da Europa, fundando uma sociedade no Japão em 1928. No Brasil, a primeira tentativa de se fundar uma sociedade se deu com Durval Marcondes, em 1928, que fundou a Sociedade de Psicanálise de São Paulo, a qual foi vingar na segunda metade da década de 1930, formando-se como grupo de estudos da IPA na década de 1940, e oficializando-se como sociedade em 1951. Na década de 1930, na América Latina, fundou-se a Associação Argentina. Com a morte de Freud em 1939, a primazia de aceitação daquilo que seria ou não psicanálise passou a caber à instituição, e não mais a um indivíduo.

Ao aproximar-se o fim do século XX, a coexistência da pluralidade de doutrinas deflagra a discussão, a partir de Wallerstein (1988, 1990), da discussão sobre o que seria o campo comum da psicanálise. Um vivo interesse por encontrar "aquilo que nos une" prevaleceu sobre a ameaça de que as diferenças seguissem na linha da desagregação.

Otto Kernberg (1993) publicou um artigo que marcou época, comparando elementos técnicos comuns e divergentes nas diversas correntes psicanalíticas. Ele detecta, por exemplo, áreas de convergência técnica entre kleinianos, britânicos independentes, psicologia do ego norte-americana, corrente principal francesa

350 SOBRE INSTITUIÇÕES, INCLUSIVE AS NOSSAS

(não lacaniana), interpessoais e psicologia do *self*. Ele verifica, por exemplo, como convergentes: menor ênfase na centralidade dos sonhos e maior na interpretação cedo da transferência etc.

No momento atual da IPA, seu presidente, Charles Hanly (2009), propõe aos membros a tarefa de procurar encontrar modos de contribuir para a integração da teoria psicanalítica, na medida em que o conhecimento confiável da realidade psíquica possibilite isso. Seu propósito é tentar esclarecer as diferenças teóricas onde existam diferenças logicamente irreconciliáveis e buscar caminhos para encontrar resoluções para isso, e apontar onde existe uma efetiva concordância.

IV

Assim, a IPA é uma entidade plural, o que não deve ser confundido com pluralista. Há sociedades ou grupos plurais e outros não propriamente plurais.

A Sociedade Brasileira de Psicanálise de São Paulo (SBPSP), nossa instituição psicanalítica de pertinência, é também, dentro da IPA, uma sociedade plural. Hoje, 25 de novembro de 2009, congrega 762 pessoas. São 178 membros efetivos e 270 membros associados, e seu Instituto de Formação conta com 316 membros filiados, nomenclatura que agora substitui estatutariamente a de candidatos. Acentuo que no dia de hoje (2010) somos 762, porque a qualquer momento poderão entrar ou sair uma ou mais pessoas, mudar de *status* institucional etc.; afinal de contas, trata-se de um sistema vivo, por meio do qual ganhamos pertinência à Federação Brasileira de Psicanálise (Febrapsi), Federação Psicanalítica da América Latina (Fepal) e IPA.

É certo que nós psicanalistas não somos afeitos a números. Freud, desde o "Projeto" (1950/1975), buscou delimitar fatores e momentos em que as intensidades, as quantidades, se transformam em qualidades. Em nossa prática lidamos basicamente com qualidades, não obstante as quantidades estejam presentes no mais das vezes adjetivando os substantivos. E isso a tal ponto que, se recorremos a adjetivos que quantificam os fenômenos que procuramos entender – por exemplo, impulso de morte excessivo, identificações projetivas maciças, muita ansiedade etc. –, fica por conta do ouvinte imaginar do que se trata, já que isso é muito relativo. *Grosso modo*, podemos nos comunicar dessa maneira, podemos "intuir" o que se quer dizer, mas não o sabemos de fato, pois o muito e o pouco seguramente são medidas que em nossa subjetividade não rimam com certeza, tampouco com precisão.

A psiquiatria atual se baliza por escalas quantitativas, e nós, psicanalistas, temos clareza do empobrecimento que isso, dependendo de seu uso, pode trazer à consideração de nosso tema, a subjetividade humana. A rigor, quantidade, nas expressões usadas há pouco, são para nós medidas que imaginamos existir pelos seus efeitos. Ou seja, *a posteriori*. Por exemplo, o resultado daquilo que se pode supor uma identificação projetiva maciça é que nos move a imaginar que a identificação projetiva tenha sido efetivamente maciça, se é que de fato sabemos do que estamos falando. A linguagem científica, particularmente a das ciências exatas, busca a objetividade concreta, ao passo que a nossa navega pela metáfora (Montagna, 2007).

As sociedades psicanalíticas têm a característica de que seus membros chegam a ela pelo Instituto, uma vez concluída a formação. Frequentemente nela permanecem a vida inteira, embora por inúmeros motivos haja também desligamento de membros. Os estatutos de nossa Sociedade rezam que quem completa 75 anos de

352 SOBRE INSTITUIÇÕES, INCLUSIVE AS NOSSAS

idade e tem pelo menos 25 anos de ligação com ela, ou seja, vinte anos após completar a formação no Instituto, passa a ser isento de suas contribuições financeiras, até então obrigatórias. Isso é relevante de muitos ângulos, inclusive dos administrativos.

Com as necessidades de atualização permanente, informáticas, outras, com inflação existente ao longo dos anos, em maior ou menor índice, se não nos mantivermos atentos, poderemos ter problemas. Uma avaliação precisa do número de novos membros que precisamos para preservar a saúde institucional requer expertise profissional, transcende nossa possibilidade de trabalhar essa questão sem auxílio externo. Se queremos crescer, isso acrescenta outras variáveis. Muitas vezes precisamos crescer, é nesse processo que exercitamos e renovamos nossa vitalidade.

A IPA também lida com essas questões, pois seus membros são os membros das sociedades ligadas a ela. Seu número tem grande potencial de crescimento em países onde a psicanálise está apenas se iniciando, particularmente na China, quase "um planeta à parte no planeta Terra", por sua população monumental. Nossa psicanálise está sendo, aos poucos, introduzida lá, e talvez haja uma perspectiva de crescimento considerável, dependendo também de nossos acertos e erros. Já existem grupos de estudo na Coreia, África do Sul, Rússia, e vai-se nossa bandeira na Turquia, Líbano, norte da África, Armênia, lugares antes impensáveis e surpreendentes, e também, na América Latina, além de todos os países da Fepal, em Honduras, Panamá e Paraguai. O Brasil tem dado mostras de consistência nessa expansão, dentro do país, com a Associação Brasileira de Psicanálise (ABP), agora Febrapsi. Na década de 1990 e na virada para os anos 2000 tive a oportunidade de conhecer de perto a produção escrita de analistas de vários pontos do país, e posteriormente viajar a muitas cidades como membro da diretoria da ABP. Sempre me impressionou, da Amazônia ao Sul, o talento e a potencialidade que muitos jovens, nas diferentes latitudes, mostravam em relação à psicanálise. E quem vive de perto o Instituto de uma sociedade como a de São Paulo, e estou seguro de que muitas outras, não pode deixar de se regozijar com a tenacidade e disposição dos que por anos a fio viajam por vezes mais de mil quilômetros por semana para levar adiante sua formação psicanalítica com seriedade e consistência. Quantidades e qualidades se encontram novamente, aqui sem perturbação de uma pela outra. Mesmo porque, como psicanalistas, por mais que falemos das questões externas, precisamos manter sempre um olho voltado para dentro.

Nesse sentido, se tivermos criatividade, organização, coesão e competência, poderemos aproveitar 2010, ano do centésimo aniversário da IPA, para colocar nossa psicanálise na pauta de muitas discussões e debates cultura afora, já que cruzamos o século renovando o interesse por nossa arte, e com apelo, apesar do cerco que tentam nos fazer aqueles indispostos com nosso saber. É preciso ter claro que, se crise houve ou há, pode ser dos ou de psicanalistas, já que o corpo clínico conceitual da psicanálise se desenvolve com vigor indiscutível. É dentro da IPA que se promove a discussão maior e o crescimento de nosso saber, já que somos uma instituição de mais de 10 mil membros, plural, composta por diferentes correntes de pensamento que atualmente conversam e se fertilizam mutuamente, não raro. É muito diverso o que ocorre no interior da IPA daquilo que frequentemente se dá nas sociedades monoautorais, engessadas pelas suas culturas baseadas em meros exercícios exegéticos, dispensando a aventura do novo.

É disto que não podemos prescindir em nossa instituição: do gosto pelo novo, sem, contudo, abandonar o melhor de nossas tradições.

Finalizando, enfatizo que não se pode subestimar jamais a importância do ambiente institucional na formação psicanalítica.

354 SOBRE INSTITUIÇÕES, INCLUSIVE AS NOSSAS

Não é à toa que hoje em dia circula a ideia de que, em vez do tripé de formação (análise didática, supervisão, seminários), a formação psicanalítica se baseia num quadripé, sendo este quarto o ambiente institucional (Montagna, 2009b).

Referências

Aisenstein, M. (2009). *Discussion about Institutions*. Trabalho apresentado ao Congresso da International Psychoanalytical Association (IPA), Chicago.

Arida, P. (2009). *Fronteiras e não fronteiras*. Trabalho apresentado à Sociedade Brasileira de Psicanálise de São Paulo (SBPSP), Jornada Psicanálise e Economia.

Ayto, J. (2008). *Word origins*. London: A&C Black.

Bion, W. (1970). *Experiências com grupos* (pp. 131-141). Rio de Janeiro: Imago. (Trabalho original publicado em 1961)

Birkstead-Breen, D. (1996). Penis, phallus and mental space. *The International Journal of Psychoanalysis, 77*(4), 649-657.

Castoriadis, C. (1982). *A instituição imaginária da sociedade*. São Paulo: Paz e Terra. (Trabalho original publicado em 1975)

Epstein, R. (2004). Conjugando ideas – Los psicanalistas y su institución. *Psicoanálisis APdeBA, XXVI*(3), 595-624.

Freud, S. (1961a). Formulations on two principles of mental functioning. In S. Freud, *The standard edition of the complete psychological works of Sigmund Freud* (Vol. 12). London: Hogarth Press. (Trabalho original publicado em 1911)

Freud, S. (1961b). On narcisism. In S. Freud, *The standard edition of the complete psychological works of Sigmund Freud* (Vol. 14). London: Hogarth Press. (Trabalho original publicado em 1914)

Freud, S. (1961c). Group psychology and the analysis of the ego. In S. Freud, *The standard edition of the complete psychological works of Sigmund Freud* (Vol. 18). London: Hogarth Press. (Trabalho original publicado em 1921)

Freud, S. (1975). Project for a scientific psychology. In S. Freud, *The standard edition of the complete psychological works of Sigmund Freud* (Vol. 1, p. 283). London: Hogarth Press. (Trabalho original publicado em 1950, escrito entre 1897 e 1902)

Groddeck, G. (1984). *O livro disso*. São Paulo: Perspectiva. (Trabalho original publicado em 1923)

Hanly, C. (2009). Mandates for Project Groups. IPA, separata.

Kaës, R. (2002). O interesse da psicanálise para considerar a realidade psíquica da instituição. In O. Correa (Org.), *Vínculos e instituições* (pp. 67-84). São Paulo: Escuta. (Trabalho original publicado em 1997)

Kaës, R. (2004). Complejidad de los espacios institucionales y trayectos de los objetos psíquicos. *Psicoanálisis ABdeBA, XXVI*, 655-670.

Kernberg, O. (1993). Convergências e divergências en la técnica psicoanalítica contemporanea. *Libro Anual de Psicoanálisis, IX*, 129-142.

Leal, C. F. L. P. (2008). Romance institucional. *Revista Brasileira de Psicanálise, 35*(4), 959-976.

Lisondo, H. R. (2004). *Mudança sem catástrofe ou catástrofe sem mudanças*. São Paulo: Casa do Psicólogo.

356 SOBRE INSTITUIÇÕES, INCLUSIVE AS NOSSAS

Montagna, P. (2006). O rapto das metáforas. *Ide, 29*(43), 57-62.

Montagna, P. (2008). A sintaxe do tempo nos tempos de hoje. *Ide, 31*(47), 120-124.

Montagna, P. (2009a). Errar, repetir, elaborar. Palestra apresentada à Sociedade Brasileira de Psicanálise de São Paulo (SBPSP), Jornada sobre Economia. (Trabalho original de 2008)

Montagna, P. (2009b, abril). O quarto pé do quadripé. Editorial. *Boletim da SBPSP*.

Perdigão, H. G. (2009). *Splittings in analytic societies*. Trabalho apresentado à reunião de presidentes do Congresso Internacional de Psicanálise, International Psychoanalytical Association (IPA), Chicago.

Phillips, A. (2008). Sobre o fundamental. *Ide, 31*(47), 16-23.

Rezende, A. M. (1993). *Bion e o futuro da psicanálise*. Campinas: Papirus.

Rouchy, J. C. (2002). Análise da instituição e mudança. In O. Correa (Org.), *Vínculos e instituições* (pp. 33-52). São Paulo: Escuta.

Roussillon, R. (1989). Espaços e práticas institucionais. Quarto de despejo e o interstício. In R. Kaës et al., *A instituição e as instituições* (Cap. VI, pp. 159-178). São Paulo: Casa do Psicólogo.

Roussillon, R. (2006). *Paradoxos e situações limites da psicanálise*. São Leopoldo: Unisinos.

Roussillon, R. (2007). A função limite da psique e a representância. *Revista de Psicanálise da SPPA, 14*(2), 257-273.

Sandler, P. (2001). O quarto pressuposto. *Revista Brasileira de Psicanálise, 35*, 907-934.

Stern, D. (2007). *O momento presente na psicoterapia e na vida cotidiana*. Rio de Janeiro: Record. (Trabalho original publicado em 2004)

Ungar, V. (2009). *Splitting in psychoanalytical societies*. Trabalho apresentado à reunião de presidentes do Congresso Internacional de Psicanálise, International Psychoanalytical Association (IPA), Chicago.

Wallerstein, R. (1988). One psychoanalysis or many. *International Journal of Psychoanalysis, 69*, 5-21.

Wallerstein, R. (1990). Psychoanalysis: the common ground. *International Journal of Psychoanalysis, 71*(1), 3-20.

Wisdom, J. (1961). A methodological approach to the theme of hysteria. *International Journal of Psychoanalysis, 42*, 224-237.

Wood, M., Dannatt, G., & Marshall, V. (2006). *Assessing institutional resilience: a useful guide for airline safety managers?* Canberra: Australian Transport Safety Bureau.

Young-Bruehl, E., & Dunbar, C. (2009). *One hundred years of psychoanalysis. A timeline: 1900-2000.* Toronto: Caversham Productions.

O visível e o invisível nas tramas da cidade[1]

I

Atrasado quinze minutos para sua sessão, um paciente, ao deitar-se no divã, me comunica, após o que faz silêncio: "Fiquei parado na Atlântica".

As associações que vêm à mente de um psicanalista no exercício de sua função são imprevisíveis. A polissemia da comunicação humana, seus níveis linguísticos de mensagens diversas, o âmbito não verbal, a operatividade da transferência e as mobilizações contratransferenciais implicam voos a um sem-número de possibilidades na busca do objeto psicanalítico, possibilidades que passam dos cinco sentidos a uma dimensão intrapsíquica representada pela assim chamada realidade psíquica. Tudo aquilo que nos ocorre – desde as mais rudimentares sensações corporais às surpreendentes rememorações, figurações ou criações que, de repente, perpassam nossa mente – pode ter serventia como subsídios na perspectiva

---

1 Uma versão anterior deste trabalho foi publicada em 2009 como um capítulo de Tanis, B.; Khouri, M. G. (Orgs.). *A psicanálise nas tramas da cidade* (pp. 153-163). São Paulo: Casa do Psicólogo.

360 O VISÍVEL E O INVISÍVEL NAS TRAMAS DA CIDADE

de intervirmos para tentar ampliar o campo de (auto)consciência de nosso interlocutor e de expansão de nosso campo intersubjetivo. Guia-nos a intuição um faro psicanalítico que a experiência costuma aprimorar, favorecendo o discernimento entre aquilo que de fato interessa e aquilo que não é relevante, com base em nossa atenção flutuante, esta a essência da atividade psicanalítica. Isso interessa na tarefa de compreendermos um sentido além do manifesto da comunicação, ou de construirmos um significado, junto com nosso parceiro no percurso.

Naquele momento, "Fiquei parado na Atlântica" me fez desviar do caminho diretamente ligado ao mundo interior daquela pessoa. Alterei o vértice de minha escuta, usualmente voltada fundamentalmente ao interior do analisando. Passou a ser então indireta a nossa jornada a ele. Com as mudanças urbanas é mais difícil em São Paulo dispormos do tempo a nosso bel-prazer e a nosso comando. A cidade se diz presente a cada passo, empurrando-nos ao destino ou nos detendo. Ela se faz visível e ruidosa em nosso fazer, do mesmo modo como patologia e saúde compareciam às primeiras aulas de propedêutica e patologia nos cursos de medicina. Se um órgão se faz sentir, aí há algo. Na saúde, os órgãos são silenciosos, não manifestam sua presença. Sua presença é imperceptível. Mas, ainda assim, estão lá, fundamental e estruturalmente. Assim é com a cidade, ela pode se tornar invisível quando as coisas andam naturalmente. Desse modo, muitas vezes temos que dar um desconto à ideia dos comandos inconscientes que podem determinar atrasos a sessões de análise. Não é essa, nesse caso, a primeira linha de consideração. Disperso-me no ir e vir urbano e sua operatividade, acompanham-me paisagens de sua trama. Como aí, muitas vezes temos que buscar outros caminhos associativos como atalhos em nossa apreensão. "Logo na Atlântica? Ué...", me ocorre. Das ruas que costuma atravessar para chegar ao consultório, foi dessa vez a Atlântica a segurá-lo. Seus atrasos não são habituais, mas a cidade nos ensina, a cada dia, a ter paciência com sua volúvel imprevisibilidade. A São Paulo de hoje requer concessões para usufruirmos de suas possibilidades. Dentre as vias de seu percurso habitual, do qual já me pôs a par, é seguramente a rua Atlântica a que, em geral, menos tempo leva para atravessar. Surpreendo-me, considerando que são apenas dois quarteirões arborizados e mais um após a avenida Brasil, para se estar bem próximo do consultório. Situa-se num lugar civilizado da cidade, uma rua usualmente sem grandes complicações para ser atravessada de automóvel, agradável para a maioria das pessoas que lá transitam. Não é uma via de ligação importante, mas tem sua serventia. É claro que qualquer artéria da cidade pode estar congestionada, meus argumentos quase "a favor" da rua Atlântica não passavam de imaginação. Eu estava a rigor impactado inicialmente pela *função referencial da linguagem*, cognitiva, centrada no "referente" do processo comunicativo, na conceituação de Jakobson (citado por Campos, 1986).

Mas o tom da fala não podia passar despercebido. Em princípio podia parecer uma comunicação trivial. "Fiquei parado na Atlântica." Não disse "na rua Atlântica", a elipse denota certa intimidade e parceria quanto a uma certa parcela da malha urbana. Também não me informou o que considerou a razão de seu atraso, dizendo: "O trânsito estava ruim", ou algo como "A Marginal estava parada", coisas que costumo ouvir com frequência suficiente para considerar muitas vezes antes de buscar qualquer conotação semântica. Por outro lado, o tom de "fiquei parado na Atlântica" podia soar como *en passant*, mas não era. Tinha um quê de familiaridade, mais ainda, de cumplicidade, de quem estava convicto de que eu sabia muito bem onde é a rua Atlântica e que esta me era familiar, bem como de que eu sabia que ele conhecia muito bem essa rua de ligação entre seu local de trabalho e meu consultório, assim como um dia em sua infância ligara sua casa com a escola onde estudava. Tudo isso me parecia implicitamente incluído na conversa, a qual

362 O VISÍVEL E O INVISÍVEL NAS TRAMAS DA CIDADE

tinha, ali, a marca de um universo urbano comum. Essa história paulistana, lastreando a comunicação, ganharia visibilidade à medida que se escavasse o implícito. Questão de criar visibilidade.

Nesse momento o trabalho analítico era fundamentalmente de associações espontâneas, trabalho de criação, de construção, na dinâmica da dupla. Muitas vezes é esse o passo inicial para voos posteriores de maior ou menor ambição. Quando é assim, pode-se dar um encontro de dois estados de *rêverie*, uma desmaterialização proposital da matéria concreta, transformação na imaterialidade facilitadora de um retorno à representação, ou à figurabilidade, a outro nível de expressão e de significação. Trata-se de "sonhar o material do paciente", utilizando-o como restos (diurnos), no caminho inverso da caracterização da transferência por Freud (1912/1975). Até nossas experiências mais mundanas, aparentemente banais, são fontes de informação para a *rêverie*. Pois esse peculiar sonhar é constituído por coisas feitas das vidas e do mundo que as vidas habitam... pessoas trabalhando, se apaixonando, pensando sobre coisas, sua qualidade comum ou estranha etc. São nossas ruminações, devaneios, sensações corporais, percepções fugazes, imagens emergindo de estados de semissonolência, tons, frases que correm por nossas mentes (Ogden, 1997).

No caso, meu passeio vai das avenidas beira-mar de cidades praianas brasileiras, a mais famosa no Rio de Janeiro, passa Atlas segurando o mundo antes de nomear a Atlândida e sua civilização perdida (fato ou lenda?) nas cataclísmicas manifestações geológicas do planeta, chegando à explosão atlântica na música de Chico Buarque de Hollanda. Perscrutamos o mundo intenso das possíveis emoções subjacentes à calmaria da superfície manifesta. É essa a trilha que me anima percorrer, é por aí que suponho aproximar-me do mundo inconsciente, trazendo-o à conversação. O modelo geológico me agrada para a situação. Quando duas pessoas estão em contato efetivamente, supõe-se que uma turbulência emocional sobrevém, e esta, material precioso para nosso fazer, pode ser tangenciada pelas indicações associativas.

O que sinto é um clima de proximidade e amistosidade, aconchego mesmo, embora entremeado de certo desassossego. Era-me claro que, subjacente à calmaria, explosões atlânticas podiam sobrevir, e se isso não fosse tomado em consideração o fluxo e o desenvolvimento da dupla estavam em risco. Que tipo de irrupções eu ainda não sabia – podia supor, mas efetivamente não sabia – e poderia vir a saber à medida que prosseguíssemos? A compreensão da virtualidade me permitia estar atento e cuidadoso aos sinais no início muito débeis, mas que poderiam se intensificar, das emoções intensas de presença potencial. Ao mesmo tempo, se eu estivesse certo, seu mundo submerso de algum modo viria à tona para que nosso trabalho fluísse e para que o risco de nossas construções conjuntas serem afundadas diminuísse.

A sequência da sessão nos brindou com conexões surpreendentes, mas eu as deixo, já que aqui interessa a meus propósitos não a sessão em si, mas a descrição da construção de uma peculiar condição intersubjetiva e sua inserção na realidade exterior, para que tenhamos um suporte para pensar essas conexões realidade interna/externa e, mais especificamente, homem/cidade.

A *rêverie*, estado em que somos capazes de "sonhar" o outro, permite encontrar visibilidade onde ela não está, construir a figurabilidade onde ainda não existe representação. Pode-se vê-la também no campo das chamadas *redes de criação*. As possibilidades representativas se configuram como redes de conexões, plásticas, complexas, em movimento paulatino na direção de se construírem nexos baseados em estados afetivos. Trata-se de um pensamento de relações em oposição a um pensamento de essências (Parente, 2004). Inexistem linearidades e hierarquias, estabelecem-se nexos intensos, profusos, os quais vão reforçando as conectividades e a proliferação de outras conexões, ligadas ao desenvolvimento do pensamento em criação (Salles, 2006). Sua mobilidade constante passeia no incerto e no *inacabado*.

De meu ponto de vista psicanalítico, esse pode ser um modelo para nossa questão "O visível e o invisível na cidade".

II

O olhar psicanalítico é necessariamente oblíquo. A percepção sempre contém subjetividade. Não interessa a cidade ou a rua em si, mas suas reverberações em cada um de nós, que por seu turno nos levam a depositar nela nossos sentimentos, fantasias, anseios, ansiedades, o que a modifica. Os ângulos de velar/desvelar, esconder/revelar de cada percepção é que nos dizem respeito. A cidade só existe na exata medida do olhar oblíquo que contém a subjetividade necessária à vida, mas o conjunto das subjetividades vai influir na vida da cidade, e assim por diante. A fugacidade das coisas vai sendo apreendida e assinalada, nos lastreando no acervo que cada analista dispõe, dentro de si, levando em conta o novo e a experiência vivida, e evocada, como apontei, oniricamente.

Para decepar a cabeça da Medusa cujo olhar petrifica, Perseu não volta jamais o olhar para a face da Górgona, apenas para sua imagem refletida no seu escudo de bronze. O analista penetra o mundo de fantasias de cada um olhando não a realidade em si, mas o modo do analisando vivê-la. O *olhar oblíquo* tem o poder de sobrevoar ou de deslizar além da impassível frontalidade do objeto (Canevacci, 1993). Vai além da concretude do real, eventualmente petrificadora da subjetividade. Só pode haver subjetividade na exata medida de uma iluminação apropriada do campo, como no mito da caverna de Platão.

Ainda que a realidade externa nos seja incognoscível, algo dela é obviamente cognoscível, de outra forma não poderíamos nos engajar em nada que diga respeito a ela. Nossa relação com a realidade externa é cheia de afeto, não só porque obviamente ela é constantemente investida de afetos projetados, mas também porque o sentimento de familiaridade do real requer que o real seja tratado de forma positiva (Green, 1982, p. 235).

III

Constituem uma cidade seu equipamento físico – prédios, ruas, praças, espaços, seu ar, suas águas, vegetação, asfalto, as redes invisíveis de esgoto, infraestrutura – e sua população, aqueles que nela vivem e que por ela transitam. Uma cidade sem gente é uma cidade fantasma. O que constitui uma cidade é o conjunto de intra e intersubjetividade produzido por aqueles que nela vivem, trabalham, visitam, amalgamado pelos restos intersubjetivos, conscientes e inconscientes, ideologias, anseios, frustrações, dores, daqueles que nela viveram, trabalharam, daqueles que a construíram, nela lutaram e a modificaram. A grupalidade intrapsíquica e o grupo intersubjetivo nos confrontam com o múltiplo. Indivíduo e grupo, no espaço urbano, compõem figura-fundo, continente-contido, em constante movimento de dupla mão, versão e reversão. Esse visível-invisível histórico-cultural, por exemplo, é terrivelmente presente numa cidade como Berlim, em que saltam aos olhos algumas feridas ainda abertas, não cicatrizadas, em constante relação com cada um daqueles que nela vivem ou transitam. Essas feridas lá estão presentes também para que a memória não seja apagada, para que sua visibilidade se imponha e se sobreponha à passagem do tempo, já que elas significam, hoje, a marca do que não deve ser esquecido. Diferente da catedral cristã da cidade do México, erguida e instalada sobre ruínas do templo maior asteca, impondo--se com dizeres da vitória dos espanhóis sobre aqueles que sucumbiram para sempre à nova civilização. Diferente também do traço de Garcilaso de la Vega, o pintor mestiço que fantasia uma Santa Ceia na catedral de Cuzco, Peru, alimentada por um assado de *cuy*, animalzinho típico da região de cultura híbrida.

Ou os fragmentos de um tempo que declarou a independência de nosso país num rio que outrora foi vermelho, o Ypiranga, "rio vermelho" no idioma tupi, e que, hoje, canalizado, nem lembramos que existiu.

Nós falamos também em nome dos que nos antecederam. Nós só existimos na medida em que internalizamos os outros.

Assim, o invisível permanece, da história, como camadas arqueológicas no espaço físico, que se podem ver exemplarmente no castelo de Santo Angelo, em Roma, ou nas ruínas de uma murada no centro de São Paulo, onde de repente faz-se visível uma história invisível. Ou permanece no conjunto que constitui uma cultura, um folclore, hábitos sociais plasmados também num contexto geográfico.

As pessoas são visíveis, o invisível das pessoas é invisível. A mentalidade grupal e o inconsciente coletivo são invisíveis, mas se materializam nas ações urbanas. Temos a visibilidade e a invisibilidade física e a visibilidade e a invisibilidade da relação das pessoas com a cidade. O que está lá, na rua Atlântica, foi o paciente que pôs, ainda que algo da rua Atlântica, enquanto dado do real, possa ter se imposto a ele e a nós para criarmos um mundo em que podemos habitar fora de suas fantasias e das minhas, para compartilhar fantasias e partilhar realidade. Essa aproximação é evidentemente muito próxima à de Winnicott (1971), no objeto e espaço transicional. Uma instância imaterial, na qual imagens e representações não possuem uma localização, expressa-se à medida que estimulada por um elemento material, físico, exterior e vice-versa. Nessa ótica, a rua não tem importância nenhuma, com exceção de servir de veículo à expressão interior da pessoa. Para Merleau-Ponty (2009, p. 19), *a percepção binocular não é feita de duas percepções monoculares sobrepostas, é de outra ordem.*

Apropriar-se do espaço urbano, em si mesmo e como receptáculo de investimentos conscientes e inconscientes, projetivos, introjetivos, hierarquicamente organizados ou não, de seus cidadãos, é procedimento inverso à alienação. O espaço urbano será sentido como prolongamento de si mesmo, uma continuação do ego, depositário de tinturas maternais, paternais etc. Aqui a cidade tem função na constituição e manutenção da própria identidade de cada um.

Podemos estabelecer uma relação viva ou projetar no vazio, por outro lado. As cidades que habitamos precisam ser imantadas de conteúdos de significação para cada um. Assim, a rua Atlântica daquela sessão psicanalítica existe, é a cidade pulsando para nós, com aquilo que nós fazemos dela.

Freud dizia que os seres precisam de um objeto de prazer; Fairbarn falava sobre as escolas de relações objetais de um objeto para amar; Bion mostrou como é preciso encontrar outro continente para nossos transbordamentos pulsionais, uma reserva na qual derramar afetos. Anzieu (1988) propôs que o ser humano precisa de um invólucro de bem-estar, a que atribui função essencial na constituição do ego. Berry (1987) estende essa necessidade para a necessidade de "um lugar familiar", objetos inanimados, superfícies de projeção, paredes para abrigar suas mágoas ou proteger suas felicidades, uma casa natal para onde possa retornar, espaços livres para explorar.

Necessitamos um enraizamento no espaço externo, com possibilidade de uma relação significativa que usamos como referente de nossa contínua re-afirmação e, melhor, re-constituição permanente de nossa identidade. Quando vivi em Londres, o coração da cidade – e o bairro onde sentia um aconchego particular – era, para mim, onde se situava o consultório de minha analista, na simpática ruazinha Antrim Grove. Em meu interior, o coração da cidade era ali.

Um lugar familiar que permanece é importante para que revisitemos nossa vida e estruturemos o tempo que ajuda a memória.

> *O retorno à casa natal é um movimento da reafirmação da identificação consigo mesmo. Ao nos depararmos com lugares que permaneceram, estamos num lugar que não é mais o que foi, a vivência da perda, transformação e passagem do tempo nos expõem à confusão da perda, da crise, da referência a nossa identidade que se refaz. No lugar percebemos a nós mesmos. (Berry, 1987, p. 217)*

> *Retorno e o distanciamento são movimentos complementares que evitam uma exagerada aderência a si mesmos; o confronto com o estranhamento também é necessário para reconhecer de longe quem se é. Não seria o afastamento (exílio) a forma mais segura de se conhecer sua propriedade? (Berry, 1987, p. 223)*

Na questão identidade, lembremos que na cidade podemos exercer atos que se contraponham à angústia de não existir para o outro – a pichação, por exemplo, marcas que são deixadas da presença, por apropriação privada de espaço alheio. A transgressão é uma forma, frequentemente, de se fazer excepcional.

A cidade nos permite reconhecer a nós mesmos quando nos exibe por reflexo nossa existência para ela. Quando a imagem do sujeito deveria aparecer e não se mostra, quando não há devolução de humanidade, vive-se a ausência de si. Vive-se o vazio de não se ter a própria existência reconhecida. É o sujeito invisível na cidade. A cidade nos oferece um entorno continente, mas a pergunta de Rouanet é inevitável: "É a cidade que habita os homens ou são eles que moram nela?" (Rouanet, 1992). Afinal, são as representações imaginárias, projeções do imaginário sobre o espaço que nos circunda, ancoradas na existência real desse espaço, que nos configuram um espaço, novo, dentro de uma rede particular.

Por outro lado, as relações entre pessoas, na cidade, é questão fundamental.

Simmel (citado por Canevacci, 1993) nota que

> *o fato de estarmos todos comprimidos uns contra os outros e o cruzamento de tráfego das grandes cidades seria insuportável sem um distanciamento psicológico. Sermos obrigados, na civilização urbana, a nos movimentar tão colados uns aos outros, poderia fazer com que o ser humano caísse num estado de desespero total se a objetivação dos relacionamentos sociais não determinasse também um limite interno e um tipo especial de privacidade. (p. 672)*

No âmbito individual esta é, sem dúvida, uma das questões cruciais, por excelência, da psicanálise.

Referências

Anzieu, D. (1988). *O eu-pele*. São Paulo: Casa do Psicólogo.

Berry, N. (1987). *O sentimento de identidade*. São Paulo: Escuta.

Campos, H. (1986). Ideograma, anagrama, diagrama. In H. Campos, *Ideograma*. São Paulo: Cultrix.

Canevacci, M. (1993). *A cidade polifônica*. São Paulo: Studio Nobel.

Freud, S. (1975). A dinâmica da transferência. In S. Freud, *Edição standard brasileira das obras psicológicas completas de Sigmund Freud* (Vol. 12, p. 99-107). Rio de Janeiro: Imago. (Trabalho original publicado em 1912)

Goethe, J. W. (2000). *Os sofrimentos do jovem Werther*. São Paulo: Martin Claret. (Trabalho original publicado em 1774)

Green, A. (1982). *O discurso vivo*. Rio de Janeiro: Francisco Alves.

Gutmann, D. (2003). *Psychoanalysis and management*. London: Karnac.

Merleau-Ponty, M. (2009). *O visível e o invisível*. São Paulo: Perspectiva.

Ogden, T. (1997). *Reverie and interpretation*. North Vale/New Jersey/London: Jason Aronson.

Parente, A. (2004). *Tramas da rede. Novas dimensões filosóficas, estéticas e políticas da comunicação*. Porto Alegre: Sulina.

Rouanet, S. (1992). É a cidade que habita os homens ou são eles que moram nela? *Revista USP*, (15), 48-75. (Dossiê Walter Benjamin)

Salles, C. A. (2006). *Redes de criação*. São Paulo: Horizonte.

Winnicott, D. W. (1971). *O brincar e a realidade*. Rio de Janeiro: Imago.

Posfácio – *Alma migrante*: um poliedro de inteligibilidade

João A. Frayze-Pereira[1]

Fazer uma experiência com algo – seja uma coisa, um ser humano, um deus – significa que algo nos acontece, nos alcança; que se apodera de nós, que nos derruba e nos transforma. Quando falamos de fazer uma experiência, isto não significa exatamente que nós a façamos acontecer, "fazer" significa aqui: sofrer, padecer, agarrar o que nos alcança receptivamente, aceitar, na medida em que nos submetemos a algo. Fazer uma experiência quer dizer, portanto, deixar-nos abordar em nós próprios pelo que nos interpela, entrando e submetendo-nos a isso. Podemos ser, assim, transformados...

M. Heidegger

Inicialmente, quero lembrar que a função de um posfácio não é a mesma de um prefácio. Este se destina a apresentar o livro prefaciado, seus conteúdos e abordagens, anunciando ao leitor o que

---

1 Professor livre-docente do Instituto de Psicologia da Universidade de São Paulo (IPUSP) e do Programa de Pós-Graduação em Estética e História da Arte da USP. Membro efetivo, analista didata e docente da Sociedade Brasileira de Psicanálise de São Paulo.

372 POSFÁCIO

ele irá encontrar ao longo da leitura. Ao contrário, não cabe a um posfácio qualquer apresentação. Dado o próprio lugar que ocupa na edição do livro, sua função é a de propor um comentário final ou uma síntese, ou, ainda, alguma proposição derivada do livro, provocando o leitor a pensar mais, para além dele.

Nessa medida, parto da ideia lançada por Luiz Millan, autor do "Prefácio", que associa *Alma migrante* a uma obra de arte. E, de fato, observando o formato deste livro, essa analogia pode ser mantida. Mas em que sentido? Ora, são tantas as temáticas abordadas e tão diversas as questões que o livro permite levantar, tantos são os conceitos e manejos clínicos referidos por Plinio Montagna, em diálogo com autores também muitos e diferentes, que o leitor será levado a se deparar com um conjunto cognitivo complexo cujas múltiplas faces instigam interpretações em múltiplas direções, quer no sentido da teoria e da clínica psicanalíticas, quer no campo da cultura e dos modos de vida contemporâneos. Por exemplo, entre outros, quando não são abordados diretamente, são aludidos os seguintes temas e problemáticas nos quais o autor imprime a sua maneira pessoal de elaboração: psicossoma; somatização, afetos e simbolização; relação mente-corpo; tropismos de vida e de morte; manejo clínico do paciente terminal e do paciente psicossomático; família e multiparentalidade; amor e ódio, finitude e transitoriedade do corpo e da alma; resiliência, criatividade e instituições; clínica psicanalítica por Skype; subjetividade e metrópole contemporâneas; história da subjetividade; temporalidade, ontem e hoje; polissemia da comunicação e trabalho com metáforas.

Ao reunir esses conteúdos no livro, Plinio configura uma forma poliédrica cujos vários perfis são definidos por cada capítulo, concebidos em momentos distintos da trajetória do autor, a nos dar uma ideia da sua formação pessoal, teórica e clínica, como médico e psicanalista. É esse *poliedro de inteligibilidade* (Foucault) que permite a analogia com uma obra de arte, pelo menos com aquele tipo de obra que não se destina a deslumbrar o espectador ou impactá-lo com configurações imprevistas, mas, de certo modo, a fazê-lo pensar enquanto lê. Mas como seria esse modo de pensar?

Ora, se no campo da filosofia pensar é problematizar, podemos dizer de maneira análoga que, em psicanálise, é interrogar. E, nesse sentido, ao se apresentar ao leitor como um conjunto de conteúdos articulados numa forma particular, se *Alma migrante* motiva--o a realizar um trabalho de interrogação, é porque cumpriu a sua missão enquanto obra de pensamento. E isso significa o seguinte: um trabalho escrito só suscita no leitor outro trabalho, leitura ou comentário, na medida em que o primeiro funda um campo livremente associativo que se explicita nele e graças a ele. Trata-se de um campo simbólico, essencialmente indeterminado, que instaura esse texto poliédrico no qual há um excesso de pensamento frente ao que está explicitamente pensado. E é esse excesso que faz com que tal texto suscite discursos; e é essa indeterminação do trabalho de pensamento o aspecto que o distingue de todo outro tipo de trabalho. Quer dizer, é esse excesso que torna o texto, enquanto obra, vivo para os outros e situa o ato de ler no plano da interrogação.

Assim é que se pode entender o ato de interrogar como um dispositivo que revela estar contida na obra uma potência de fazer falar. E que, nessa medida, nos permite tomar a obra de outrem como matéria-prima para a nossa própria reflexão. Ou seja, há na obra um *impensado* (Lefort) que faz com que ela possa suscitar interrogações. Mas o que seria o impensado?

Em poucas palavras, pode-se dizer que o impensado não é aquilo que não foi pensado pelo autor da obra, mas aquilo que a obra, ao pensar, dá a pensar. É, portanto, aquilo que se expressa para além do que foi pensado pelo autor e que será enunciado pelo trabalho da leitura entendido como interrogação.

374 POSFÁCIO

Assim, considerando a forma deste livro de Plinio Montagna, podemos reconhecer um campo propriamente polissêmico no centro do qual encontramos um fenômeno básico, pouco enunciado no livro, mas subjacente a todas as análises realizadas nele – a *experiência* – que o autor visa transmitir aos seus outros, isto é, os leitores. Trata-se de uma questão elaborada por múltiplas perspectivas nas ciências humanas, na filosofia e, em particular, na psicanálise – nesse caso, desde a sensível reflexão de Freud sobre a *transitoriedade*, por exemplo, até uma concepção psicanalítica mais recente, como a de Cristopher Bollas, que pensa ser a *experiência* um fenômeno sensível que assume a forma de uma recordação existencial do momento originário de formação do psiquismo, isto é, da época em que o comunicar-se ocorria por intermédio da ilusão de uma harmonia entre sujeito e objeto, uma forma de diálogo que capacita o ser a processar a sua existência. Nesse sentido, o sujeito da experiência, ao falar dela ou a partir dela, torna-se um sujeito exposto, aberto ao outro para nele instigar elaborações. Posto isso, a experiência é algo que nos atravessa, nos desloca, em suma, nos transforma, sentido que pode ser elucidado desde a etimologia do termo (Larrosa): *experientĭa,* do latim *experiri,* provar, experimentar. A palavra é formada por três partículas: *ex* (fora), *peri* (perímetro, limite) e *entia* (ação de aprender ou conhecer). E o radical *periri,* que se encontra também em *periculum,* perigo, contém a raiz indo-europeia *per,* com a qual se relaciona a ideia de percorrido, de passagem. Mas não esqueçamos que a palavra "experiência" tem também a partícula *ex* de exterior, de exílio, de estrangeiro, de estranho e, também, de existência. E, curiosamente, a palavra experiência em alemão, *Erfahrung,* contém *fahren,* viajar. Ou seja, podemos traduzir experiência como o ato de aprender ou conhecer além das fronteiras, dos limites, das margens de determinado campo. Portanto, é um ato que envolve um ir além, uma travessia, certa migração. Nesse sentido, é muito apropriado o nome deste objeto-livro que Plinio Montagna nos oferece – *Alma migrante*. Fundado na sua rica e multifacetada experiência, o convite que ele faz ao seu leitor não é para a realização de uma operação teórico-conceitual-abstrata, mas para a realização de um trabalho intelectual com prazer, aquele tipo de elaboração reflexiva e sensível que co-move o leitor, posto que despertado não apenas pela mera vontade de saber, mas por certo gosto de saber, como se diz, depois de Roland Barthes, por um *saber com sabor*.

Índice de nomes

Abbagnano, N., 49, 85

Adams, J., 33

Adão e Eva, 259

Afonso IV, 145

Ahumada, J., 30

Aisenstein, M., 346

Akhtar, S., 106, 107, 261, 281

Aktar, D., 22

Alexander, F., 206, 238

Allansmith, M., 142

Allen, W., 173

Alonso Fernandez, F., 15, 87, 324

Alvarez, A., 73, 285

Amarilla, S. D. A., 298

Amati-Mahler, J., 166

Andrade, M. de, 15, 88, 253, 267

Anna Karenina, 331

Anzieu, D., 58, 367

Arantes, U., 299, 300

Argentieri, S., 166

Ariès, P., 106, 297, 321

Armstrong, D., 30

Aron, L., 231

Arrigucci Jr., D., 174, 252

Associação Brasileira de Psicanálise (ABP), 352

Augé, M., 268

Ayto, J., 303, 336

Bachelard, G., 68, 69

Bakewell, S., 106

Balint, M., 87, 232, 238

Bauman, S., 74, 75

Baumgartner, E. & Menard, P., 303

Bayles, M., 177, 179

Beethoven, L. van, 28

Benjamin, W., 76

378 ÍNDICE DE NOMES

Berry, D., 255, 256, 278, 279, 280, 281, 367, 368

Berry, D. & Penebaker, J., 51

Bibring, G. & Benedek, T., 302

Bion, W. R., 29, 30, 31, 33, 59, 121, 122, 123, 124, 125, 126, 127, 128, 129, 132, 137, 153, 158, 188, 210, 221, 231, 238, 255, 273, 318, 330, 340, 341, 342, 345, 367

Bleger, J., 170, 216

Bollas, C., 171, 232, 238, 374

Botella, C. & Botella, S., 153, 232

Bowlby, J., 34, 124

Brainski, S., 169

British Psychoanalytical Society, 164

Bueno, S., 303

Buzzatti, D., 76

Calligaris, C., 268

Camões, L. de, 144, 145, 148

Os lusíadas, 144, 145

Campanella, T., 85

Campos, C., 361

Candido, A., 93

Canevacci, M., 275, 278, 364, 369

Cannon, W., 49

Caper, R., 168

Caravaggio, 286

Cassola, S., 60

Castells, M., 268

Castoriadis, C., 335, 339

Cecarelli, P. R., 309

Chuang-Tzu, 252

Cícero, 322

Coleridge, S. T., 173

Colucci, A., 9, 131, 344

Congresso da IPA, 346

Cortezzi Reis, M. C., 108

Crombez, J. C. & Lefebvre, P., 155

Cronos, 72

Cyrulnik, B., 23, 25, 27, 29, 34

De la Sierra, L. R., 166

De la Tour, 286

Descartes, R., 85

Deutsch, H., 279

Dohrenwend, B. S. & Dohrenwed, B. P., 206

Dolto, F., 33

Dom Quixote, 54, 55, 280

Donoghue, D., 103

Drummond de Andrade, C., 83

Dunbar, C., 349

Eco, U., 245

Édipo, 259, 277

Édipo-Tirésias, 148

Eigen, M., 129

Ekman, P., 58

Eliade, M., 326

Elliot, A., 79, 284

Epstein, R., 337, 338

Faculdade de Medicina da Universidade de São Paulo (FMUSP), 18, 168

Fairbarn, R., 367

Federação Brasileira de Psicanálise (Febrapsi), 162, 350, 352

Federação Psicanalítica da América Latina (Fepal), 350, 352

Fenichel, O., 271, 272, 283

Ferenczi, S., 230, 238

Ferrari, A., 156

Figueiredo, L. C., 279

Fonagy, P., 237

Fornari Spoto, G., 164

Fortineau, J., 302

Frankl, V. E., 21, 29

Freire, C., 274, 283

Freud, A., 301

Freud, S., "O futuro da ilusão", 271

Gaddini, E., 220

Gaddini, R., 219

Gans, S., 84

Garcilaso de la Vega, 366

Gerber, I., 162, 163

Ghalib, M. A. U. K. G., 106

Giddens, A., 268, 286

Goldman, D., 101

Goldstein, J., 301

Goldstein, S., 301

Górgona, 364

Green, A., 35, 123, 213

Griffith, J. & Griffith, M. E., 56

Groddeck, G., 339

Grotberg, E., 28, 31

Grotstein, J., 29, 50, 325

Grupo de Estudos do Processo de Mudança, 239

Guignard, F., 230, 329

Guittard, J., 25, 26

Guntrip, H., 240

Gutton, P., 240

Habib, L. E. Y., 166, 178

Hägglund, T. B., 108, 109, 196

Hamlet, 85, 151, 286

Hanly, C., 169, 350

Hanns, L., 252

Harris, A., 270, 315, 320, 321, 327

Harris Williams, M., 15, 30, 32, 93, 94

Hartmann, D., 281

Hegel, G. W., 15, 89, 316

Heller, A., 316

Herrmann, F., 67, 177, 324

"A rani de Chittor", 67, 177

Hinshelwood, R., 253

Hironaka, G. D. A., 298

Huizinga, J., 288

Inês de Castro, 145, 146

International Psychoanalytical Association (IPA), 161, 337

Jacobs, T., 171

Jakobson, R., 361

Jacques, E., 110

James, W., 71

Jasmin, M., 322

380 ÍNDICE DE NOMES

Jaspers, K., 104, 276, 347

Jobim, T., 15, 93

Johnson, S., 188

Kaës, R., 335, 336, 338

Kant, E., 15, 92, 151

Kernberg, O., 86, 349

Kiev, A., 257

Kitayama, O., 177, 327

"Proibição de não olhar", de, 177

Izanaki e Izanami, 177

Klein, M., 238

Klein, S., 209

Klüber-Ross, E., 107

Kogan, I., 101

Konrad, G., 315, 316, 317

Kozinski, J., 263

Laing, R., 84, 95, 236

Lakoff, G., 58

Lakoff, G. & Johnson, M., 58

Lamb, M., 306, 307, 308

Laplanche, J., 318, 319, 320, 325, 326

Leal, C. F. L. P., 343

Lebovici, S., 304

Leffert, M., 164

Leibniz, G. W. von, 85

Lemma, A. & Caparotta, L., 164

Lemos, C., 9

Lévi-Strauss, C., 26, 34, 153, 154

Likierman, M., 92, 151

Lindon, J. A., 165

Lipovetsky, G. & Charles, S., 74

Lipowski, Z. J., 50

Lipp, M., 49

Lisondo, H. R., 346

Lispector, C., 282

Loewald, H. W., 238, 327

Lutenberg, J., 169

M'Uzan, M., 206

Macbeth, 286

Marcondes, D., 349

Marcuschi, L. A., 61

Marty, P., 206

Maturana, H., 56

Maudsley, H., 16, 157, 211

McDougall, J., 135, 152, 207, 209, 289, 309

Medusa, 364

Melsohn, I., 150, 154, 239

Meltzer, D., 15, 30, 32, 33, 50, 56, 69, 93, 94, 95, 128, 129, 210, 232

Menezes, H., 344

Menzies, I., 338

Merleau-Ponty, M., 367

Millan, L. R., 18, 168, 372

Miller, T. W., 206

Minerbo, M., 110, 276

Mitchell, S., 238

Mnemosine, 72

Montagna, P., 24, 48, 54, 108, 110, 112, 131, 157, 158, 204, 242, 244, 276, 296, 303, 305, 321, 329, 348, 351, 354

Montaigne, M., 106

Moraes, V. de, 15, 93

Morin, E., 115

PLINIO MONTAGNA 381

Mota Cardoso, R., 50

Nasio, J. D., 88

Nemas, C., 33, 95

Nemiah, J. C., 206

Neruda, P., 15, 83

Nietzsche, F., 49, 85

Norton, J., 185

Ogden, T., 32, 35, 153, 174, 237, 239, 362

Ohki, Y., 53

Oliveira, E. et al., 157

Orfeu e Eurídice, 176

Organização Mundial da Saúde, 24

Ortega y Gasset, J., 15, 89, 270, 316

Ortony, A., 57

Pacuvius, 106

Pally, R., 157, 158, 173

Parente, A., 363

passaro pintado, O, 263

Pearsall, P., 28

Pedro, príncipe, 145

Peña, S., 242, 244

Pennebaker, W., 152

Perdigão, H. G., 346

Perseu, 364

Phillips, A., 38, 343

Piaget, J., 72

Platão, 30, 84, 86, 365

Poland, W., 99, 104, 162, 179, 180

Polônio, 286

Ponton, S., 303

Psychoanalytic Electronic Publishing (PEP), 179

Psychoanalytic Quarterly, 164

Racamier, P.-C., 302

Reason, J., 345

Reeves, C., 308

Rezende, A. M., 346

Rizzuto, A. M., 55, 58, 60

Rosenfeld, H., 15, 91

Rouanet, P. S., 369

Roussillon, R., 105, 347, 348

Roustang, F., 154

Rozenfeld, A., 28

Sachs, D., 170

Salecl, R., 76

Salles, C. A., 364

Sandler, P., 342

São Bernardo, 106

Saul, L., 164

Schaff, A., 317

Schnaiderman, B., 329

Schwaber, E., 238

Sechehaye, M., 231, 243

Segal, H., 123, 149, 208, 218

Sêneca, 106

Serviço Nacional de Saúde da Inglaterra, 256

Shakespeare, W., 85, 286

Sibilia, P., 330

Sifneos, P. E., 206

Silva Jr., J. F., 22

Simmel, G., 286, 288, 369

Sociedade Brasileira de Psicanálise de São Paulo (SBPSP), 5, 164, 272, 327, 344, 350, 371

Sócrates, 15, 94

Solnit, A., 301

Spence, D., 322

Stern, D., 239, 241, 243

Stewart, H., 232

Storolow, 238

Strachey, J., 251

Symington, N., 32, 135

Szterling, G., 9, 164

Tannus, J., 162

Taylor, D., 244, 326

Timosheibo, S. P., 21

Tolstói, L., 331

Touraine, A., 271

Tustin, F., 209, 232

Ungar, V., 346

Vaillant, G., 25

Varela, F., 56

Vattimo, G., 282

Vaughn, C. & Leff, J., 296

Virilio, P., 75

Wallerstein, R., 349

Wallon, H., 171

Werner, E. & Smith, R., 24

Winnicott, C., 101

Winnicott, D. W., 27, 33, 35, 48, 55, 66, 100-103, 13, 137, 145, 167, 227-232, 238, 243, 272, 273, 279, 282, 303-305, 308, 327, 366

Wisdom, J., 253, 318, 342

Wynne, L. C., 241

Yates, T. M., 24

Young, T., 21

Young-Bruehl, E., 349

Zalusky, S., 165, 166, 175

Zusman, W., 51

Índice de conceitos

Abandono, 22, 146, 188, 213, 217, 262, 277

ação
   e *feedback*, 304
   psicanalítica, 244, 245
   psicodramática, 152
   "trópica", 131

Acasalamento, 330, 341

aceitação
   da realidade, 100, 261

acting, 51, 105, 147, 205

acting out, 242

acumulador, 262

adesividade da libido, 258

afetividade, 252, 287, 297, 301

alexitimia, 205, 206, 207

alexitímico(s), 130, 209

alienação, 338, 367

alma
   migrante, 13, 251, 372, 373, 375

alteração psicopatológica, 325

alteridade
   do inconsciente, 326
   interna, 326

alucinose de exclusão/pertinência, 342

ambiente
   institucional, 353, 354
   suficientemente bom, 304, 308

ambiguidade, 57, 79, 131, 136, 186, 190, 284

âme, *anima*, alma, 252

analisando
   presencial, 179

análise
   a distância, 169, 175
   concentrada, 164
   de criança, 197

384 ÍNDICE DE CONCEITOS

didática, 168, 354

do ego, 273, 324, 339

mútua, 238

pessoal, 190

por telefone, 164, 165, 169, 175, 178, 179

Skype, 16, 161, 163, 164, 179, 180, 372

tradicional, 178

analista

analista-analisando, 141, 150, 154, 283

analista-paciente, 158

angústia

de morte, 152

psicótica, 152, 209

ansiedade

confusional, 263

de separação, 261

depressiva, 262

frente ao encontro com o novo, 262

persecutória, 54, 155, 236

superegoica, 262

aparelho

de pensar, 31, 244

mental, 212, 317

psíquico, 128

apatia, 77, 126, 127, 129

apreensão psicanalítica, 203

aqui e agora, 68, 195, 244

área psicanalítica, 344

áreas alexitímicas, 209

aspectos edípicos, 187

associações

das ideias, 323

espontâneas, 362

livres, 169, 170, 179, 180

atenção flutuante, 153, 162, 169, 179, 180, 274, 360

atitude

blasé, 288

estética, 91, 151

atividade

psicanalítica, 360

sublimatória, 330

atmosfera institucional, 343

atuação, 242, 244

atualidade, 74, 79, 238, 239, 271, 301

ausência

de si, 369

do objeto, 71, 217

autenticidade, 178, 241, 244

autoataque, 147

autoconhecimento, 48, 149, 323

autoestima, 127, 188, 236

autoexposição, 180

automatismo mental, 128

autopercepção, 240

benefício secundário, 208, 215

borderline, 47, 78, 88, 167, 235, 239, 244, 284, 330

break, 318

breakdowns, 210

buffer, 216

campo
de (auto)consciência, 360
intersubjetivo, 360
pré-simbólico, 53, 141, 231
psicanalítico, 322, 343
transferencial, 6, 134, 135, 204
capacidade
criativa, 213
de estar só, 281, 282
cargas afetivas, 296, 297, 321
casal parental, 298, 339
castração, 33, 100, 113, 133, 152
catexia de objeto, 277
cesura, 71, 89, 131, 137
circuitaria neural, 240
cisão(ões), 29, 57, 74, 212, 245, 345, 346, 347, 351
clínica psicanalítica, 124, 181, 203, 372
clivagens, 336
complexo de Édipo, 277
composição central do eu, 253
compreensão
linguístico-representacional, 230
verbal, 237
comprometimento (*engagement*), 306
comunicação
afetiva, 297
da primeira infância, 229
de confiabilidade, 229
efetiva, 228
humana, 60, 150, 217, 228, 359
implícita, explícita, procedural e não verbal, 177

inconsciente, 178
metafórica, 159
não verbal, 60, 176, 177
psicanalítica, 237
verbal, 58, 130, 340
comunicacional, 70, 126, 128, 132, 229
comunicações polifônicas, 275
concepção de vida mental, 121
condensação espaço/tempo, 268
condição
borderline, 88
intersubjetiva, 363
psicopatológica, 321
confiabilidade, 162, 229, 294, 342
configuração
egoica, 319
winnicottiana, 288
conflito, 26, 53, 90, 151, 156, 232, 253, 274, 295, 302, 308, 348
conflitualidade, 336
conhecimento
do tempo, 323
conjunto
do eu, 253
gestáltico, 272
consciência
do objeto, 154
consciente
e inconsciente, 268
construtividade, 123
contemporaneidade, 17, 69, 76, 267, 268, 269, 284, 324

386 ÍNDICE DE CONCEITOS

conteúdos
    psíquicos, 150
    representacionais, 237, 254
contexto
    histórico, 274, 293, 323, 331
    macrossocial, 320
    transferencial, 51, 153
contido(s), 22, 60, 105, 326, 336, 337, 338, 365
continência, 31, 45, 52, 127, 132, 135, 149, 150, 156, 176, 193, 200, 236, 242, 245, 280, 287, 336, 337
continente
    continente-contido, 337, 365
    interno, 216
contratransferência, 32, 108, 110, 128, 133, 137, 141, 147, 170, 174, 192, 200, 233, 239, 242, 244, 359
convicção analítica, 136
corpo clínico, 353
corporalidade, 60, 87, 255
corporeidade, 54, 175, 181
crescimento, 22, 23, 24, 29, 30, 94, 102, 121, 127, 131, 137, 152, 177, 230, 231, 232, 261, 263, 268, 308, 342, 345, 346, 352, 353
crise de representação, 276
cuidados psicanalíticos, 163
culpa, 54, 146, 147, 152, 165, 328, 345
cultura do narcisismo, 276
cultura grupal, 273
cura psicológica, 154
curiosidade do analista, 162, 179

defesas
    maníacas, 298
    psicóticas, 128
densidade primitiva, 327
dependência, 26, 51, 87, 227, 229, 232, 308, 330, 341
depressão, 28, 76, 77, 107, 113, 186, 296
desbiologização, 294, 298, 300, 307
desbiologizar, 300
descatexização, 197, 213
descentralização, 269
desenvolvimento
    egoico, 304
    emocional, 76, 167, 237, 257,288
    mental, 33, 124
deslocamento(s), 163, 181, 252, 260, 336
desmaterialização, 362
desorganização do ego, 263
despersonalização, 234, 257, 276
desrealização, 257
des-sexualizar, 300
destrutividade, 122, 123
desumanização social, 289
dialética(s), 276, 285, 320, 325, 336
dicotomia alma/corpo, 255
dimensão
    estética, 151
    intrapsíquica, 359
discurso alexitímico, 209
disponibilidade (*acessibility*), 306
disposição do afeto, 309

dissociação
    entre alma e corpo, 254
    psíquica, 255

distúrbio
    de conduta, 302
    fronteiriço, 284

doenças psicossomáticas, 33, 55, 206

dor mental, 201, 207, 208

eclipsamento, 337

eclipsar, 156, 340

efeitos identitários, 271

ego
    corporal, 55, 209, 210, 343
    expandido, 279
    imaturo, 308
    institucional, 339

egoico(s), 304, 339

elaboração
    de luto, 258, 298
    emocional do luto, 298

elementos
    alfa, 217, 221
    beta, 31, 32, 135, 217
    metapsicológicos, 229
    não interpretativos, 179
    paternos, 133
    protomentais, 221
    psicanalíticos, 181

embodied, 154

embodiment, 52, 130

embrionário, 129

emoções familiares, 296

empatia, 30, 173, 186, 197, 211

encistamento autístico, 282

encontro analítico, 180

entidade plural, 350

envelope psíquico, 279

epistemologia, 273

equilíbrio psíquico, 14, 26, 193, 216

Eros, 102, 347

escalas quantitativas, 351

escola kleiniana, 219, 253

escolas psicanalíticas, 237

escuta
    analítica, 180
    psicanalítica, 162

espaço
    analítico, 132
    corporal, 339
    de fronteira, 131
    intrapsíquico, 325
    lúdico, 343
    não fundamentalista, 343
    transicional, 173, 288, 367
    urbano, 274, 277, 365, 367,

esquizofrenia, 296

estado
    afetivo, 363
    corporal, 50, 55, 56, 155, 210
    emocional, 53, 157, 173, 237
    mental, 150, 152, 213, 221
    não representado, 239
    oniroide, 153
    protomental, 210
    psicótico, 209

388 ÍNDICE DE CONCEITOS

estética, 14, 37, 66, 91, 92, 93, 94, 109, 111, 151, 232

estrangeiridade

externa, 318

interna, 318

estrangeiro interno, 318

estresse, 22, 29, 142, 157, 206, 214, 260, 287, 288

estrutura

hipertextual, 327

superegoica, 18, 340

estruturação pobre do *self*, 330

estruturas institucionais, 344

estudos psicanalíticos, 207

eu unificado, 257

eventos

nodais, 239

vitais, 260

exigências superegoicas, 215

experiência

clínica, 16, 29, 296

emocional, 27, 48, 57, 59, 60, 128, 135, 136, 148, 152, 211, 238, 254

emocional corretiva, 238

psíquica, 221, 283

verbal, 240

exterioridade, 75, 327, 330

extratransferencial, 323

falso *self*, 79, 231, 279, 341

família

extensa, 296

monoparental, 329

nuclear, 233, 296, 299, 321

fantasia(s), 14, 53, 60, 70, 75, 79, 91, 100, 112, 143, 150, 155, 165, 174, 187, 194, 206, 220, 252, 273, 283, 300, 364

faro psicanalítico, 360

fase oral, 258

fato

psíquico, 309

social, 309

fazer

analítico, 36, 103, 271, 348

clínico, 128, 151, 203

psicanalítico, 47, 163, 179

fé, 15, 34, 87, 135, 153, 154, 194, 257

feminismo, 299

fenômeno

alexitímico, 209

narcísico, 214

operatório, 209

psicossomático, 55, 209

somático, 211, 213, 214, 215, 216, 221

vincular, 124

ferida narcísica, 17, 214

fetiche, 289

figurabilidade, 141, 150, 153, 232, 362, 363

figura-fundo, 365

filiação socioafetiva, 300

Filobatismo, 262

finalidade (missão), 344

fio de Ariadne, 222

PLINIO MONTAGNA 389

físico e social, 252
flexibilidade, 14, 25, 235, 280
força gravitacional, 132
formação
    analítica, 164
    do ego, 279
    psicanalítica, 6, 353, 354
formulações teórico-clínicas, 203
fronteiras pobres, 330
função
    afetiva, 297, 321
    alfa, 213
    analítica, 34, 242
    desobjetalizante, 123
    parental, 303
    referencial da linguagem, 361
funcionamento
    mental, 22, 33, 76, 205, 220, 237, 329
    operativo, 341
funções de parentalidade, 309
fundamentalismo, 343, 345
    fundamentalista, 343
    não fundamentalista, 343
fusão mãe-bebê, 305

giving up syndrome, 213
globalização, 267, 268, 269, 288, 289, 329
gratificação, 231, 238, 264
gravitotropismo, 132
grupalidade intrapsíquica, 365

Grupo de Estudos sobre Mudança, 243
grupo
    de trabalho, 125, 340, 341
    intersubjetivo, 365

hedonismo, 330
hiperatividade, 330
hipnoide, 154
hipótese definitória, 126
história microssocial, 320
homem/cidade, 363
homopaternidade, 309
hospedeiro, 126
hospitalidade, 133

id, 318
identidade
    institucional, 344
    profissional, 337
    psicanalítica, 18, 340
identificação
    adesiva, 132
    orbital, 342
    projetiva, 124, 126, 127, 129, 132, 150, 192, 325, 326, 351
imaginário social, 327
imaterialidade, 362
imitação no vácuo, 280
imparcialidade, 178
impermanência, 72, 93, 114, 280
impulso
    de morte, 102, 123, 212, 213, 351

390 ÍNDICE DE CONCEITOS

de vida, 102, 123, 212

sexual, 330

inclusão/exclusão, 341

inconsciente

coletivo, 366

freudiano, 325

kleiniano, 325

incorporação nuclear, 342

individuação, 15, 79, 90, 91, 272, 279, 281, 287

individuação-separação, 279

individual, 61, 89, 110, 180, 254, 271, 273, 294, 317, 322, 324, 327, 339, 340, 369

individualidade, 15, 86, 88, 90, 91, 255, 270, 276, 286, 340

indivíduo, 15, 23, 53, 60, 77, 86, 91, 100, 125, 149, 167, 171, 209, 222, 252, 260, 270, 285, 296, 320, 335, 365

indizível, 175, 199, 326

insight, 27, 40, 56, 68, 149, 187, 239, 273, 323

instinto maternal, 307

instituição

psicanalítica, 18, 337, 344, 350

social, 271, 272, 339

instituto, 336, 339, 350, 351, 352, 353

integração

integração/contração do espaço, 269

mental, 195

psíquica, 298

intensidade emocional, 263

interação

analista-analisando, 141

analítica, 141, 166

bipessoal, 228

interpessoal, 228

interdependência, 230, 276

influência mútua, 230

interditor, 277

interioridade, 87, 321, 324, 327

interiorização, 281, 282

interlocutor, 128, 153, 343, 360

interpretação

interpretações-chave, 239

transferencial, 187, 232, 236

transferencial ou extratransferencial, 232

intervenção analítica, 244

intimidade, 32, 34, 136, 254, 270, 274, 320, 321, 328, 361

introjeção

do mundo externo, 253

nuclear, 318, 319

orbital, 318

introjetos orbitais, 319

investimento libidinal, 132

invisibilidade, 366

invólucro psicossocial, 323

irrepresentabilidade, 330

irrepresentável, 48, 239

jogo do carretel, 27, 28, 288

kairós, 255

PLINIO MONTAGNA 391

lei paterna, 306

libido humana, 257

linguagem

corporal, 157, 158, 220, 221

dentro/fora, 326

literatura psicanalítica, 110, 185, 238

lúdico, 27, 66, 79, 173, 342, 343,

lugar

do afeto, 287

do trabalho, 287

luta/fuga, 330

luto, 35, 36, 100, 101, 111, 112, 114, 152, 187, 258, 260, 261, 262, 286, 294, 295, 296, 297, 298, 329

mãe suficientemente boa, 227, 304, 308

mania, 76, 77, 126, 127, 129, 286

manifestação

histeriforme, 324

psicopatológica, 324

psicossomática, 219

sádica, 134

somática, 208, 110, 217, 222

maternagem, 175

maternalidade, 302, 305

maternalité e *paternalité*, 302

maternidade, 232, 298, 299, 300, 301, 302, 303, 304

materno, 133, 228, 261, 300, 305

matriz da vida mental, 121

mecanismos

de defesa, 24, 25, 260

de negação, 188

não verbais, 239

medo, 52, 54, 58, 91, 100, 109, 113, 146, 148, 155, 173, 191, 192, 197, 215, 233

memória, 6, 65, 70, 103, 152, 194, 220, 240, 261, 275, 281, 322, 365

mentalidade grupal, 366

mentalização, 24, 50, 87, 153, 158, 228, 237

mente, 30, 32, 47, 48, 51, 52, 54, 55, 56, 95, 113, 122, 124, 127, 129, 131, 144, 146, 148, 150, 153, 154, 174, 180, 192, 200, 204, 208, 221, 236, 251, 278, 305, 330, 359, 359, 372

mente-corpo, 16, 50, 52, 54, 56, 141, 156, 157, 178, 203, 204, 221, 372

metafísica, 252

metáfora, 14, 47, 50, 53, 54, 55, 56, 58, 59, 60, 61, 74, 174, 204, 213, 221, 231, 252, 351, 372

metaquadro sociocultural, 338

metrópole amplificada, 269

migração, 17, 259, 260, 261, 263, 264, 274, 328, 374

mimese, 322

mind, 251

mítico-universal, 154

mito da caverna, 365

mito, 112, 259, 272, 327, 365

mobilidade, 74, 77, 100, 163, 280, 364

mobilizações contratransferenciais, 359

modelo

geológico, 362

392 ÍNDICE DE CONCEITOS

metapsicológico, 318

topográfico, 272

momento

de encontro, 235, 241

momento-agora, 241

momento-presente, 241

momento-encontro, 241

morte, 15, 30, 51, 77, 84, 90, 100, 110, 121, 133, 146, 152, 177, 185, 198, 200, 278, 341, 372

movimento

psicanalítico, 238

pulsional, 338

reparativo, 263

mudança

catastrófica, 30, 91, 345

adaptativa, 241

psíquica, 28, 51, 243

multiparentalidade, 294, 295, 297, 300, 302, 329, 372

múltiplos eus, 253

mundo

bioniano, 326

emocional, 174, 193

ideal, 259

inconsciente, 362

interior, 48, 66, 101, 148, 254, 284, 318, 360

interno, 33, 35, 38, 76, 77, 78, 79, 111, 165, 180, 188, 235, 236, 253, 256, 270, 272, 283, 294, 319, 320

intersubjetivo, 272

mental, 15, 114, 130, 141, 170, 171, 200

psíquico, 146, 268

mutualidade, 17, 85, 227, 233, 241, 245

não simbólico, 54, 212, 222,

narcisismo das pequenas diferenças, 264

negação, 100, 107, 175, 188, 213, 341, 343

neorrealidade, 289

neutralidade, 32, 178, 179, 180, 233, 238, 243

níveis não discursivos da comunicação, 239

nível de consciência, 199

nuclear, 233, 253, 296, 297, 299, 318, 319, 321, 342

núcleo

anti-institucional, 338

do ego, 319

superegoico, 187

obis, 257

objeto

e espaço transicional, 367

externo, 71, 121, 154, 253, 272, 319, 342

interno, 242, 318

materno, 261

orbital internalizado, 253

para o self, 318

psicanalítico, 359

subjetivo, 227

PLINIO MONTAGNA 393

transformacional, 238

transicional, 219, 289

observação de bebês, 135, 137

ocnofilia, 262

ódio, 35, 91, 127, 130, 147, 173, 264, 372

olhar

    oblíquo, 364

    psicanalítico, 364

on the job, 307

onipotência, 15, 88, 90, 221, 304, 308

oniroide, 144, 153

orbital, 253, 318, 319

organização

    defensiva, 282

    neurótica, 213

origem psicossomática, 287

osmótico, 129

ótica winnicottiana, 340

outro externo, 318

outro interno, 318, 330

paciente(s)

    borderline, 244, 330

    neuróticos, 296

    psicossomáticos, 206, 207, 213

    psicóticos, 231, 235, 296

padecimento psíquico, 324

paranoias institucionais, 18, 342

parasita, 126, 134

parens, 303

parent, 302, 303

parentèle, 302

parentalidade, 17, 293, 294, 295, 297, 298, 299, 300, 302, 302, 303, 304, 305, 307, 309

parentalidade socioafetiva, 297, 300

parentalização, 304

parente, 302, 303

    afim, 303

parentela, 299, 303

parentesco, 299, 300, 301, 303, 304

parenthood, 301, 302

parenting, 302

partilhamento, 154, 228, 241, 245, 301

parturition, 303

paternalidade, 302

paternidade, 298, 299, 300, 301, 302, 303, 304, 309

    (ou maternidade) psicológica *(psychological parenthood)*, 301

    socioafetiva, 294

patologias do vazio, 330

patoplastia, 75, 324

pensamento

    de essências, 363

    de relações, 363

    em busca de sentidos, 132

    operatório, 60, 205, 206, 209

perdas objetais, 17, 214

período de latência, 330

permeabilidade do analista, 129, 150

persecutoriedade, 192

personalidade, 25, 31, 36, 56, 57, 86, 126, 127, 169, 187, 207, 208, 110, 212, 233, 279, 282, 287, 289, 327

    "como se", 279

394 ÍNDICE DE CONCEITOS

perversões, 289

plasticidade, 14, 22, 76, 79, 277, 280, 282, 284, 336

pluralidade, 129, 284, 286, 343, 349

pluralista, 350

pluricausalidade, 345

polissemia, 60, 132, 359, 372

polissêmico, 129, 374

ponto de vista psicanalítico, 218, 230, 364

posição "esquizoparanoide", 341

posição depressiva, 88, 111, 174, 195

postura
do psicanalista, 278
investigativa, 163

prática
analítica, 16, 35, 162, 203, 324
de psicanálise, 344
grupal, 341
institucional, 337
psicanalítica, 105, 148, 232

prazer, 75, 84, 85, 87, 130, 187, 252, 278, 281, 285, 288, 330, 367, 375

preconcepção, 128

preocupação
materna primária, 227, 303, 305, 308
maternal infantil, 304

pré-representacional, 232

presença compartilhada, 237

pré-verbal, 58, 240

primazia superegoica, 341

princípio
de vida, 252
do prazer, 252, 330

privacidade, 146, 179, 320, 321, 369

processo
analítico, 16, 32, 34, 166, 170, 180, 203, 210, 233, 323
cultural, 277
dialético, 268
identificatório, 277
interno de luto, 261
primário, 210
psicanalítico, 23, 25, 51, 68, 129, 177, 239
kleiniano, 325
psíquico, 26, 28, 303

projeção, 122, 127, 367
e identificação projetiva, 326

projeto eudemonista, 309

proposição
de Fenichel, 283
winnicottiana, 305

prosódia, 144, 157, 175, 176

protomental, 122, 129, 210

pseudomutualidade, 241

psicanálise
contemporânea, 48, 232
individual, 340
tradicional, 178

psicanalista(s), 25, 35, 48, 50, 104, 107, 110, 162, 163, 189, 190, 201, 207, 211, 219, 231, 269, 270, 272, 278, 302, 308, 318, 337, 340, 349, 351, 353, 359, 372

psicodrama, 339
  moreniano, 243
psicogênese, 203
psicologia
  das massas, 273, 324, 339
  do ego, 349
  do *self*, 350
  dos grupos, 339
  individual, 339, 340
  social, 340
psiconeuroses, 302
psicose, 55, 60, 129, 214, 260, 302
psicossomáticos, 40, 47, 49, 53, 206,
  207, 208, 213, 330, 331
psicoterapia de grupo, 197
psique individual, 324
psiquiatria, 257, 351
psiquismo humano, 243, 259
psiquização, 212, 213, 214, 228
psyquê, 251
puerperal, 303
puerpério, 305
pulsão
  de morte, 16, 123
  instintiva, 229
pureza psicanalítica, 162

qualidade
  não verbal, 237
  parental, 304
questões
  psicológicas, 255
  psicossomáticas, 207, 208

rapport, 157
realidade
  exterior, 78, 363
  externa, 174, 229, 236, 254, 273,
    284, 285, 293, 345, 365
  interna/externa, 363
  psíquica, 30, 53, 253, 350, 359
recalcamento, 213
reciprocidade, 89, 230
  estética, 232
recriação subjetiva, 322
recursos humanos, 344
redes de criação, 363
referencial kleiniano, 283
reflexão teórico-clínica, 203
regressão, 54, 94, 109, 112, 214, 219,
  229, 231, 232, 258
rejeição, 127, 141, 142, 148, 152, 156,
  157, 264
relação
  analista-analisando, 154, 238
  analítica, 16, 35, 149, 170
  assimétrica, 229
  bipessoal, 152, 228, 343
  de mutualidade, 242
  de objeto, 284
  eu-mundo externo, 276
  indivíduo/meio, 328
  interno/externo, 326
  interpessoal, 238, 240
  intrapessoal, 18, 342
  mãe-bebê, 230, 240, 304
  materno-infantil, 228

396 ÍNDICE DE CONCEITOS

mente-corpo, 54, 141, 178, 203, 204, 221, 372

mente-soma, 203, 204

objetal, 121

outro/eu, 320

pais-filhos, 301

psicanalítica, 200

recíproca, 229

sujeito/história, 317

transferencial, 54, 222

representabilidade, 47, 232

reservas de privacidade, 146

resiliência

das instituições, 344, 345

institucional, 345

responsabilidade (responsibility), 306

ressignificação, 31, 54, 261

restos (diurnos), 362

restrição sensorial e extrassensorial, 174

rêverie, 31, 128, 141, 150, 152, 153, 156, 157, 237, 239, 362, 363

revolução tecnocultural, 329

ritmo de segurança, 232

sala de psicanálise, 163

satisfação pulsional, 228, 229

saúde institucional, 352

Seele, 251, 252,

self

corporal, 339

disclosure, 238

seminários, 168, 354

sensações corporais, 156, 173, 237, 359, 362

sensopercepção, 320, 322

sentido

de permanência, 284

kleiniano, 262

sentimento(s)

de culpa, 54, 146, 147, 165, 328

de existência, 278

de identidade, 255, 277, 278, 282, 320

de vergonha, 255, 277, 278, 282, 320

sessão

analítica, 150, 323

psicanalítica, 56, 68, 242, 367

setting

analítico, 189, 244

clínico, 274

interno, 110, 162, 200, 242

psicanalítico, 162, 200

si mesmo corporal, 234, 339

significação, 204, 222, 362, 367

simbólico, 15, 26, 53, 54, 66, 114, 141, 153, 156, 212, 219, 220, 222, 276, 283, 373

simbolígena, 33, 133

simbolismo, 15, 17, 91, 114, 204, 218, 222

simbolização, 16, 17, 24, 141, 150, 158, 174, 214, 219, 289, 330, 372

sinais não verbais, 157

sincretismo topológico, 275

síndrome de Couvade, 302

singularidade(s), 103, 104, 151, 270, 293, 327, 340

sintoma somático, 214

sistema
  familiar, 298
  não verbal, 157
  social, 339

situação
  contratransferencial, 200
  disruptiva, 214

situação-limite, 105, 316, 347

somática, 208, 209, 215

sobrevivência mental, 282

socialismo, 31, 244

sociedades
  monoautorais, 353
  psicanalíticas, 351

sofrimento emocional, 204

somático, 39, 48, 50, 129, 211, 213, 214, 215, 216, 221

somatização(ões), 16, 53, 60, 141, 157, 207, 210, 213, 372

sonhar, 14, 31, 57, 61, 67, 68, 79, 130, 131, 132, 362, 363

splitting, 86, 91, 208, 347
  grupal, 347

statuere, 336

statutum, 336

subjetivação
  humana, 331
  moderna, 330
  pessoal, 327

subjetividade
  compartilhada, 272
  e objetividade, 151
  humana, 57, 351

subjetivização, 294

superego, 22, 277, 283, 319

superegoico, 187, 253, 339

supervisão, 168, 169, 236, 354

suspension of disbelief, 172, 174

Tanatos, 346, 347

teatro da mente, 153

tempo vazio, 153

temporalidade, 69, 74, 212, 255, 286, 372
  psíquica, 255

teoria
  da libido, 214
  da reversão, 221
  de sistemas não lineares, 240
  do desenvolvimento, 167, 240
  psicanalítica, 124, 350

terror
  paranoide, 155
  sem nome, 158, 192

tolerância, 25, 26, 127, 136, 179, 215

trabalhar (*on the job*), 307

trabalho
  analítico, 33, 135, 143, 180, 362
  de luto, 36, 261
  psicanalítico, 161, 227
  psíquico, 297, 304

398 ÍNDICE DE CONCEITOS

transferência

   materna, 216

   paterna, 216

   transferência-contratransferência, 32, 147, 174

transformação

   identificatória, 203

   macro e microcultural, 344

   psíquica, 303

transbordamentos pulsionais, 255, 367

transicionalidade, 277

transidentificação projetiva, 325

transmissão intergeracional, 304

transmutação, 283

transtornos mentais, 257, 296

trauma, 22, 27, 28, 29, 31, 34, 36, 53, 260, 331

trocas intrainstitucionais, 343

tropismo

   de aproximação, 123

   de morte, 121, 124, 136

   de vida, 16, 121, 124, 136, 137

   positivo, 122, 123

unidade

   fusional mãe-criança, 306

   mãe-bebê, 305

universo

   fisiológico, 154

   psíquico, 285

   sensorial, 285

vazio, 65, 66, 73, 89, 131, 137, 194, 239, 274, 285, 286, 330, 367, 369

verdade

   histórica, 322

   narrativa, 322

vértice cognitivo, 153

vicariância, 131, 176

vida

   mental, 79, 86, 88, 94, 121, 124, 125, 128, 318

   psíquica, 77, 91, 130, 339

vinculação genético-historicista, 131, 176

vir a ser psicanalista, 190

virtual, 54, 66, 67, 132, 175, 269, 247, 277, 289, 329

virtualidade, 67, 102, 174, 269, 271, 289, 363

visibilidade, 272, 330, 361, 262, 363, 365, 366

vivências traumáticas, 152

vocabulário psicanalítico, 214

Weltanschauung, 190

winnicottiano(a), 100, 208, 228, 272, 288, 305, 340

xamânica, 137

Zeitgeist, 316

GRÁFICA PAYM
Tel. [11] 4392-3344
paym@graficapaym.com.br